한국의
교육
생태계

별도의 표시가 없는 한 교육공동체 벗이 생산한 저작물은 크리에이티브 커먼즈 [저작자표시-비영리-변경금지 4.0 국제 라이선스]에 따라 이용하실 수 있습니다.
http://creativecommons.org/licenses/by-nc-nd/4.0

한국의 교육 생태계
Ecology of Education in Korea

ⓒ 이혁규, 2015

2015년 6월 1일 처음 펴냄
2018년 12월 10일 초판 5쇄 찍음

글쓴이 | 이혁규
기획·편집 | 이진주, 설원민
출판자문위원 | 이상대, 박진환
디자인 | 이수정, 박대성
종이 | 화인페이퍼
인쇄 | 보진재
제작 | 세종 PNP

펴낸이 | 김기언
펴낸곳 | 교육공동체 벗
이사장 | 임덕연
사무국 | 최승훈, 이진주, 설원민, 김기언, 공현
출판등록 | 제2011-000022호(2011년 1월 14일)
주소 | (03971) 서울시 마포구 성미산로1길 30 2층
전화 | 02-332-0712, 070-8250-0712
전송 | 0505-115-0712
홈페이지 | communebut.com
카페 | cafe.daum.net/communebut

ISBN 978-89-6880-020-7 03370

이 도서의 국립중앙도서관 출판시도서목록(CIP)은 서지정보유통지원시스템 홈페이지(seoji.nl.go.kr)와 국가자료공동목록시스템(www.nl.go.kr/kolisnet)에서 이용하실 수 있습니다.
(CIP제어번호 : CIP2015014445)

한국의 교육 생태계

이혁규 씀

교육공동체벗

차례

프롤로그 ⋯ 007

1부 우리의 교육 이념과 철학

좋은 교육 이념이 하나 있으면 얼마나 좋을까? ⋯ 016
우리는 어떤 사회에서 교육을 하고 있는가? ⋯ 026
호모 아카데미쿠스! 우리 공부 방식은 이대로 괜찮은가? ⋯ 041
교육열이 냉각되는 시대도 오지 않을까? ⋯ 055
'좋은 부모 되기'보다 '나쁜 부모 안 되기'가 더 바람직한 목표 아닐까? ⋯ 070

2부 교실수업, 공교육의 최전선

학생들은 왜 수업에 집중하지 못할까? ⋯ 082
교사들은 왜 교실 문을 열기를 싫어할까? ⋯ 098
좋은 수업이란 무엇인가? ⋯ 109
'거꾸로교실', 간단하면서도 혁신적인 교실 개혁의 아이디어 ⋯ 128
서양 근대 혹은 동아시아형 교육을 넘어서기 ⋯ 148

3부 한국의 교원과 교원양성기관

직업으로서의 교사, 그 독특성에 대하여 … **168**
수석교사제도의 시행, 작지만 의미 있는 출발 … **186**
좋은 교사는 곧 좋은 교장이 될 수 있을까? … **198**
교육대학교, 작은 것이 아름답다고 할 수 있을까? … **212**
중등교원양성교육의 개혁은 가능할까? … **229**

4부 교육운동과 교원단체

배움의 공동체 운동의 확산을 어떻게 보아야 할까? … **244**
혁신학교는 일반화될 수 있을까? … **259**
한국교총은 낡은 이미지를 청산할 수 있을까? … **275**
전교조는 아직도 우리 교육의 희망인가? … **288**
교육계는 보수와 진보의 대립을 넘어설 수 있을까? … **306**

에필로그 … **319**
미주 … **333**
감사의 글 … **344**

프롤로그

　이 책을 쓰는 동안 나는 연구년 중이었다. 바쁜 일상을 잠시 내려놓은 덕에 내 연구와 실천을 돌아볼 수 있는 기회를 얻었다. 좀 더 넓게 우리 교육에 대해서 공부하고 생각해 볼 수 있는 시간도 가졌다. 돌아보니 나는 주로 수업 현상을 중심으로 우리 교육 현장을 연구해 왔다. 교실수업이 공교육의 최전선이라는 생각 때문이었다. 이 전선에서 교사와 학생이 행복하게 만나기를 희망하는 마음이 있었다. 또 교사와 학생 모두가 함께 성장하는 장이 될 수 있기를 바랐다. 내가 그 일에 작은 기여를 할 수 있기를 소망하면서 연구를 했던 것 같다.
　이 책은 수업 현상에서 좀 더 범위를 넓혀서 우리 교육 전반을 다룬다. 우리 교육에 대해서 연구하고 실천하는 교육학자로서 정작 우리 교육에 대해서 모르는 것이 너무 많다. 수업을 더 잘 이해하고 개선하기 위해서도 넓은 맥락에 대한 공부가 필요했다. 그래서 평소 관심을 가진 주제를 중심으로 여러 연구물들을 읽고 나름 정리해 보았다. 이 책은 그 작은 결실이다. 말하자면 나 스스로의 공부를 위한 것이 이 책을 집필한 첫 번째 동기이다. 그러나 나는 어설픈 생각이나마 나의 생각들이 공유되기를 희망한다. 모름지기 공부는 자기만족을 넘어서 나누고 공유하기 위해서 하는 것이 아니겠는가. 그래서 한국 교육을 새롭게 이해하고 개선하기를 희망하는 도반들과 많은 이야기를 함께 나눌 수 있으면 더없이 좋겠다.

연구년 동안 내가 머문 곳은 미국 캘리포니아의 한 작은 해안 도시이다. 이렇게 좀 떨어진 곳에서 한국 관련 뉴스를 접하면 한국에 있을 때랑 느낌이 좀 달랐다. 미국 방송에서 한국 뉴스가 어떻게 다루어지는지도 살펴보았다. 한국뿐 아니라 세계 여러 나라에서 벌어지는 일들을 좀 더 많이 듣고 생각해 볼 기회도 있었다. 그러면서 한국 교육, 그리고 한국의 객관적 위상이랄까 이런 것에 대해서도 자주 생각하게 되었다. 지구적 시야에서 보면 한국은 분명 괜찮은 나라이다. 나의 이러한 판단에 동의하지 않을 사람들이 많을 것이다. 대립과 갈등으로 꽉꽉한 사회정치적 현실, 세월호 참사를 비롯한 안전을 위협하는 수많은 사건, 살인적인 경쟁으로 고달픈 일상을 살고 있는 우리들이 한국 사회를 긍정적으로 평가하기는 쉽지 않다. 그러나 지구촌 전체를 놓고 보면 질서와 안전, 인권과 법치, 성장과 복지를 한국만큼이라도 성취한 나라는 그다지 많지 않다. 아직도 지구상의 수많은 곳에서 어린이와 여성에 대한 노동 착취와 인권 유린, 서로 다른 집단 간의 폭력과 테러, 부당한 공권력에 의한 고문과 살인 등이 끊임없이 일어나고 있다. 심지어 OECD^{Organization for Economic Cooperation and Development: 경제협력개발기구} 회원국이라는 멕시코에서도 2014년에 채용과 처우에 관한 차별 철폐를 내걸고 시위에 나선 교육대학교 학생들 40여 명을 마약 조직이 납치하여 살해하는 엽기적인 일이 일어났다. 그 일에 마약 조직뿐 아니라 부패 경찰과 지역 시장까지 연루되었다니 얼마나 충격적인가? 인류의 오랜 역사를 통해 볼 때 인간이 인간으로서의 존엄성을 인정받고 살 수 있게 된 것은 찰나에 불과하다고 할 수 있는 최근의 역사이다. 그것도 지구상의 일부 나라에서만 상대적으로 안정적으로 보장되고 있다.

이 점에 비추어 볼 때 지독한 가난과 폭압적 권력을 극복하고 경제적 성장과 정치적 민주화를 이루어 낸 한국의 사례는 분명 예외적인 것이 틀림없다. 그리고 이러한 한국의 성취가 세계사적인 의미를 지닌 것도 사실이다. 그런데 오늘날 우리들은 왜 이런 성취에 전혀 자부심을 느끼지 못할까? 그리고 우리 삶은 왜 점점 더 팍팍해져 갈까? 왜 노력은 하는데 전망은 점점 더 희미해져 갈까? 이 질문에 적절한 답을 내놓는 것은 내 학문적 능력의 범위 밖이다. 그러나 사회과학적 배경을 지닌 교육학자로서 나는 한 가지 점에 대해서는 어느 정도 자신 있게 이야기할 수 있다. 우리가 과거에 이룩한 눈부신 성취가 오늘날 우리의 발목을 잡는 족쇄로 작용하고 있다는 사실이다. 이를 흔히 학자들은 '성공의 위기'라는 말로 표현한다. 다시 말하면 우리가 이루어 낸 성취가 워낙 크기 때문에 시대와 상황이 어마어마하게 바뀌었음에도 불구하고 우리를 성공으로 이끌었던 행동 방식으로부터 쉽사리 벗어나지 못하고 있는 것이다. 이것은 보수와 진보 모두에게 공히 적용된다. 보수는 박정희식 성장 모델의 향수에서 벗어나지 못하고 있다. 반면 진보는 전투적 민주화운동이 가져온 성공의 경험에서 자유롭지 못하다. 이러한 과거의 경험에 대한 집착이 달라진 시대에 대한 유연한 적응과 변화를 어렵게 만든다. 성장 지상주의 이후의 새로운 경제 질서나 민주화 이후의 새로운 민주주의에 대한 기획이 지극히 어려운 이유가 여기에 있다.

이 점은 우리 사회의 교육 행태에도 동일하게 적용된다. 과도한 교육열의 동기가 무엇 때문인가? 세계 최고의 청소년 자살률을 기록할 정도로 다음 세대를 몰아가는 살풍경의 이유가 무엇일까? 서울의 몇몇 명문 대학에 들어가는 것으로 성공이 보장되던 낡은 신화의 미몽에서 벗어나지 못하고 있기 때문이 아닐까? 명문 대학 졸업장은 우리 기성세대의 삶을 결정지었던 가장 중요한 변수였다. 좋은 대학을 나왔다는 것만으로 많은 사람들의 삶이 평탄하게 보장되었다. 그리고 이 경쟁에서 실패한 사람들의 삶은 평생 고달프고 힘든 경우가 많았다. 하지만 과거 몇십 년을 지배해 왔던 졸업장의 신화는 서서히 저물고 있다. 그런데도 우리 교육 현장의 일상적 실천은 이미 조종을 울리고 있는 석양의 풍경에 병적으로 고착되어 있다.

새로운 시대는 새로운 생각과 행위 방식을 요구한다. 한 시대를 지배했던 교육 행태, 정치 행태, 경제 행태에 대한 총체적인 반성과 성찰이 필요한 때이다. 이런 현실은 다시 우리에게 교육에 주목하도록 만든다. 교육은 경험의 끊임없는 성장과 재구성을 가능하게 하는 근본 동력이기 때문이다. 좋은 교육은 과거의 경험으로부터 구성원들을 해방시킨다. 좋은 교육은 낡은 습속을 낯선 눈으로 바라보게 만들며, 미래를 진취적으로 재구축할 수 있는 추진력을 제공해 준다. 혹자는 우리 교육의 많은 문제를 이야기하면서 사회 구조의 개혁 없이는 교육의 변화도 불가능하다고 말한다. 일정 정도는 일리가 있는 말이다. 그러나 전적으로 옳은 말은 아니다. 교육은 스스로 사회를 개혁하고 혁신할 수 있는 힘을 지니고 있다. 교육이 지닌 이런 힘을 올바로 인지하였기 때문에 우리 스스로 사회를 변화시킬 힘이 전혀 없었던 일제 식민지 시대에도 선각자들은 교육을 통해서 미래의 여명을 기약하지 않았던가?

이 책의 여러 주제들은 우리 교육이 낡은 과거를 재생산하는 역할을 넘어서 미래의 여명을 여는 역할을 하기를 희망하는 마음으로 집필하였다. 책의 내용을 부별로 간단히 소개하고자 한다. 1부는 〈우리의 교육 이념과 철학〉이라는 제목하에 교육 이념, 사회 현실, 공부 방식, 교육열, 부모 역할 등을 다루었다. 2부 〈교실수업, 공교육의 최전선〉에서는 교사, 학생, 수업 등의 문제를 다루고 '거꾸로교실'과 같은 미래형 교실 개혁을 위한 시도에 대해서도 다루었다. 3부 〈한국의 교원과 교원양성기관〉에서는 우리 교육을 책임지고 있는 교원과 그 양성에 관련되는 교원양성기관의 문제를 살펴보았다. 4부 〈교육운동과 교원단체〉에서는 최근에 한국의 교육 개혁에 영향을 미치고 있는 혁신학교운동과 배움의 공동체 운동을 살펴보았다. 거기에 더하여 한국교총과 전교조에 대해서도 논의하면서 보수와 진보를 넘어서는 협력과 타협의 문화로 어떻게 나아갈 수 있는지도 생각해 보았다. 물론, 각 부별 다섯 꼭지의 글이 해당 부의 제목에 포함됨 직한 모든 주제를 포괄하지는 못하며 이는 후속 작업으로 남겨 두고자 한다.

　서론을 마무리하면서 나는 우리 교육이 지금보다 훨씬 더 매력적이었으면 좋겠다는 생각을 한다. 이것은 〈강남 스타일〉과 같은 K-Pop을 일상에서 흥얼거리는 세계인들을 보면서 느낀 감정이자 생각이다. 매력은 타자를 끌어당길 수 있는 힘이다. 제국주의적 지배의 물리력을 행사해 본 적이 없는 한국의 노래와 춤을 세계인이 함께 즐긴다는 것은 정말 즐거운 경험이 아닌가? 그런데 음악이나 예술은 취향의 영역이다. 취향의 영역에서의 매력은 다분히 정서적 감흥과 관련된다. 교육과 같은 삶의 중요한 일상적 실천과 제도에 대해 타자가 우리 것을 모방하고 본받을 만하다고 평가하게 만드는 것은 상당히 다른 차원의 문제이다. 거기에는 정서적인 감흥도 일정 부분 수반될 수 있겠지만 보다 더 중요하게는 그런 일상적 실천과 제도가 자신의 것보다 낫고 모방할 만하다는 이성적이고 합리적인 판단이 관여한다. 최근에 우리가 핀란드의 공부 방식 혹은 일본의 배움의 공동체를 따라 하는 것은 그런 이유 때문이 아닐까?

　나는 엄청난 성취나 성공 자체가 한 개인이나 한 민족의 삶을 타자에게 매력적으로 만들지는 않는다고 본다. 영국 출신의 기자 다니엘 튜더 Daniel Tudor 는 2012년 《Korea: The Impossible Country》

라는 책을 출간하였다. 이 책의 한국어 제목은 《기적을 이룬 나라 기쁨을 잃은 나라》로 되어 있다.[1] 독자들은 제목만으로 이 책이 말하려고 하는 바가 무엇인지를 곧 간파할 것이다. 과거의 성공에 대한 집착 때문에 오늘날 우리 삶은 더욱 피폐해져 가고 있다. 여러 국제기구나 각종 해외 매체에서 조사한 나라별 행복지수에서 한국이 최하위권을 면치 못하고 있는 사실이 이를 뒷받침한다. 우리 스스로도 불만투성이인 삶이 타자의 눈에 어떻게 모방하고픈 매력적인 존재일 수 있겠는가? 세계 최고의 학력을 배경으로 온통 멍들어 있는 우리 교육과 상처투성이인 아이들에게서 타자가 매력적인 구석을 발견하는 것은 가능하기나 한 일일까? 나는 이 책을 통해 한국의 교육에 대한 여러 주제들을 다루면서 언젠가 우리 교육도 매력 있는 존재로 탈바꿈되는 날을 꿈꾼다. 우리 교육이, 그리고 우리 교육을 통해서 새롭게 잉태되는 우리 삶이 우리를 주관적으로 좀 더 행복하게 할 뿐 아니라 타자들도 강한 끌림을 느끼는 그런 매력적인 삶이 될 수는 없을까? 우리 교육이 매력적인 존재로 거듭나는 날 당연히 우리 사회도 훨씬 더 매력적인 대상으로 탈바꿈될 것이다. 그것이 우리가 지향해야 할 "The Impossible Country"의 또 다른 버전이 아닐까 한다.

2015년 6월

이혁규

1부

우리의
교육 이념과
철학

좋은 교육 이념이 하나 있으면 얼마나 좋을까?

길을 가는 사람을 붙잡고 왜 사느냐고 물으면 뭐라고 대답할까? 시인 김상용은 〈남으로 창을 내겠소〉라는 시에서 그냥 "웃지요"라고 답했다. 당신은 뭐라고 답하겠는가? 사실 인생은 아이러니이다. 우리는 삶의 의미를 스스로 확정하기 이전에 이미 주어진 삶을 살아간다. 삶의 의미가 불확실하다고 해서 삶 자체를 유보하기도 어렵다. 왜 사느냐는 물음에 시인이 아니라도 그냥 웃고 마는 사람들이 많을 수밖에 없는 이유는 아무리 궁구해도 사는 이유를 쉽게 찾기 어렵기 때문이리라. 만약 누군가가 삶의 의미를 쉽게 찾았다면 일단 의심해 볼 일이다. 쉽게 찾을 수 있는 삶의 의미는 허구일 가능성이 크다. 그것은 우리를 미혹하는 신기루일 뿐이다. 삶의 의미는 찾았다고 생각하는 순간 저만큼 뒤로 물러나는 무지개와 유사하다. 삶의 의미를 쉽게 확정할 수 없다는 사실이야말로 인생을 살 만한 것으로 만드는 원천인지도 모른다.

세월호를 통해 접하는 우리 사회의 민낯

왜 사느냐는 물음에 대한 답이 자명하지 않은 것과 달리 우리 주변에는 직관적으로 자명한 것도 있다. 세월호 사태 후에 왜 많은 사람들이 국가에 대해서 처절히 실망하고 분노했을까? 그 배경에는 국가에 대한 자명한 기대가 무너진 배신감이 자리하고 있다. 상식이 무참히 짓밟힌 사회! 국가란 모름지기 국민의 생명과 안녕을 지키는 존재여야만 한다. 그러나 세월호 사태를 통해서 우리는 국가가 무능과 탐욕으로 그 기본 책무를 방기하는 것을 목도하였다. 추악한 결탁이나 무신경한 복지부동이 국가를 구성하는 많은 공무원들과 정치가들의 민낯이었다. 연안 여객의 적자를 보전하기 위한 탈규제는 살인 병기를 만들어 냈다. 세월호라는 터무니없는 배를 떠다니도록 허락한 것은 국가의 책무를 망각한 범죄 행위이다. 그리고 자신의 안위만을 위해 승객들에게 어떤 구조의 손길도 내밀지 않은 세월호 선장과 선원들은 한강 다리를 폭파하고 자신의 안위만을 위해 도망쳐 간 부끄러운 지도자의 역사를 다시 소환한다. 이렇게 자명한 기대가 무너질 때마다 우리는 각자도생의 아비규환으로 내몰리는 경험을 반복하게 된다.

이렇게 세월호 사건 자체도 충격이지만 우리 사회가 이 문제를 처리해 가는 과정은 더욱더 충격적이었다. 파당적 이해에 매몰된 정치권은 슬픔을 어루만질 여유조차 없었다. 지루한 대결 국면 속에 망자의 가족들은 오랫동안 위무받을 기회를 얻지 못했다. '세월호 특별법'이 제정되는 데만도 200일이 넘는 기간이 소요되었다. 유가족의 눈물조차 냉소와 조롱의 대상으로 만드는 우리 사회는 어디를 향해 가고 있는 걸까? 경제학자 우석훈은 우리 사회의 이런 슬픈 자화상을 '내릴 수 없는 배'로 은유하였다. 그는 이 병적으로 비정상적인 사회를 진단하기 위해서 '재난 자본주의'라는 개념어를 발명하였다. 재난 자본주의란 "사람들이 엄청난 재앙에 놀라고 당황할 때, 그 사회 기득권 집단이 자신들이 원래 하고 싶었던 일을 강력히 전개하는 것"을 의미한다고 한다. '재난 자본주의'에 침수된 한국 사회는 유령선의 몰골이다. 우석훈의 표현을 빌자면 "우리나라의 경제와 정치가 만난 가장 슬픈 사건"에서 우리는 회개와 성찰, 치유와 회복의 역사를 만들어 내지 못하고 있다.[2] 거대한 슬픔조차 자신의 이익을 위해서 이용하려는 비뚤어진 욕망이 도사리고 있기 때문이다.

교육이 우리 사회를 구원할 수 있을까?

반복되는 비극을 어떻게 막을 수 있을까? 수많은 답들이 머리를 맴돈다. 엄격한 법의 제정과 집행, 정부 조직의 재편, 공무원의 책무성 제고, 안전 교육의 강화 등. 그중에는 좀 더 근본적인 해결책도 있다. 예컨대, 우석훈은 《내릴 수 없는 배》에서 연안 여객의 완전 공영제를 해결책의 하나로 제시하고 있다. 그의 주장은 명쾌하면서도 현실적이다. 그리고 국민의 생명과 안전을 지키는 국가의 역할에 대해서 다시 생각하도록 만든다.[3]

우석훈의 주장을 포함하여 다양한 해결책이 재난 방지를 위해서 동원되어야 할 것이다. 그러나 나는 교육학자인 탓인지 모든 문제의 근원이 결국은 인간의 품성 문제로 귀결된다고 생각한다. 어떤 좋은 제도도 그것을 운영하는 사람들의 윤리성과 책무성에 종국적으로 의존할 수밖에 없기 때문이다. 그런데 인간은 그냥 내버려 두어서는 자신의 좁은 이기심을 넘어 책임윤리를 지닌 인간으로 행동하기가 어렵다. 반복되는 학습과 양질의 교육을 통해서만 비로소 우리는 야만적 이기심을 어느 정도라도 제어할 수 있는 힘을 기를 수 있다. 그렇다면 우리 사회의 반복되는 비극은 궁극적으로 우리 교육의 실패를 드러내는 표징인지도 모른다. 불행히도 우리 사회의 사건들을 파헤쳐 보면 더 교육받은 사람일수록 더 부도덕하게 행동하는 경우가 많다. 무엇이 잘못된 것일까?

다시 길 가는 사람을 붙잡고 왜 교육을 받느냐고 물으면 뭐라고 답할까? 아마도 이 어려운 질문에 대부분의 사람들이 자명한 듯이 답할 것이다. "잘 살기 위해서"라고! 멋있는 답이다. 그러나 무엇이 잘 사는 것일까? "잘 살기 위해서"라는, 겉으로는 모두가 동의할 수 있는 기표記標 속에 우리는 혼자만 입신양명하고 부귀영화를 누리는 사적 욕망의 기의記意들을 꼭꼭 숨겨 놓고 있는 것은 아닐까? 그런 의미의 "잘 사는 것"이 우리가 암묵적으로 상정하는 교육 목표이자 이념인 한 재난 자본주의의 탐욕을 넘어설 수 있는 가능성, 타자의 생명을 소중히 여기는 인간을 길러 낼 수 있는 가능성, 사사로운 이익을 넘어 공적 책무성을 고민하는 사람들이 더 많아질 수 있는 가능성은 거의 소진되고 만다.

나만 잘 살거나 기껏해야 가문의 명예를 높이는 정도의 교육 목표와 이념으로는 나라의 미래를 새롭게 기약할 수 없다. 만약 우리가 현재와 같은 좁은 교육 목표와 이념하에 현재와 같은 높은 교육열을 계속 유지한다면 우리는 더 많이 교육받은 사람들의 더 많은 부도덕한 행동으로 앞으로도 더 많이 고통당할 것이다. 입신양명, 부귀영화, 가문의 영예와 같은 사적 욕망으로 무장하여 타자와의 경쟁에서 승리한 사람들이 사회와 국가의 상층부를 장악하면 할수록 우리는 세월호 참사와 같이 어처구니없는 비극을 반복적으로 맞이할지도 모른다. 인간의 힘이 인간과 자연을 멸망시킬 수도 있는 이 가공할 위험 사회에서 우리 교육의 이념을 다시 세우는 일은 무엇보다 우선시되어야 하지 않을까?

홍익인간, 우리의 공식적 교육 이념

우리에게 공식적인 교육 이념이 없는 것은 아니다. 우리 교육의 근간을 규율하는 〈교육기본법〉 제2조(교육 이념)는 "교육은 홍익인간弘益人間의 이념 아래 모든 국민으로 하여금 인격을 도야陶冶하고 자주적 생활능력과 민주시민으로서 필요한 자질을 갖추게 함으로써 인간다운 삶을 영위하게 하고 민주국가의 발전과 인류공영人類共榮의 이상을 실현하는 데에 이바지하게 함을 목적으로 한다"고 밝히고 있다. 우리 교육의 공식 이념이 홍익인간임을 당신은 알고 있었는가? 이 이념에 비추어 보면 우리 교육과 우리 사회의 현실이 너무나 초라해 보이지 않은가?

홍익인간이라는 이념은 1945년, 미군정의 자문기구였던 조선교육심의회 교육이념분과위원회에서 우리 교육 이념으로 처음 논의되기 시작하였다. 그 후 홍익인간 이념은 대한민국 건국 후 1949년 제정 공포된 〈교육법〉 제1조에 공식적인 교육의 기본 이념으로 규정되어 오늘에 이르고 있다. 참고로 홍익인간은 영어로 "Maximum service to Humanity"로 번역된다. 학자에 따라서 "The greatest service to the benefit of Humanity"로 번역하기도 한다.

홍익인간이 우리 문헌에 최초로 등장하는 것은 〈삼국유사〉와 〈제왕운기〉이다. 그만큼 오랜 역사를 지니고 있는 이념이라고 할 수 있다. 이렇게 오랜 역사를 지니고 있지만 현대 사회에 적용해도 손색이 없을 정도의 보편성을 지니고 있다. 이러한 보편적 성격과 관련하여 교육법 제정 당시 《문교개관》은 다음과 같은 말로 홍익인간 이념의 정당성과 적절성을 표현하고 있다.

> 홍익인간은 우리나라 건국이념이기는 하나 결코 편협하고 고루한

민족주의 이념의 표현이 아니라, '인류공영'이란 뜻으로 민주주의 기본 정신과 완전히 부합되는 이념이다. 홍익인간은 우리 민족정신의 정수精粹이며, 일면 기독교의 박애정신, 유교의 인仁, 그리고 불교의 자비심과도 상통되는 전 인류의 이상이기도 하다.[4]

이렇게 홍익인간 이념을 대한민국 〈교육기본법〉의 교육 이념으로 택한 것과 관련하여 한국정신문화연구원의 정영훈 교수는 《홍익인간 이념과 21세기 한국교육 연구》에서 다음과 같이 그 의미를 해석하고 있다.

> 그것이 지향하는 것은 글자 그대로 인간(사회)을 크게 유익하게 하라는 것이다. 그것의 유래나 사상 배경에 대해서는 아직 많은 것이 베일에 쌓여 있지만, 그러나 기본적으로 인간의 존엄성과 복지를 최고의 가치로 간주하는 인본주의 세계관에 토대하여, 사회적으로는 이웃과 공동체에 대한 희생과 봉사의 윤리를 강조하고, 정치적으로는 민본주의-민주주의와 복지국가를 지향하는 이념이라는 데는 이의가 없는 것 같다. (……) 해방 후 신국가의 교육 이념을 모색하던 교육 지도자들은 이 이념이 민족 고유의 이상을 표현한 것이면서도 고루한 민족주의가 아니라 민주주의, 복지, 사랑, 인류공영 같은 전 인류의 이상과 상통한다는 점에 주목하여 그를 교육 이념으로 채택하였다. 대한민국의 교육은 널리 인간을 이롭게 하기 위한 것으로, 홍익인간할 수 있는 역량과 덕성을 가진 인간을 육성하는 데에 궁극의 목표가

있다고 정했던 것이다. 홍익인간을 교육의 기본 이념으로 끌어냄으로써 한국의 교육은 유구한 역사를 가진 문화민족의 교육으로서 체모와 개성을 확보할 수 있었다.[5]

만약 이러한 홍익인간이라는 이념이 우리의 교육 현실을 규율하고 우리의 삶에 내면화된 원리로 작동하고 있었더라면 최소한 세월호 사건과 같은 비극은 일어나지 않았을 것이다. 그리고 우리 사회도 지금보다는 훨씬 더 인간적인 사회가 되었을 것이다.

좋은 교육 이념이 하나 있으면 좋겠다

과학적인 근거가 없는 오랜 과거의 신화에서 유래한 사상을 오늘날의 교육 이념으로 삼는 것이 옳을까? 이에 대해 교육학자 이계학은 신화를 해석하는 제의학파祭儀學派의 학설을 빌어서 "단군신화는 우리의 옛 조상들이 태곳적 시절에 성년 입사식에서 행했던 의식이 언어화된 표현이고, 성년 학교에서 가르쳐졌던 교육의 핵심 내용이며, 후세들에게 꼭 전승시켜 주고 싶었던 한국인의 '얼'이라 하겠다. 그러므로 우리 민족의 말미(본풀이)를 전해 주는 단군신화는 한국인의 교육의 원형이라 하겠다. 따라서 단군신화에는 우리 민족이 이상으로 하고 있는 한국인의 이상적인 인간상은 물론 그러한 인간이 되는 사람됨의 과정과 방법적 원리 등등이 (······) 유아적 사고의 형태로 내포되어 있을 것"이라고 의미를 부여하고 있다.[6] 이계학이 유아적 사고라는 말을 쓴 것은 홍익인간 이념이 오늘날의 현실에 맞게 끊임없이 재해석되어야 할 필요성을 말하는 것이리라. 시대와 상황에 맞는 재해석 작업이 끊임없이 수행될 때 민족의 원형태로서 신화는 살아 있는 현실로 우리와 함께 존재할 수 있을 것이다.

문제는 홍익인간이라는 이념의 옳고 그름을 떠나서 그 이념이 우리의 현실을 규율하는 원리로 살아 움직이고 있지 못하다는 점이다. 정영훈이 지적했듯이 홍익인간 이념은 "그저 '장식적' 기능에 그칠 뿐 국민 성원들의 의식과 행동을 규정하는 원리-규범으로 정착하지" 못하고 있다.[7] 대신에 근대 공교육 초창기부터 강력한 영향력을 발휘하였던 적자생존과 우승열패의 사회진화론적인 사고가 여전히 우리의 교육과 사회 현실을 강력하게 규율하고 있다. 그리고 그런 현실 속에서 우리는 세월호의 슬픔도 맞이하고 있는 것이다.

추상적인 이념이 어떻게 현실을 규율할 수 있는 힘을 지닐 수 있을까? 무엇보다도 우리에게 친숙한 그 무엇이어야만 한다. 그리고 친숙성은 많은 경우 그것을 만들고 지키고 개선해 가는 데 동참한 집단적 기억으로부터 생겨난다. 예컨대, 왜 우리는 민주주의의 위기를 느낄 때 광장에 모여 "대한민국은 민주공화국이다"로 시작하는 〈헌법 제1조〉를 노래하는가? 헌법 개정의 역사 속에는 광복 이후 이 땅의 민주주의를 수호하고 개선하기를 열망했던 수많은 시민들의 땀과 피가 스며 있기 때문이다. 그렇기 때문에 그런 집단 기억의 총화로서 현행 헌법은 비록 불완전한 면을 지니고 있지만 우리의 현실을 계도하는 이념이자 민중의 열망을 담아내는 상징의 역할을 할 수 있는 것이다.

이처럼 우리 교육이, 우리 사회가 위기를 맞이할 때마다 그 깃발 아래 함께 모일 수 있는 교육 이념이 하나 있으면 얼마나 좋을까? 그것이 널리 모든 인간을 이롭게 한다는 홍익인간이라도 좋고, 민주적 세계 시민이라도 좋고, 또 다른 무엇이라도 나쁘지 않다. 문제는 함께 만드는 집단 경험이 수반되면 좋겠다는 것이다. 그래야만 힘 있는 교육 이념이 될 수 있지 않을까? 독재 정치의 질곡 속에서 6월항쟁이 피어나고 대통령 직선제라는 헌법 개정을 쟁취한 것처럼 세월호의 참사, 그리고 그 이후 끝도 없이 계속되는 분열상으로 인해 수많은 사람들이 깊은 상실과 좌절감을 느끼는 이때야말로 국민의 힘을 모아서 다수가 동의할 수 있는 교육 이념을 하나 새롭게 만들 수 있는 기회가 아닐까? 낭만적인 발상인지는 모르지만 국민이 함께하는 입법 청원의 형태이면 더 좋겠다.

길 가는 사람들을 모두 불러 모아 시대의 모순을 치유할 수 있는 교육 이념을 하나 만들어 보자. 그리고 우리 교육이, 우리 사회가 위기에 직면할 때마다 광장에 모여 교육 이념을 목청껏 노래 부르는 꿈을 꾸어 보자. 우리의 암울한 현실을 규율하고 계도할 수 있는 좋은 교육 이념이 하나 있다면 정말 좋겠다.[8]

우리는 어떤 사회에서 교육을 하고 있는가?

교육은 언제나 특정한 사회를 상정하고 이루어진다. 플라톤의 교육관은 항시적인 전쟁 상태에서 전사를 길러 내야 했던 그리스의 도시국가를 상정하고 있다. 중세의 종교교육은 성속^{聖俗}을 구분하는 기독교적 세계관에 터하고 있었다. 조선 시대의 선비를 기르는 교육은 관료 중심적 귀족 사회를 배경으로 한다. 이처럼 모든 교육은 교육이 행해지는 맥락인 사회와 관련하에 정당성을 부여받는다. 특정한 사회상을 전제하지 않고 시공을 초월하여 보편적으로 통용될 수 있는 좋은 교육이란 존재할 수 없다.

그런데 교육과 연관하여 '사회'라는 단어를 떠올릴 때는 주어진 현실로서의 사회상과 지향해야 할 이상으로서 사회상이 함께 함축되어 있다. 교육이 '적응'과 '혁신'이라는 이중적 과업을 수행하기 때문이다. 예컨대, 학교에서 민주시민교육을 하는 것은 우리가 살아가는 사회가 민주 사회이기 때문이다. 교육을 통하지 않고 민주시민이 될 수는 없다. 그러나 민주시민교육의 목적이 현존하는 불완전한 민주 사회에 순응하는 인력을 기르는 데 제한되지는 않는다. 민주시민교육은 더 나은 민주주의라는 이상을 지향하며 이런 교육을 통해 민주 사회 또한 더 나은 단계로 나아간다.

교육과 사회의 이런 상호 순환적인 관계를 고려할 때 교육자는 현 사회를 깊이 이해해야 할 뿐 아니라 이상적 사회가 무엇인지도 부단히 탐색해야 한다. 이와 관련하여 잉여 사회, 피로 사회, 단속 사회, 감시 사회, 무연 사회, 승자독식 사회 등 우리 사회 — 현대 사회를 포함하여 — 를 분석하는 담론들은 현재와 미래의 사회상에 대한 이해와 탐색에 많은 도움을 준다. 최근에는 일군의 사회학자들이 여러 사회 담론들을 함께 논평하는《사회를 말하는 사회》라는 책을 출간하였다. 이 책에는 우리 사회를 논하는 다양한 담론들이 총망라되어 있다. 전체 4장으로 구성되어 있는 이 책의 각 장은 '나는 항상 배고프다', '불안은 영혼을 잠식한다', '괴물들이 사는 나라', '어느 날 차단되었습니다'라는 주제어를 갖고 있다. 이 책에 수록된 30개의 사회 담론의 제목만 일별해 보아도 우리 사회가 처한 현실을 이해할 만하다.'

이 글에서는 여러 사회 담론 중에서 필자 나름으로 교육의 장에서 염두에 두었으면 하는 몇 가지를 논의해 보고자 한다. 소비 사회, 위험 사회, 팔꿈치 사회, 네트워크 사회가 그것이다. 이 사회 담론들은 공교육 체계에서 상대적으로 덜 주목받거나 외면되어 오거나 혹은 다른 관점에서 다루어지던 것들이다. 그러나 나는 이런 사회 담론들이 포착하는 현실이 교육의 매우 중요한 주제가 되어야 한다고 본다. 교육자들은 이런 사회 담론들이 주목하는 현실을 직시하고 현재를 초월하는 미래 사회상에 대해서도 고민해야 한다.

소비 사회

우리는 소비 사회에 살고 있다. 이것처럼 명확한 현실이 또 존재할까? 생산 활동에 종사하지 못하고 실업자로 살아갈 수는 있다. 그러나 자본주의사회에서 소비자이기를 포기하는 것은 불가능하다. 자본주의사회하에서 소비 행위의 본질을 이해하고 윤리적 소비에 대해 고민하는 것은 간과할 수 없는 교육의 주제이다.

장 보드리야르 Jean Baudrillard는 이미 1970년대에 《소비의 사회》에서 오늘날의 소비의 특징을 놀랍게 간파해 내었다.[10] 오늘날의 소비는 상품의 사용 가치를 소비하는 것이 아니라 기호들의 소비이다. 그 물건이 정말 필요해서 구매하기보다는 상업적 광고나 마케팅을 통해서 그 상품에 결합된 행복, 안락, 성공, 위신 등과 같은 이미지를 소비한다. 이와 같은 소비 행태는 상품을 끊임없이 판매해야만 유지와 확장이 가능한 자본주의 상품 생산 체계와 연결되어 있다.

그것은 필연적으로 생태계의 위기를 초래하는 과잉 소비와 연결된다. 자신이 구매하는 물건 중에서 내구성이 다 되어서 교환하는 물건이 있는지를 한번 생각해 보라. 멀쩡한 자동차며 냉장고며 텔레비전을 우리는 너무 자주 신상품으로 바꾼다. 2년도 안 되어서 계속 갈아 치우는 휴대전화는 또 어떠한가? 우리의 이 모든 소비 행위는 기업의 계획적 진부화 전략과 밀접하게 연결되어 있다. 계획적 진부화란 기업에서 신상품의 판매 촉진을 위해서 기존 상품을 계획적으로 진부화시키는 행동을 뜻한다. 미국의 자동차 회사 제너럴 모터스가 계획적 진부화 전략을 통해서 자동차 산업의 선두 주자인 포드를 파산에 이를 정도의 궁지로 내몰고 최대 자동차 회사로 부상한 것은 잘 알려져 있는 일화이다. 제너럴 모터스의 계획적 진부화 전략은 오늘날 모든 자동차 회사의 일반적 생산 전략이 되었다.

세르주 라투슈Serge Latouche는 《낭비 사회를 넘어서》에서 제조사가 제품 생산 단계에서 이미 사용 연한을 설정하고 그 안에 제품이 고장 나도록 기술적인 조치까지 한다고 폭로하고 있다. 1881년 에디슨 전구의 수명은 1,500시간, 1920년대 공장 제품은 2,500시간이었다. 그러나 1924년 제너럴 일렉트릭을 비롯한 전구 업체들은 전구 수명을 1,000시간 이하로 하기로 담합했다. 품질 좋은 동독제는 수입되지 못했고 수명이 긴 전구 제작과 관련된 특허는 모두 매장되었다. 프린터에는 인쇄 매수가 1만 8,000장이 넘으면 자동으로 멈추게 하는 칩이 삽입되어 있다. 수리가 안 되는 아이폰 배터

리는 수명이 18개월로 제한되어 있다. 배터리 수명이 다하면 휴대전화 자체를 바꾸어야 하는 셈이다.[11]

소비 사회의 더 많은 상품 생산과 판매는 당연히 자원의 낭비로 연결된다. 이는 거대한 생태계의 파괴와 환경의 교란을 초래하고 특정한 자원의 확보와 약탈을 위한 약소국에 대한 제국주의적 간섭으로 이어진다. 따라서 우리의 일상적 소비가 지니는 이런 메커니즘을 교육자 스스로가 잘 이해해야 할 뿐 아니라 학습자들에게도 소비의 본질과 윤리적인 소비가 무엇인지를 고민할 기회를 제공해 주어야 한다.

우리 자신과 후속 세대가 윤리적 소비자로서 각성하고 행동에 나서는 문제는 오늘날 시민운동 전략 중에서 가장 중요한 부분이기도 하다. 탈공업화 현상으로 인해 노동운동이 사회 변화에 미칠 수 있는 영향력은 급격히 줄어들고 있다. 그러나 대중 소비 사회에서 소비자들의 소비 행위는 여전히 엄청난 힘을 갖는다. 국가보다 더 강한 힘을 가지는 다국적 기업을 견제할 수 있는 거의 유일한 힘은 소비자들의 불매운동뿐이다. 예컨대, 삼성반도체 기흥 공장에서 집단 백혈병이 발병했을 때 소비자들이 삼성 제품 불매운동을 벌였다면 어떠했을까? 삼성이 반도체 공정과 백혈병 발병 사이의 직접적 인과관계를 부인하면서 그렇게 오랫동안 비윤리적으로 행동할 수 있었을까? 삼성뿐 아니라 세계적인 다국적 기업들에 저항할 수 있는 힘은 소비자의 연대에서 나온다. 신자유주의의 폭주 속에서 시민사회를 건강하게 지켜 내는 차원에서도 소비 행위에 대한 자기 성찰을 교육의 중요한 소재로 삼아야 할 필연적인 이유가 있다.

위험 사회

'위험 사회'를 현대를 설명하는 핵심 용어로 정립한 학자는 독일의 사회학자 울리히 벡Ulrich Beck이다. 울리히 벡은 1986년《위험사회》를 통해 세계적인 학자의 반열에 올랐다. 그는 "궁핍은 계급적이지만 스모그는 민주적이다"라는 유명한 경구를 남김으로써 현대 사회의 위험의 본질을 명료하게 부각시켰다.[12] 그의 경구를 증명하는 사건이 공교롭게도 책이 출간된 1986년 구소련의 체르노빌 핵발전소 사고로 실제로 일어났다. 1986년 4월 체르노빌 핵발전소 제4호기가 폭발하여 1945년 일본 히로시마와 나가사키에 떨어진 원자폭탄 100배 이상의 방사능이 유출되었다. 핵발전 이용 역사상 최악의 재앙이 발생한 것이다. 엄청난 규모의 지역이 방사능으로 오염되고 많은 사람들이 방사능 피해로 인해 사망하거나 오랜 시간 고통에 시달렸다. 피해는 사고 발생 후 몇십 년이 지난 현재에도 진행형이다.

체르노빌 사고는 현대의 재앙 앞에 국경이 의미가 없음을 보여주었다. 사고 발생 지역에 인접하여 벨라루스라는 나라가 있다. 인구 천만의 이 작은 국가는 자체 핵발전소를 가지고 있지 않은 나라이다. 그러나 국토의 약 23퍼센트가 방사성 물질에 오염되었다. 오염

지역 내의 주민도 210만 명 이상이었으며 이 중 어린이가 70만 명이었다. 저준위 방사선의 계속적인 영향으로 암, 지적 장애, 신경정신질환, 유전자 돌연변이의 발생률이 증가했으며, 어린아이들도 계속해서 피해를 입고 있다. 체르노빌은 '스모그는 민주적'이라는 말처럼 누구도 도주할 수 없는 현대 사회의 위험을 극적으로 현시한다.

울리히 벡은 2007년에 《글로벌 위험사회》라는 책을 새롭게 출간하였다.[13] 그는 글로벌화의 진전으로 인해서 위험이 더 확장되고 심화되고 있음을 논증한다. 기후 변화, 환경 파괴와 오염, 재정·금융 위기, 새로운 전염병, 테러리즘의 위협은 점점 세계화되고 있다. 과학기술의 발달에도 불구하고 모든 생명의 생존을 멸절시킬 수 있는 위험의 가능성은 오히려 증가하고 있다. 벡은 이런 위험들이 국민국가의 틀에서는 해결될 수 없음을 분명히 하면서, 세계시민주의라는 정치적-윤리적 성찰을 통해서 그 해결 가능성을 모색하려고 한다.

위험 사회를 전형적으로 체감할 수 있는 곳이 바로 한국이다. 한국과 그 주변이 세계 최고 수준의 핵발전소 지대라는 사실 하나만으로도 그러하다. 시한폭탄과도 같은 핵발전소가 일본에 55기, 한국에는 21기나 있다. 중국도 동부 연안 지역에 대규모의 핵발전소 건설을 추진하고 있다. 〈한겨레〉 한승동 기자는 "한·중·일의 원전들이 밀집되어 있는 동북아시아 전체가 '잠재적 후쿠시마'들이 대책 없이 돌아가고 있는 초시공적 위험 지대다"라고 말한다.[14] 2011년 3월 발생한 일본의 후쿠시마 핵발전소 사고는 자주 체르노빌 핵발전소 사고에 비견된다. 후쿠시마 핵발전소 일대는 유령의 세계로 바뀌었다. 수많은 사람들이 방사능 피해로 고통받고 있다. 지금도 방사능 오염수는 계속 유출되고 있다.

어디 핵발전소뿐인가? 삼풍백화점 붕괴, 성수대교 붕괴, 대구 지하철 방화 참사, 경주 리조트 시설 붕괴 등 헤아릴 수 없는 인재들이 끊임없이 발생하는 나라 아닌가? 그리고 2014년, 우리는 세월호라는 전대미문의 사고를 경험했다. 이 모든 사건들은 우리의 삶이 지뢰밭 위에서 펼쳐지는 아슬아슬한 곡예임을 웅변한다. 그런데도 위험에 대한 우리의 지각은 너무 무디다. 위험을 다루는 우리의 윤리 의식 또한 범죄자의 수준에 가깝다. 인간의 힘이 커지는 것에 비례하여 우리의 윤리 의식은 자라나지 못하고 있다. 마치 칼로 사람을 죽일 때 느끼는 공포감과 죄의식을 수천수만 배의 사람을 죽일 수 있는 폭탄 발사 장치의 스위치를 누르는 전투기 조종사들은 느끼지 못하는 것과 유사하다고 할까? 그런 윤리적 무감각 때문에 핵발전소의 불량 부품을 돈 몇 푼과 교환하는 것이 가능하다. 그러므로 인류와 자연을 멸망시킬 가공할 힘을 지닌 위험에 대한 감수성을 가진 윤리적인 시민을 길러 내는 것은 우리 생존과 직결되는 교육의 기본 임무일 수밖에 없다.

팔꿈치 사회

'팔꿈치 사회'는 강수돌 교수의 책 제목이다. 원래 이 말은 독일어 'Ellenbogengesellschaft'를 번역한 말이라고 한다. 누가 보아도 반칙이 틀림없지만 절묘하게 달리기 자세를 취하면서 경쟁자인 옆 사람을 팔꿈치로 밀쳐 낸다면 겉보기에는 마치 규칙을 준수하며 달리는 것처럼 보인다. 강수돌은 초경쟁적인 한국 사회는 이런 교묘한 반칙이 횡행하는 팔꿈치 사회의 전형이라고 진단한다. 그는 "내가 시장 경쟁에 참여하는 순간, 그 승패와 무관하게 경쟁의 희생자가 된다. 나아가 그것을 넘어 (우리 모두를 지배하는) 자본의 지배력을 강화시켜 주게 된다. 바로 이 점을 명확히 인식하는 것이 자본주의 경쟁의 본질을 꿰뚫어 보는 것이다"라고 말한다.[15]

사실 우리 교육의 현실을 놓고 보자면 학생들이 벌이는 살인적 점수 경쟁은 강수돌의 표현처럼 "장기적으로는 너도 죽고 나도 죽는 공멸의 경쟁" 양상을 띠고 있다. 이 경쟁의 승자는 극소수에 불과하다. 《사회를 말하는 사회》에서 강수돌의 책을 논평했던 김경집은 이런 살인적 경쟁이 별 유용성이 없다는 점을 다음과 같이 예증하고 있다.

이른바 좋은 대학(서열 매김이 한심하지만, 엄연한 현실이라는 점에서 일단 인정한다고 하면)에 들어가려면 적어도 2등급이 되어야 한다. 반에서 11~13퍼센트의 비율이다. 남들도 과외다 학원이다 다 하는데, 의지만으로 쉽게 등급 상향이 되지 않는다. 그게 부모 세대들과의 차이다. 2등급은 되어야 그런 대학에 지원(합격의 보장도 아니다)할 수 있다. 그런데 그런 대학 졸업해도 이른바 좋은 직장에 들어갈 확률은 아무리 넉넉히 잡아도 20퍼센트가 채 되지 않는 게 현실이다. 그렇다면 2~3퍼센트. 즉 100명의 학생들 가운데 고작 두세 명만 그런 직장을 얻는다는 뜻이다. 그러나 그런 직장에 간들 미래가 보장되는 것도 아니다. 40대 중반쯤이면 직장을 그만둬야 하는 상황이 닥친다. 그렇다면 그 두세 명조차 20년쯤 '안정적인' 삶을 누릴 뿐이다. 그 다음은 캄캄하다. 부모야 그 뒤 일은 자기 살아 있을 때 일이 아니라고 여길 수도 있겠다. 하지만 진정 부모가 원하는 건 자식의 행복이 아닌가. 이 무모하고 무시무시한 경쟁의 틀을 부모가 깨뜨려야 한다.[16]

노력하면 성공할 수 있다는 신화가 무너지는 시대에 우리는 살고 있다. 성공은 고사하고 안정적인 삶에 대한 기대도 희미하다. 어렵게 얻은 직장에서 언제 쫓겨날지 아무도 기약할 수 없다. 한국 사회에서 이와 같은 현상은 외환위기 이후 사회가 신자유주의적 시스템으로 재편되면서 본격화되었다는 것이 학계의 정설이다.

그런데 사회학자 지그문트 바우만Zygmunt Bauman은 좀 더 근본적으로 근대 사회의 구조 변화에서 한국뿐 아니라 세계 전체가 처한 불안정성의 원인을 찾는다. 바우만은 우리가 살아가는 사회를 '액체 근대'로 규정한다. 고체와 비교해 볼 때 액체의 특징은 기본적으로 유동성에 있다. 고체 근대에는 사람들이 특정한 장소에 붙박여서 노동하면서 삶을 영위했다. 대표적인 풍경이 포드주의라고 불리는 공장이다. 찰리 채플린의 영화에서 때로 희극적으로 때로 비극적으로 묘사되는 컨베이어 벨트의 일관 공정을 생각해 보라. 이런 생산 현장의 삶은 고통스럽지만 영속적이고 예견 가능한 것이었다. 바우만은 "포드주의적 공장'은 (……) 자본과 노동 간의 '죽음이 우리를 갈라놓을 때까지' 식의 일종의 결혼 서약이기도 하였다. 그 결혼은 사랑의 결합인 적은 거의 없이, 편리나 필요에 따른 결혼이었지만, (그것이 개인 삶에 어떤 의미를 지닌 것이었든지 간에) '영원토록' 이어질 운명이었으며 거의 대부분 그렇게 지속되었다"라고 은유적으로 표현한다.[17] 액체 근대의 시대에는 그런 안정적인 노사 간 영속적인 관계는 더 이상 존재하지 않는다. 자본은 장소의 속박에서 벗어나 이익이 되는 곳이라면 지구상의 어느 곳이라도 순식간에 이동한다. 이동과 통신 수단의 발달, 그리고 보편적인 탈규제화 현상과 더불어 오늘날 소수의 전지구적 자본가들은 중세의 부재지주처럼 지배는 하되 책임은 지지 않는다. 그런 체제 속에서 개인들은 불확실하고 예측 불가능하고 불안정한 삶에 내몰리고 있다. 더욱 우울한 것은 개인이 아무리 노력해도 벗어나기 어려운 이 구조 속에서 함께 협력해서 문제를 해결할 공적 영역은 점점 약화되고 있다는 사실이다. 오늘날 국가가 할 수 있는 일조차 크게 제약당하고 있다. 그리고 개인들은 자유라는 미명하에 스스로의 운명을 개척해야 하는 불가능한 임무를 점점 더 떠안게 되고 있다.

우리 삶을 짓누르는 불안정성의 문제는 더 열심히 경쟁하고 승리하는 자기 계발의 논리로는 해결이 불가능하다. 지구적 규모의 연대를 통해 새로운 시민사회를 모색해야 한다. 그 출발점에서 경쟁이 심화될수록 모두가 희생자가 된다는 점부터 우선 직시할 필요가 있다.

네트워크 사회

많은 사람들이 눈을 떠서 제일 먼저 하는 일이 아마도 이메일, 트위터, 페이스북, 카카오톡이나 밴드와 같은 사회적 연결망에 접속하는 것일 게다. 우리는 역사상 가장 촘촘한 네트워크 속에서 살아가고 있다. 인터넷이 대중화되기 시작한 것이 1990년대 초이므로 30년도 안 되어 인류는 전대미문의 시대를 살고 있다. 세계 어느 곳에 있는 사람과도 실시간으로 접속을 하여 생각과 느낌을 나눌 수 있게 되었다. 따라서 우리 사회를 네트워크 사회라고 부르는 것은 지극히 타당하다. 이렇게 연결망이 촘촘해졌는데 우리는 더 충만하고 풍성한 인간관계를 향유하게 되었는가? 아니라고 답을 할 사람이 더 많을 것이다. 많은 사람이 인터넷에 접속하고 연결할수록 오히려 진정한 인간관계에 목말라한다. 바다 위를 표류하면서 느끼는 갈증 같다고나 할까? 엄기호의 '단속사회'라는 개념은 이런 현실을 이해하는 데 유용한 개념어이다.[18] 그는 엄마와 마주 앉아 있지만 엄마와는 대화도 나누지 않고 친구들과 카카오톡에만 열중하는 한 소년의 모습에서 충격을 받고, '쉴 새 없이 접속하고 끊임없이 차단하는' 단속의 양상에 주목하기 시작했다고 한다.

엄기호의 지적처럼 오늘날 네트워크를 통한 연결은 '접속 차단'

과 동시에 존재한다. 스마트폰의 모바일 메신저 등을 통해서 우리는 쉴 틈 없이 다른 사람들과 의견을 주고받지만 여기에는 접속 차단이라는 비밀 제동 장치가 담겨 있다. 접속 차단 장치의 도움으로 우리는 나와 다른 낯선 것과의 만남, 진정한 타자와의 만남을 차단하며, 공적인 것과도 단절한다. 자신의 의견을 제시하는 경우에도 불가피하게만 최소한으로 자신을 드러내는 자기 검열 속에 숨는다. 이처럼 나와 같고 비슷한 것에는 끊임없이 접속해 있지만 조금이라도 나와 다른 것은 철저히 차단하고 외면하는 사회를 엄기호는 '단속 사회'라고 부른다.

이런 단속 사회에는 정보와 의견의 공유는 있을지 모르나 마음을 여는 소통은 일어나지 않는다. 진정한 소통은 나와 다른 타자와 만나는 심리적 불편함을 감수해야 일어나기 때문이다. 타자의 고통에 공감하고 낯설고 모르는 것과 부딪치고 만나며 자신의 경험을 확장하고 갱신하는 경청의 부재 속에서 우리는 모두 고독한 존재로 살아간다.

경청이 없는 자기 독백의 재생산 구조는 접속 차단 장치가 있는 폐쇄적 네트워크망에만 적용되는 이야기가 아니다. 인터넷의 대부분의 담론 공간은 비방과 편 가르기가 만연한 적대적인 게시물과 댓글들로 가득 차 있다. 박권일은 소셜 미디어의 이런 현상을 '주목경제attention economy'라는 말로 설명한다. 주목경제는 타인의 주목을 추구하는 활동이 최우선순위를 점하게 되는 경향성 또는 사회 환경을 가리킨다. 우리는 정보량이 넘쳐나는 사회에 살고 있다. 그런데 정보가 넘쳐나면 주목을 받기가 어렵다. 따라서 주목을 받기 위해서는 무조건 '튀어야' 한다. 박권일은 일베 현상도 이런 주목경제에서의 '주목경쟁attention struggle'으로 설명한다. 일베가 진보를 공격하는 것은 그래야 더 많은 관심을 얻을 수 있기 때문이다.[19]

한때 소셜 미디어가 사회 변화를 가능하게 하여 평등하고 민주적인 사회를 가져다줄 것이라는 낙관주의가 만연했던 때가 있었다. 월 스트리트 점령 시위대나 이집트의 재스민 혁명이 트위터를 활용한 체제 변화의 가능성으로 주목받기도 했다. 그러나 그런 낙관론은 시들어 가고 있다. 어떤 접속도 기술적으로 가능한 시대에 우리는 여전히 관계에 목마르다. 우리 중 일부는 누구와도 관계를 맺지 못하는 무연無緣 속에서 쓸쓸하게 고독사한다. 네트워크 사회는 인간의 접속과 단절에 대한 깊은 성찰과 함께 타자와 함께하는 새로운 공동체에 대한 갈망을 더 증폭시키고 있다.

우리는 어떻게 교육해야 할까?

물론 교육자가 염두에 두어야 할 사회 현실은 위에서 언급한 네 가지에 한정되지 않는다. 나의 선택에는 내 개인의 주관성이 반영되어 있다. 이 네 가지 개념에 대해 옳고 그름을 논한다거나 혹은 더 중요한 무엇이 포함되지 않았다고 따지는 것은 사실 의미가 없다. 이 논의의 가장 일반적인 함의는 교육자로서 우리가 살고 있는 세상이 어떤 세상인지를 냉철하게 파악하고 그런 사회에 대한 이해를 교육 활동과 의미 있게 연결시키는 능력을 개발하는 것이기 때문이다.

일단 네 가지를 언급했으니 이와 연관 지어 결론을 맺어 보고자 한다. 소비 사회, 위험 사회, 팔꿈치 사회, 네트워크 사회는 조금씩 다른 함의를 지닌다. 소비 사회는 윤리적 소비의 중요성과 함께 소비자의 연대가 행사할 수 있는 힘을 환기시킨다. 위험 사회는 인간 문명이 야기한 인재로 우리 삶이 산산조각 날 수 있다는 경고와 함께 위험을 다루는 시민의 책무성을 제고하고, 위험에 대한 전문가 담론을 비판적으로 분석하여 올바른 판단을 내릴 수 있는 시민적 능력을 요구한다. 팔꿈치 사회는 불안정성과 유동성이 극단적으로 증폭된 사회에서 자기 계발의 이데올로기에 현혹된 경쟁으로는 문제가 해결될 수 없음을 직시하게 한다. 네트워크 사회는 소셜 미디어의 거미줄 속에서도 진정한 소통에 목마른 시대에 낯선 타자와 함께하는 공동체가 어떻게 가능한지를 묻는다.

이 모든 것들은 다시 민주주의의 문제로 귀결된다. 지역과 국가와 세계적 차원에서 공적 영역을 재구축하지 않고는 사회 담론들이 제시하는 암울한 묵시록을 넘어서기 어렵다. 공적 영역의 재구축은 협력하는 품성을 지닌 사람들의 존재를 필요로 한다. 교육 없이 그런 사람들이 생겨나는 것은 불가능에 가깝다. 교육자들이 미래를 예비하는 선지자요, 혁명가일 수밖에 없는 이유가 여기에 있다.

호모 아카데미쿠스!
우리 공부 방식은
이대로 괜찮은가?

　한국인은 세계에서 가장 열심히 공부하는 민족에 속한다. 특히 한국 학생들의 공부는 살인적일 정도라고 할 수 있다. 이렇게 열심히 공부를 하지만 '소위' 공부를 많이 한 사람을 만나면 왠지 답답한 느낌이 드는 경우가 많다. 한국에서 공부를 많이 한 사람의 이미지를 떠올려 보자. 사방팔방으로 탁 트여서 어떤 내용을 이야기해도 자유롭게 소통이 되는 사람이 떠오르기보다는 세상과 담을 쌓고 특정한 분야의 전문성을 쌓아 올린 약간은 고지식한 사람의 이미지가 더 많이 떠오른다. 왜 그럴까? 공부에 대한 우리의 이미지를 좀 더 객관적으로 확인해 보기 위해서 나는 강연이나 연수에서 교사들을 만날 때 가끔 미니 활동을 하곤 한다. 즉, 한국에서

'공부하는 모습' 하면 전형적으로 떠오르는 이미지를 그림으로 그려 보거나 말로 표현해 보도록 과제를 낸다. 그러면 90퍼센트 이상은 동일한 이미지를 떠올리거나 그린다. 책상에 혼자 앉아 있는 학생의 모습이 전형적인 이미지이다. 대개 학생의 머리에는 띠가 둘러져 있다. '열공', '합격'과 같은 자기 다짐을 적은 문구도 적혀 있다. 더 자세히 묘사하는 교사들은 학생의 머리 뒤 벽에 액자도 하나 걸어 놓는다. 그 액자에는, 예컨대, '엄마가 보고 있다'와 같은 공부를 독려하는 경구들이 적힌다. 교사들이 묘사하는 이런 이미지가 한국 문화가 상정하고 있는 공부의 이미지인 셈이다. 우리에게 공부란 간섭받지 않고 혼자서 주어진 내용을 암기하는 '나 홀로' 공부이다.

그렇다면 외국 사람들도 '공부'에 대해 이런 이미지를 떠올릴까? 동일한 이미지를 연상한다면 공부의 의미나 공부 방식이 보편적인 특성을 지님을 의미한다. 다른 이미지를 떠올린다면 우리의 공부 문화와 그들의 공부 문화가 다르다는 것이다. 만약 후자라면 '공부란 무엇이고 공부의 목적이 무엇이며 공부하는 방식은 문화마다 어떻게 다른가' 하는 낯선 질문을 제기할 필요가 생겨난다. 나는 한국의 수업과 학교 문화가 직면한 많은 문제들이 기본적으로 잘못된 공부 문화 때문에 생겨난다고 본다. 이 생각을 증명하려면 공부 문화에 대한 비교연구가 필요하리라.

우리 공부 문화에 대한 낮은 자부심

교육을 통해서 오늘의 한국을 만들었다고 자부하는 우리 자신은 한국의 공부 문화에 대해서 어떻게 생각하고 있는가? 한국의 눈부신 성장이 교육의 힘 때문이라는 것을 부정할 사람은 아마도 거의 없을 것이다. 한국 학생들이 올리고 있는 성취 수준도 놀랍다. PISA^{Programme for International Student Assessment: 국제학업성취도평가}나 TIMSS^{Trends in International Mathematics and Science Study: 수학·과학성취도국제비교연구} 같은 국제 성취도 평가에서 한국 학생들의 성적은 참가국 중에서 거의 수위를 달린다. 이런 한국 학생들의 성취는 경제나 정치 영역과 같은 여타 영역에서의 한국의 역량과 비교해 보아도 단연 돋보인다. 특정 영역에서 세계 1~2위를 달리는 부분이 많지 않다는 점을 상기해 보라.

이렇게 놀라운 성취를 올리고 있음에도 불구하고 우리 공부 문화에 대한 긍지나 자부심을 찾아보기는 어렵다. 사실 한국 교육에 대한 객관적인 수치들은 우리 스스로에 대한 자부심을 허용하지 않을 정도로 참담하다. 김현수가 《교사 상처》라는 책에서 정리해 놓은 우리나라 교육 관련 통계 몇 가지를 인용해 보겠다.[20] 어린이 행복지수 낮은 순위 1위, 청소년 행복지수 낮은 순위 1위, 학업 시간 많은 순위 1위, 사교육비 높은 국가 1위, 공교육비 민간 부담 1위, 국·공립대 등록금 높은 순위 2위, 대학 교육 가계 부담 1위, 청소년 자살률 1위, 청소년 흡연률 1위, 청년 고용률 낮은 순위 3위 등. 통계라는 것이 조사하는 기관에 따라서, 또 시기에 따라 달라지기 때문에 순위는 항상 변화한다. 그러나 지금 인용한 통계 수치들은 우리나라 교육 현실을 대체로 객관적으로 드러내는 수치들이다. 이 중 청소년들과 관련된 수치들은 우리의 낡은 공부 문화와 직간접적으로 관련이 있다고 나는 믿는다. OECD의 조사 자료에 의하면 우리나라 학생들은 세계에서 최장 시간 동안 공부하지만 세계에서 가장 공부를 재미없어하는 학생들이다. 이에 대해서 교육평론가 이범은 고비용 저효율의 한국 공부 방식이 문제라고 단적으로 말한다. 그는 《우리교육 100문 100답》에서 이렇게 진단한다.

> 한국은 2006년 PISA 평가에서 학습효율화지수가 31개국 중 24위였습니다. 세계에서 가장 장시간 공부하지만, 굉장히 비효율적인 공부를 하고 있다는 거죠. 학습 효율이 낮다고 하면, 많은 사람들은 '집중력이 떨어져서 그런 게 아니냐'고 말하곤 합니다. 개인 수준에서는 그런 진단이 맞을 수도 있어요. 하지만 국가 수준에서는 그런 설명이 말이 안 되죠. 한국 학생들이 유전자에 문제가 있어 다른 나라 학생들보다 집중력이 떨어지기라도 하는 건 아니잖아요? 구조적인 이유가 있는 겁니다. 제가 보기에는 개인적인 공부 방법에도 문제가 있고, 공교육에도 문제가 있으며, 사교육에도 문제가 있어요.[21]

한국 학생들은 "전 세계에서 가장 재미없는 공부를, 전 세계에서 가장 오랜 시간 동안" 하는 불쌍한 학생들이라는 것이다.

객관적인 수치가 이런데 어떻게 우리 교육에 대해서 높은 자부심을 지닐 수 있겠는가? 교육의 질에 있어서 세계 교육을 선도할 만한 모델을 만들어 내고 있다고 누가 자신 있게 말할 수 있겠는가? 해외 유학에다가 이제는 조기 유학으로 우리 자신이 우리 교육을 외면하고 있는 것이 현실 아닌가?

외국인의 눈에 비친 한국 교육

외국인들의 눈에는 우리 교육이 어떻게 비칠까? 앞에서 PISA 이야기를 했으니 이 시험을 주관하는 교육 전문가의 견해를 한번 참조해 보자. MBC는 2008년 신년 특집으로 〈열다섯 살, 꿈의 교실〉이라는 다큐멘터리를 방영하였다. 3부작 중 2부에 2006년 PISA 결과를 발표하는 OECD 본부의 기자회견 장면이 나온다. 발표 현장에서 한 프랑스 기자가 다음과 같은 질문을 한다. "한국에서는 수업 시간이 많은 데 비하여 학업이 뒤처지는 학생에 대한 보완 수업이 부족하기 때문에 학생들이 학교 수업에 대한 막대한 중압감을 느낍니다. 반면 핀란드는 그렇지 않습니다. 두 국가의 학생들이 유사한 성적을 나타낸 것을 어떻게 설명하시겠습니까?" 이에 대해 OECD 교육국의 책임자인 베르나르 위니에는 다음과 같이 답한다. "핀란드의 교육 시스템은 근본적으로 학생에 대한 지원을 바탕으로 하고 있습니다. 더불어 어려움에 처한 교사나 학교에 대한 지원도 뒷받침되고 있습니다. (핀란드의) 지원과 (한국의) 경쟁이라는 두 가지 상반된 명제 사이에서 무엇을 선택해야 할까요?" 베르나르 위니에는 경쟁 위주의 교육에서 한국 학생들은 공부에 의욕이 없고 행복하지도 않다고 평가하고 있다. 한 개인의 평가라기보다는 PISA의 여러 객관적 통계 자료가 이런 사실을 강력하게 뒷받침하고 있다.

국내에서 실제로 우리 교육을 경험한 외국인들은 한국의 교육을 어떻게 보고 있을까? 2011년 《외국인 교사가 말하는 한국인의 교육코드》라는 책을 출간한 네덜란드인 마틴 메이어Martin Mayer의 견해를 한번 살펴보자.[22] 먼저, 마틴이 어떤 사람인지 잠깐 알아보자. 그의 이력은 독특하다. 네덜란드에서 태어나 미국에서 학사와 석사를 한 후 다시 러시아로 건너가서 톨스토이에 대한 논문으로 모스크바 대학에서 박사학위를 받았다. 2000년부터 한국에 와서 살고 있으며 2006년부터는 청심국제중고등학교에서 종교를 가르치고 있다. 그의 책을 읽어 보면 한국 교육에 대한 깊은 이해와 날카로운 비판이 인상적이다. 그는 자신의 꿈을 아이들에게 강요하는 잘못된 부모, 인간 복사기를 만드는 학교, 세계화 시대에 길을 잃은 한국 교육에 대해서 뼈아픈 충고들을 제공하고 있다. 그가 한국의 수업에 대해서 묘사한 글의 한 부분을 인용해 보자.

기계적 학습, 표준화, 정보의 바닷속에 무모하게 다이빙하는 현상에 대부분의 외국인들은 무척 부정적이다. 한국에서는 교과서가 권위 있는 교육 자료로 대접받는다. 교과서 내용의 논쟁 여부는 그다지 중요하지 않다. 어차피 교과서에 나오는 것들이 시험의 정답이니 그대로 습득해야 하는 것이지, 교과서를 가지고 왈가왈부하는 것은 아무 의미가 없는 것이다. 그러다 보니 한국의 학생들은 외국 교육자들에게 자립적인 사고 능력이 없고 교과서에 나오는 내용만 잘 외워서 말할 뿐이라는 비판을 받는다.

현재 한국 학생들에겐 분석력, 비판력, 융통성, 창의성이 부족하다. 이 문제는 학생에게 있는 게 아니라 선생님의 말과 교과서 내용을 무비판적으로 수용해야 하는 유교적인 한국 교육에 있다. 유교적인 한국 교육은 교육 문화에 심각한 후유증을 남겼다. 학교에서 학생들이 배우는 것이라고는 시험 점수를 잘 받는 법뿐이다. 이러한 현상은 특히 고등학교에서 심하게 나타나는데 그렇다고 고등학교에만 국한된 것도 아니다.[23]

한국 교육에 대한 이러한 진단은 외국인 교사뿐 아니라 한국 교육을 경험한 외국인 학생에게서도 발견할 수 있다. 미국의 언론인 아만다 리플리Amanda Ripley는 2013년 《무엇이 이 나라 학생들을 똑똑하게 만드는가》라는 책을 출간하였다.[24] 이 책에서 저자는 PISA에서 높은 성적을 보이고 있는 핀란드, 한국, 폴란드의 교육을 자세하게 조사하여 보고하고 있다. 미국보다 높은 성적을 보이고 있는 나라들로부터 교훈을 얻으려는 이 책의 목적 때문인지 한국 교육에 대해서 긍정적으로 평하는 대목도 적지 않다. 그러나 전체적으로 보면 한국 교육은 그다지 매력적이지 못하다. 이 책에는 미네소타의 미네통카 고등학교에서 부산의 남산고등학교에 교환학생 자격으로 온 에릭의 이야기가 나온다. 에릭은 학교 수업이 밤 9시가 되어야 끝나고, 그 이후에도 '학원'이라고 알려진 사립 교육 기관으로 향해 11시까지 수업을 듣는 한국 학생들을 보며 "어떻게 십 대 청소년들이 공부 외에 아무것도, 진짜 다른 아무것도 하지 않고 살 수 있단 말인가" 하며 놀라워한다. 에릭에게 한국은 수업 시간에 다들 잠을 자면서도 국제 시험에서는 높은 성적을 내는 신기한 나라이자, 똑같은 수업을 학교에서도 듣고, 또 학원에 가서도 들어야 하는 비효율의 극치인 나라이다. 아만다 리플리는 에릭의 목소리를 통해 사회적 성공을 명분으로 학생들을 엄청난 학습량과 살벌한 경쟁으로 내모는 한국의 교육 시스템을 '압력밥솥'이라고 은유하고 있다.[25] 우리가 한국 교육에 대해 느끼는 문제와 우리 문화 밖의 타자가 내리는 진단이 크게 다르지 않은 셈이다.

공부하는 인간, 호모 아카데미쿠스

한국 교육을 넘어서 여러 나라의 공부 문화를 좀 더 객관적으로 조사한 자료는 없을까? 2013년 KBS는 〈공부하는 인간, 호모 아카데미쿠스〉라는 흥미로운 다큐멘터리를 제작하여 방영하였다. 이 다큐멘터리는 말 그대로 각국의 공부 문화를 비교하고 있다.

이 다큐멘터리를 제작한 정현모 피디는 2009년 〈세계 탐구 기획 - 유태인〉이라는 2부작 다큐멘터리를 먼저 만들었다고 한다. 다큐멘터리를 제작하게 된 계기는 유태인의 공부에 대한 호기심 때문이었다고 한다. 정현모 피디는 유태인들이 미국 아이비리그 학생의 30퍼센트를 차지하고 역대 노벨상 수상자의 23퍼센트를 휩쓸었다는 기사를 접했을 때 처음에는 대수롭지 않게 받아들였다고 한다. 그러다가 갑자기 세계 인구의 0.2퍼센트에 불과한 유태인들이 그렇게 높은 성취를 올리는 이유가 궁금해졌다고 한다. 그리고 그 사실을 본격적으로 탐구하여 2009년 유태인에 대한 다큐멘터리를 제작하게 되었다. 이 프로그램을 위해 많은 유태인을 만나면서 정현모 피디는 유태인들의 뛰어남이 그들의 공부 철학과 전략에서 비롯된 것임을 발견하였다. 나아가서 공부가 그 사회의 사상과 문화가 반영된 '역사적 산물'이자 '문화적 자산'이라는 좀 더 일반화된 명제를 얻게 되었다.

　이 일반적 명제를 확인하기 위해서 후속 작업으로 기획된 것이 2013년에 방영된 〈공부하는 인간, 호모 아카데미쿠스〉이다. 이 다큐멘터리는 세계에서 가장 공부를 치열하게 하는 나라들 — 이스라엘, 인도, 일본, 프랑스, 미국, 한국 — 을 돌아다니면서 그들의 공부 모습을 비교한 역작이다. 하버드 대학의 네 명의 학생들이 리포트를 맡아서 진행한 이 다큐멘터리는 비교 공부론에 대한 답을 얻기 위해서 '각 문화권은 공부를 어떻게 정의하는가', '각 문화권의 공부의 목적은 무엇인가', '각 문화권은 공부를 어떻게 하는가',

'왜 동양인, 유태인은 공부를 열심히 하고 높은 학업 성취를 이루는가', '각 문화권의 공부는 그 사회의 문화, 역사, 생활 방식이 반영된 문화적·역사적 산물인가? 그렇다면 한 사회의 공부는 그 사회의 문화, 역사와 어떻게 상호작용을 하는가', '동양의 공부가 옳은가, 서양의 공부가 옳은가', '진정한 공부란 무엇인가'와 같은 질문을 제기하였다. 이런 질문들을 통해 공부라면 내로라하는 나라들을 심층적으로 들여다보았다.

결과는 어떠했을까? 독자들도 충분히 예상했겠지만 문화마다 공부하는 모습이 다르다. 예컨대, 한국의 도서관에 가면 어디나 '정숙'이라는 간판이 붙어 있다. 왜? 도서관은 나 홀로 공부하는 곳이기 때문이다. 고시원이나 교실이나 독서실이나 도서관이나 우리는 정숙하기를 요구받는다. 왜냐하면 우리에게 공부는 혼자서 집중해서 무엇을 외우는 것이기 때문이다. 이에 비해서 유태인들의 공부하는 장소는 어디를 가도 시끄럽다. 일종의 도서관인 유태인들의 학습 기관 '예시바'는 시장처럼 시끄럽다. 유태인들에게 공부는 질문을 매개로 한 토론과 논쟁이기 때문이란다. 다른 나라들은 어떨까? 인도의 공부 방식이 다르고 프랑스의 공부 방식이 다르며 일본의 공부 문화가 다르다. 결국 공부 철학과 공부 방식은 각 사회의 문화와 역사, 관습, 사고 습관, 생활 방식 등이 반영된 문화적 산물일 수밖에 없다. 다큐멘터리의 작가들은 좀 더 비교의 범위를 넓혀서 동양과 서양의 공부를 나누고 양자의 차이를 '암기하는 동양/질문하는 서양'이라는 표제어로 대립시키고 있다.

그리고 동서양이 다르게 공부하는 이유는 지식에 대한 관점, 진리에 대한 관점, 문제 해결 방식이 다르기 때문이라고 역설한다. 예컨대, 동양은 타협과 조화를 중시하는 문화를 지니고 있고 이런 타협의 문화가 '암기의 공부'를 배태한 반면에, 서양은 개인의 가치를 중시하며 논쟁을 중시하는 문화가 묻고 표현하는 것 중심의 '질문의 공부'를 만들어 내었다는 것이다. 그리고 이 다큐멘터리의 작가들은 양자가 나름의 장점이 있지만 창의성과 상상력이 중시되는 미래 사회를 상정할 때 앞으로 우리 공부가 소통과 협력을 통해 배우는 문화로 나아가야 하지 않을까 하고 제안하고 있다. 동서양을 이런 식으로 나누는 것은 학문적으로는 과도한 일반화라고 공격을 받을 수도 있는 대목이다. 그럼에도 불구하고 우리의 공부를 성찰할 수 있는 하나의 가설로서 매우 유용한 시사점을 제공해 준다. 짧은 글에 내용을 다 소개할 수 없으니 관심이 있는 독자는 다큐멘터리를 찾아 보거나 《공부하는 인간》[26]이라는 책을 일독해 보기를 권한다.

공부 문화의 한류가 일어나기를 기대하며

공부 문화에 대한 비교는 무작정 한국식 공부만 열심히 하는 것이 능사가 아님을 알려 준다. 한국식 공부가 문제가 되는 이 시점에서 우리는 잠시 공부하기를 멈추고 우리의 공부 방식을 근본에서 다시 성찰해야 하지 않을까? 좁은 고시원이나 독서실의 벽을 허물고 함께 공부할 수 있는 공간을 만드는 것에서부터 공부에 대한 새로운 상상을 시작할 수 있지 않을까?

지식의 통섭統攝을 주장한 한국의 석학 최재천 교수의 강의 한 부분을 인용하는 것으로 공부 문화에 대한 이야기를 정리해 보고자 한다.

제가 작년에 KBS에 나와서 '대학문국大學問國'이라는 참 말도 안 되는 제목을 걸어 놓고 강의를 했습니다. 지난 100년을 건국백년建國百年이라고 얘기하면 뭐 별로 틀리지 않을 것 같아요, 제 생각에. 나라를 빼앗겼다가 되찾아서 나라를 세웠습니다. 이제 우리 그럴듯하게 나라의 모습을 갖추었습니다. 자, 앞으로의 100년을 어떻게 하면 좋겠습니까? 일단 나라를 세웠으니까 이제는 나라를 평안하게 만드는 그야말로 태평성대를 이루는 기간으로 삼으면 어떨까? 그래서 다음 100년을 저는 안국백년安國百年이라고 제 나름대로 한번 정의를 내려 봤습니다. 건국 100년의 패러다임과 안국 100년의 패러다임이 같을 수는 없겠지요.

이제부터는 삶의 질이 중요하다, 우리도 정말 사람답게 사는 선진국이 되도록 노력하자. 그게 바로 제가 생각하는 안국백년입니다. 많은 게 달라져야 합니다. 선진국 좇아가던 짓에서 탈피해서 이제는 우리가 창의적으로 뭔가를 주도하는 노력을 해야 되는 거죠. (……) 여전히 대한민국에 주어진 길은 딱 하나밖에 없다는 겁니다. 끊임없이 사람에 투자하는, 교육에 투자하는, 학문에 투자하는 것 외에는 할

짓이 없다는 생각입니다. 뭘 그렇게 복잡하게 생각할까? 그래서 전 정부에 자꾸 얘기합니다. 뭘 그렇게 돈을 찢어 가지고 이 짓 저 짓 많이 하시느냐고. 그냥 과감하게 교육과 학문에 투자하면 우리는 절대로 굶지 않는다, 우리는 분명히 잘사는 나라가 될 거다. 그래서 제가 대한민국을 대학문국으로 만들어 보자 하는 겁니다.[27]

이 책의 대부분을 미국에 머물면서 집필했기 때문에 우리나라가 강대국이 될 수 없다는 점을 통절히 느낄 때가 많았다. 최재천 교수도 자신의 강연에서 우리나라의 객관적 현실을 냉정하게 언급하고 있다. 우리가 정치나 경제에서 강대국이 될 수 있는 가능성은 애당초 없다. 그러나 문화와 학문으로 세계에 영향을 미칠 수는 있지 않을까? 퓌란드, 스웨덴, 노르웨이, 데마크 같은 나라들이 모든 삶의 분야에서 세계에 모범을 제공하고 있듯이!

예나 지금이나 우리에게 있는 것은 사람뿐이다. 그 사람들의 공부에 대한 열정이 오늘의 우리를 만들었다. 그리고 그 공부에 대한 열정으로 선진국을 흉내로나마 따라잡는 데 성공했다. 이제 새로운 공부를 통해서 새로운 삶의 양식을 잉태하여 다른 나라에 영향을 미칠 수 있는 그런 미래를 꿈꾸어 보자.

우리 문화가 지니고 있는 높은 교육열은 분명 소중한 자산이다. 그 교육열이 창의적이고 신명 나는 공부 문화와 결합할 때 비로소 우리가 창의적으로 세계를 주도하는 교육의 한류도 기대해 볼 수 있지 않을까? 한국식 공부와 교육열이 세계를 좀 더 지혜롭고 좀 더 평화롭고 살 만한 곳으로 만드는 그런 교육의 한류는 언제쯤 일어날 수 있을까? "압력밥솥"으로 상징되는 한국의 공부 문화를 대체할 수 있는 새로운 교육적, 문화적 상상력이 절실히 필요한 때이다.

교육열이 냉각되는 시대도 오지 않을까?

　　세계 최고 수준의 대학 진학률, 세계 최고 수준의 중·고등학생 학습 시간, 세계 최고 수준의 청소년 스트레스 지수, 공교육비에 버금가는 사교육비 지출 규모, 엄청난 해외 유학생 수와 조기 유학 열풍……. 한국 사회의 교육열 현상을 보여 주는 단면들이다. 우리처럼 교육에 목을 매는 나라는 찾아보기가 어렵다. 교육열 현상은 한국 사회와 한국 교육을 이해하는 키워드라고 할 수 있다. 한국정신문화연구원 정순우 교수는 "'교육열'이란 단어는 이제 우리 사회의 성격을 가장 집약적으로 드러내는 일종의 문화적 키워드로 자리 잡았다. 원시부족의 문화를 해석하기 위해서는 그들의 의례와 놀이가 매우 매력적인 연구 주제가 되듯이 '교육열'은 우리 교

육 문화를 가장 잘 표상하는 특징적인 현상임이 명백하다"라고 말한다.[28]

'교육열'은 오랫동안 교육학의 중요한 연구 주제였다. 지속적으로 교육열 현상 연구에 관심을 보여 온 학자로는 이화여대 오욱환 교수와 강원대 이종각 교수가 있다. 오욱환 교수는 정년을 맞이하기까지 다양한 교육학 분야를 넘나들면서 연구하였다. 교육열에 대해서도 《한국사회의 교육열》이라는 깊이 있는 책을 출간하였다.[29] 그는 한국 사회의 교육열을 다각적으로 검토하여 "교육출세론"이라는 이론적 설명을 시도한다. 왜곡된 교육열을 해소할 수 있는 정책과 사회문화운동에 대한 제안도 하고 있다. 이종각 교수도 한국 교육에 대해서 다양한 연구를 수행하였다. 교육열과 관련하여서도 여러 논문을 발표하였으며 《한국의 교육열 세계의 교육열》[30], 《우리 교육의 미래 진짜 교육열로 승부하라》[31] 등을 공저로 출간하였다. 이 외에도 여러 학자들이 교육열 현상을 한국 사회의 독특한 현상으로 보고 학문적으로 연구해 왔다. 이런 연구를 검토하여 나누고 싶은 이야기를 내 나름으로 정리하여 보았다.

극성스런 교육열의 뿌리는 어디에 있는가?

우리 사회의 극성스런 교육열은 어디에 뿌리가 있을까? 높은 교육열이 우리 문화 속에 오래전부터 존재하고 있었다는 견해가 있다. 여러 학자들이 한국인의 교육열의 뿌리를 조선 시대의 유교 문화에서 찾는다. 조선 시대의 이상적인 인간상은 선비였다. 선비는 유학의 경전을 공부하여 덕성을 함양하는 학자이다. 또한 관료가 되어서 현실 정치에서 유교적 이상을 실현하고자 하였다. 즉, 조선 시대의 선비는 학자이자 정치인의 역할을 요구받는 존재였다. 선비들이 출사出仕하는 등용문에는 과거가 있었다. 과거 시험에 합격하여 관리로 진출하는 것은 가문의 영광으로 간주되었다. 입신양명立身揚名이라는 말에는 그런 의미가 들어 있다. 이런 조선의 풍속에는 오늘날의 교육열 현상과 유사한 점이 많다. 교육을 중시하는 사회 풍조, 출세를 가문의 영광으로 생각하는 관념, 과거제라는 객관적 인재 선발 시스템, 엄청난 경쟁률을 보였던 과거 준비 열풍, 관직 진출을 통한 신분 상승 욕구 등 오늘날의 사회 풍속과 하등 다를 것이 없어 보인다.

그러나 정순우 교수는 이런 유사성에도 불구하고 "조선 시대에는 오늘날 우리가 논의하는 근대적 의미의 교육열은 사회적 혹은 역사적 현상으로서 존재하지 않았다"라고 주장한다.[32] 과거 열기 같은 것은 분명히 있었다. 그러나 그것을 오늘날의 교육열과 같다고 볼 수는 없다. 조선 사회는 기본적으로 신분제 사회이므로 오늘날 같은 교육열 현상은 존재하기 어려웠다고 그는 본다. 게다가 유학 철학에는 입신출세형 교육관을 억제하는 요소도 있었다. 입신양명으로 상징되는 '나아감'의 철학을 억제하는 '물러섬'의 철학이 있었다는 것이다. 전자가 교육을 통해서 입신하려는 세속적 열망과 관련된다면 후자는 내성적 성찰을 중시하고 세속적 욕망을 절제하고자 한다. 정순우는 조선조 교육이 천박한 출세주의에 함몰되거나 맹목적 교육열에 들뜨지 않았던 것은 이런 양가적 가치를 함께 지니고 있었기 때문이라고 평가한다.[33]

정순우의 논지를 좀 더 따라가 보자. 오늘날과 같은 교육열 현상은 1920년대 이후 근대 교육이 도입되면서 나타났다. 근대 교육 이후의 교육열을 이전과 구별되게 만든 요인으로 사회진화론의 수용, 신분제의 해체, 국가 주도의 국민교육의 성립을 들 수 있다. 당시 근대 교육에 지대한 영향을 끼친 것은 진화론의 수용이다. 정순우는 "진화론의 수용은 1920년대 이후 한국 교육에서 본격적으로 교육열의 징후가 나타나게 한 직접적인 원인이 되었다"라고 말한다.[34] 진화론의 수용으로 교육은 적자생존의 경쟁 논리로 변질되었다. 인격과 덕성 함양과 주로 관련되던 교육은 "지식은 힘이다"라는 산업자본주의 체제의 근대적 지식관으로 변화한다. 이러한 진화론적 실력론은 갑오경장 이후 신분제가 철폐되면서 하층민의 신분 상승 열망과 결합하여 근대적 교육열 현상으로 나타난다. 국가가 주도하는 국민교육제도 또한 교육열을 위로부터 의도적으로 조장한다. 이런 근대적 요소로 인해 조선 시대와는 다른 양상의 교육열 현상이 나타난다는 것이 정순우의 주장이다.[35] 사실 오늘날과 같은 교육열의 원인을 조선 시대의 유교로 보아야 할지는 학문적 논쟁거리이다.[36] 그러나 적어도 교육열 현상의 원형에 해당하는 문화적 요소는 조선 시대부터 존재했다고 보아야 하지 않을까?

교육출세론, 한국 사회의 교육열을 설명하는 이론

물론, 정순우의 주장처럼 오늘날 우리가 경험하는 것과 같은 교육열 현상은 근대성의 산물이다. 근대적 교육열은 1920년대 이후 현재에 이르기까지 폭발적으로 증폭된다. 일제 식민지 지배, 미군정기, 한국전쟁을 거치면서 전통적 지배 계층이 몰락하고 사회 이동이 활발해질 수 있는 조건이 창출되었다. 그리고 사람들은 사회적 구조가 근본적으로 변화하는 상황 속에서 학교교육을 통해 배운 지식과 기술, 좋은 학교를 졸업하고 얻게 되는 졸업장이 취업과 신분 상승에 결정적으로 중요하다는 사실을 반복적으로 학습하게 된다. 이에 따라 상급 학교로 진학하고 더 좋은 학교를 졸업하기 위한 경쟁이 가열차게 전개된다 정부와 민간이 제공할 수 있는 공급 능력을 넘어서는 학교교육에 대한 수요 폭발도 동반되었다. 그로 인해 한국의 제도 교육은 세계에서 유래를 찾아볼 수 없을 정도로 빠르게 팽창하게 된다. 학교교육의 팽창은 건국 초기부터 숨 가쁘게 빠른 속도로 진행된다. 한 예로 해방 이후 15년밖에 지나지 않은 1960년에 연간 국민소득이 78달러에 지나지 않는 상황에서 선진국에 육박하는 교육비가 국가와 가계에 부담으로 작용하게 되었다. 등록금을 납입해야 하는 학기 초에는 전체 통화량 가운데 20 내지 25퍼센트가 학교로 들어갔을 정도였기 때문에 '교육망국론敎育亡國論'이 대두되기도 하였다.[37] 엄청난 교육열은 계속해서 확대되어 세계에서 유래를 찾아보기 어려운 조기 유학 열풍과 기러기 가족의 풍속도로 이어지고 있다.

오욱환은 한국의 이런 과열된 교육열을 설명하기 위해 "교육출세론"이라는 고유 이론을 제안한다. 그는 인적자본론, 지위획득론, 선별이론, 계층경쟁론 등 외국의 이론을 하나하나 검토하여 그것이 한국의 교육열을 설명하는 데 일정한 한계가 있음을 지적한다. 그리고 한국의 교육열이라는 독특한 사회 현상을 설명하기 위해서 출세라는 한국적 고유 개념을 끌어들이고 있다. "'교육출세론'은 한국인들의 마음속 깊이 굳건히 잡고 있는 신념, 곧, '교육은 출세의 지름길'을 축약해 본 것이다. 여기에서 사용되는 '출세'라는 용어는 아직까지 학술적인 개념으로 사용되고 있지 않지만, 한국 사회에서 '사회경제적 성공'을 지칭하는 어떠한 개념보다도 공감을 불러일으키며 함축적이기 때문에 이 논저를 통해 학술적 개념으로 부각시키려고 한다"고 오욱환은 말한다.[38] 한국 사회에서 '출세'는 개인의 성공을 넘어 가문의 영광으로 간주된다. 그리고 단순히 부자가 되는 것을 넘어 정치·경제·사회·문화적 성공을 함께 의미한다. 이런 독특한 출세라는 관념이 한국의 과열된 교육열을 만들어 내는 원인이 된다는 설명이다. 한 사람의 출세는 가문의 영광으로 인식되기 때문에 좋은 교육을 받아서 출세하려는 욕구는 집단적 경쟁의 성격을 띠면서 더욱 가열되는 양상을 보인다고도 진단한다.[39]

높은 교육열을 어떻게 평가해야 할까?

그렇다면 우리 사회의 높은 교육열을 어떻게 평가해야 할까? 교육열을 긍정적으로 보는 견해와 부정적으로 보는 견해가 공존한다. 교육열을 긍정적으로 바라보는 견해는 흔히 한국인의 강한 교육열과 학습 욕구가 세계에서 유래를 찾아보기 어려운 경제 성장과 사회 발전을 가져왔음을 지적한다. 높은 교육열이 지식기반사회에도 우리 사회를 발전시키는 유용한 자원이 될 것이라고 보는 것이다. "가진 것은 사람밖에 없다"는 익숙한 수사에는 교육열에 대한 긍정적 시각이 함축되어 있다. 한국의 눈부신 발전이 높은 교육열 때문이라는 것은 하나의 상식처럼 통용되고 있다.

반대로 교육열을 부정적으로 보는 견해도 만만치 않게 존재한다. 오욱환도 그런 학자 중 하나이다. 그는 교육열을 "한국인들의 교육 욕구가 사회적으로 만연하여 한국 사회 전반적으로 나타나는, 정상 수준을 넘어선 학력 및 학벌 쟁취 현상"이라고 정의하였다.[40] 정상 상태를 넘어서 있으므로 교육열은 이미 부정적인 것이다. 그는 "과열된 교육열은 교육계의 각종 비리의 원인으로 작용하고 있으며 학교교육의 질적 수준을 저하시킬 뿐만 아니라 정상적인 교수와 학습 그리고 학교 운영을 어렵게 하고 있다"고 비판한다.[41] "모든 가정에서 엄청난 규모의 금액을 교육적으로 무의미한 서열 매기기에 투입함으로써 국가적 손실은 막대하다. 과외 교육비에 전적으로 지출되는 사교육비는 사회 문제의 근원으로 작용하

고 있다"고도 진단한다.⁴²

이에 대해 이종각은 교육열 자체는 중립적인 것이라고 파악한다. 그는 교육열과 교육열 현상을 구분하며 교육열은 "학부모가 자녀를 더 많이 혹은 더 잘 교육시키려는 동기 체제"로 정의한다.⁴³ 좀 더 자세하게는 "교육열은 자녀의 교육을 지원하려는 부모의 동기 체제이다. 교육열은 자녀가 사회적 경쟁에서 우위를 차지할 수 있도록, 더 나은 학력學歷을 갖게 하려는 행위로 나타난다"라고 정의 내리고 있다.⁴⁴ "사랑하는 자녀의 행복과 성공과 출세를 바라는 부모의 마음이 교육열의 씨앗이다. 이 마음이 제도화된 교육에서 작용하므로 '교육'열이며, 강한 동기로 작용하므로 교육'열'이다."⁴⁵ 이런 표현에는 교육열 자체를 부정적으로 보는 생각은 들어 있지 않다. 부모가 자녀를 사랑하고 자녀의 높은 성취를 바라는 욕구를 어떻게 비난할 수 있겠는가? 다만 이런 교육열이 특정한 문화생태 환경에서 발현되는 것이 바로 문제시되는 교육열 현상이다. 따라서 교육열 자체가 문제가 아니고 잘못된 교육열 현상을 야기하는 문화생태 환경을 바꾸어야 한다는 것이 그의 논지로 보인다. 교육열을 긍정적이거나 부정적인 것 어느 한 측면으로 보기보다는 중립적인 것으로 보는 것이 교육열 현상을 파악하고 그에 대한 대안을 모색하는 데 더 유용한 개념 틀로 보인다.

교육열이 냉각될 수도 있지 않을까?

그런데 교육열에 대한 우리 사회나 학계의 논의는 과열 혹은 과잉 에너지로서의 교육열을 당연시하여 논의를 전개해 왔다. 교육열이 냉각될 수도 있다는 생각이 전혀 없는 것은 아니지만 그런 생각은 아직까지는 낯설다. 예컨대, 이종각은 '축소가역성'이라는 말을 사용하여 식기 어려운 교육열을 표현하고 있다.

> 한국의 역사적 경험에 비추어 볼 때, 교육열은 한 번 팽창되면 다시 줄어들기는 어렵다. 나는 교육열의 이런 특성을 설명하기 위해 축소가역성縮小可逆性이라는 개념을 도입하고자 한다. 즉 일단 팽창된 교육열은 축소가역성이 매우 낮다는 특성을 지닌다(어렵고 시간이 많이 걸린다). 그러나 축소불가역성이라고 하지 않는 이유는, 팽창된 교육열이 축소될 가능성이 전혀 없는 것은 아니기 때문이다. 삶의 형태, 조건, 환경의 변화 등에 의하여 교육열의 팽창, 교육열 증상의 변화, 교육열의 분화 등이 발생한다.[46]

그러면 과잉 교육열은 언제까지 당연시되는 상수항일까? 적어도 교육열이 냉각될 수 있는 가능성은 근대 100년의 교육 현실에서 우리의 상상 밖에 있었다. 그러나 상상 밖의 사태가 어느 날 갑자기 우리에게 다가오지 말라는 법이 있을까? 예컨대, 자녀의 사회적 성공이라는 목적과 교육이라는 수단의 연결 고리가 붕괴된다면 어떤 일이 생길까?

아직은 가능성이 높지 않다. 그러나 그런 시대가 오고 있음을 보여 주는 징조도 적지 않다. 고도 산업화와 세계화의 진전으로 인해 선진국들과 유사하게 우리 경제도 고용을 창출하지 않는 성장, 즉 고용 없는 성장의 시대로 접어들고 있다. 일자리를 얻는 것은 점점 하늘의 별 따기가 되어 가고 있다. 일자리를 얻는다고 해도 자신이 기대하던 일자리가 아닌 경우가 많다. 한 예로 2014년 8월 〈헤럴드경제〉에는 "'가방끈' 길어도 원하는 만큼의 월급을 못 받는다"라는 제목의 기사가 실렸다.[4] 대학원 졸업 이상 구직자들이 자신들이 원하는 만큼의 임금을 못 받고 취업하는 경우가 많다는 것이 주 내용이었다. 기사에는 "특히 '학력 인플레'로 불릴 정도로 고학력자 절대 수가 늘어나면서 학력이 높을수록 임금을 많이 받는다는 상식도 허물어지고 있는 추세다"라고 언급하고 있다. 거기에 더하여 신자유주의적 산업의 재편으로 인해 어렵게 얻은 일자리조차 안정성이 보장되지 않는다. 1997년 IMF 사태 이후 일상화된 고용 불안은 이제 우리 사회에서 돌이키기 어려운 사회적 사실이 되어 버렸다.

이런 새로운 현실은 전통적인 학력-취업 루트의 가치를 무력화시키고 있다. 좋은 대학이나 대학원 졸업이 취직이나 사회적 성공으로 곧바로 연결되지 않게 된 것이다. 학부모의 입장에서 보면 자녀의 성공을 위한 투자 수단으로서 학교교육의 가치가 줄어들고 있다. 그 결과 학부모가 학교교육을 대하는 태도에도 미묘한 변화가 나타나고 있다. 물론 이러한 위기를 학부모들이 모두 동일하게 인지하지는 않는다. 아직도 많은 학부모들이 전통적인 게임 방식을 고수하고 있다. 교육에 더 많이 투자하면 더 좋은 결과가 날 것이라고 기대하면서. 그러나 일부 학부모들은 위기의 징후를 감지하고 학교교육에 대한 대안을 적극적으로 모색하기 시작했다. 학부모들의 대응 전략도 다양하게 분화되고 있는 셈이다. 교육열과 관련하여 학부모를 동질적 집단이 아니라 여러 유형으로 분류하는 전 이우학교 교장 이수광의 연구는 시사하는 바가 크다.[48] 물론 이수광의 학부모 유형화는 아직은 실증적인 근거를 충분히 확보하고 있지 못하다. 그러나 유형화를 시도한 것만으로도 교육열의 실태와 미래 방향을 조망하는 데 유익한 사유의 틀을 제공한다. 그는 학부모의 유형을 탈주형, 질주형, 동화형, 순응형, 역방형, 유목형(초월형)으로 나누었다.[49] 이 중 역방형과 유목형은 학벌과 학력에 대한 맹목적 추종에서 벗어나 자녀 교육에 대한 새로운 모색을 지향하는 학부모 유형이다. 이들은 출세 지향적 가치관에서 벗어나 자녀의 미래에 대한 다른 사고를 하기 시작했다. 대안학교와 탈학교와 같은 새로운 교육 방식에도 열려 있는 존재들이다. 만약 이수광이 유형화한 역방형과 유목형 특성을 지닌 학부모 비율이 증가한다면 현재의 교육열은 냉각될 가능성이 있다. 여기에 더하여 자녀를 위한 교육 투자라는 무한 경쟁에서 탈락하는 학부모의 비율이 급증할 경우 교육열은 급격히 냉각될 것이다. 아직은 좀 성급한 주장일지 모른다. 그러나 장기적으로 우리 사회는 현재와 같은 교육열의 냉각 가능성을 검토하고 연착륙을 위한 준비를 해야 할 것이다.

교육열의 연착륙을 위해 우리는 무엇을 해야 할까?

사고 실험을 위해서 교육열이 급격하게 식어서 경착륙되는 상황을 상상해 보자. 일단 학부모들은 아노미 상태에 빠질 것이다. 자녀의 성공을 위한 합법적인 투자 수단인 교육의 가치가 저하되는 대신에 다른 의미 있는 대안들을 찾기가 어렵기 때문이다. 냉소주의도 광범위하게 만연할 것이다. 교육을 통한 계층 상승이 어려운 정도를 넘어서 불가능하게 되기 때문이다. 경제적인 충격도 예상된다. 수십만 명을 넘어서는 사교육 종사자들이 생계의 위기에 몰릴 것이다. 거기에 더하여 초과 수요에 안주하면서 엄청난 등록금을 받아 가면서 질 낮은 교육을 제공하던 수많은 대학들이 파산의 위기로 내몰릴 것이다. 더욱 심각한 것은 학생들이 공부에 대한 동인을 상실하게 된다는 점이다. 공부 그 자체에 대한 흥미보다는 출세를 위한 도구적 수단으로 공부를 대하는 데 익숙해진 많은 학생들이 배움으로부터 이탈하는 현상이 만연할 것이다. 취직이나 출세의 수단으로서 교육의 효용에 대한 의문은 사실 학부모보다는 당사자들인 학생들이 더 직감적으로 지니고 있다. 출세는 커녕 취직도 보장하지 못하는 고등교육에 대한 회의는 점점 증가하고 있다. 그로 인한 학력 저하는 국가의 경쟁력을 잠식하고 공동체의 미래를 암울하게 만들 것이다.

어떤가? 공상에 가까운 발상이라고 생각하는가? 적어도 그런 가능성을 염두에 두면서 연착륙을 준비해야 한다고 생각하지는 않는가? 내친김에 연착륙을 위해 무엇을 해야 할까도 잠깐 생각해 보자. 연착륙을 위해 할 일들은 대부분 과열된 교육열 문제 해결을 위해 제시된 해법들과 겹친다. 사회문화적으로 바꾸어야 할 것들이 먼저 눈에 들어온다. 학력과 관계없이 모두가 존중받는 풍토 조성, 학력에 따른 임금 격차 해소, 능력에 따른 취업과 승진 기회 제공, 학벌주의 패거리 문화의 일소 등······. 좀 더 심층 심리적 차원에서는 출세 지향적인 일원적인 가치관을 다원화할 필요가 있다. 계층적 불평등을 감소시키기 위한 정책도 심각하게 고려되어야 한다. 그런데 이 모든 것은 제도 개혁만으로는 불가능하다. 종국적으로는 타자와 세상을 대하는 사람들의 마음의 존재에 그 성공 여부가 달려 있기 때문이다.

이 지점에서 다시 교육의 역할에 주목하지 않을 수 없다. 교육은 그런 인간 형성에 기여해 왔는가? 현재까지는 그러지 못했다. 그동안 과잉 교육열의 소비 대상이었던 학교교육은 무엇을 해 온 것일까? 학부모들이 자녀의 성공이라는 사적 동기를 위해 교육을 수단으로 이용하는 동안에 교육계 종사자들은 적극적으로 문제를 제기하기보다 거기에 편승해 왔다. 교육열이 넘쳐나서 학교를 짓기만 하면 유지가 가능하고 돈벌이 수단까지 되는 상황에서 누가 제대로 문제 제기를 하겠는가? 그 과정에서 공교육 기관에 요구되는 교육의 공공성은 증발해 버렸다. 명문 대학에 한 명이라도 더 보내기 위한 고등학교의 교육 행태는 교육의 공공성 실현과는 별 상관이 없었다. "3년만 고생하면 평생을 편하게 지낼 수 있다"라는 흔한 독려의 말 속에는 학부모들의 사적 욕망을 재생산하는 데 충실한 학교교육의 모습이 함축적으로 녹아 있다. 그런 학교 문화 속에서 학생들은 민주시민으로서 필요한 공공성이 결여된 이기적인 존재들로 자라나곤 했다. 이 대목에서 진한 아쉬움이 있다. 학교가 교육의 본질에 충실한 교육을 했다면 학부모들의 이기적 욕망과 상관없이 학생들의 심성에 변화가 일어나지 않았을까? 그런 새로운 세대들로 인해 우리 사회는 이미 상당히 변하여 있지 않았을까?

물론 학교의 책임을 묻는 데 대한 볼멘 항변의 목소리도 예상된다. 사회 구조가 바뀌지 않는데 학교가 무엇을 할 수 있겠느냐? 이런 항변에는 상당한 정당성이 있다. 그러나 사회 구조가 먼저 바뀌어야 한다는 주장에는 교육을 너무 수동적으로 보는 관점이 존재하는 것은 아닐까? 교육은 수요자의 요구를 투명하게 투과하는 장치여서는 안 된다. 사회를 변혁시키는 진지의 역할도 할 수 있어야 한다. 불행히도 학교교육은 그런 소임을 충분히 감당하지 못했다. 나는 학부모들이 자녀를 지원하는 동기와 행동에 미묘하게나마 변화가 감지되는 작금이 "널리 인간을 이롭게 한다"라는 학교교육의 이념을 회복할 수 있는 좋은 기회라고 생각한다. 이 기회를 잘 이용해야 할 것이다. 만약 학부모의 기대 체계가 다 변할 때까지 기다리겠다면 이는 너무 안이한 태도이다. 다시 말하지만 과잉 교육열에 균열의 징후가 보이는 이때야말로 오욱환이 말했듯이 "순위를 정하기 위한 교육, 승패를 가름하는 교육 등 출세를 위한 교육은 사라지고 지적 탐구심의 발현으로서 교육, 삶의 의미를 더하기 위한 교육, 함께 어울리기 위한 교육"이 발화될 수 있는 특이점이다.[50] 새로운 생태 환경에서 왜곡된 동기에 의해 추동되는 교육이 아니라 앎에 대한 즐거움과 공공선에 대한 욕구로 추동되는 새로운 학습열이 달아오르기를 기대해 본다.

> '좋은 부모 되기'보다
> '나쁜 부모 안 되기'가
> 더 바람직한 목표 아닐까?

요즘 부모 노릇 하기 힘들다. 누구나 동의하는 바다. 과거에는 "낳아 놓으면 스스로 자란다"고들 했다. 실제로 그랬다. 내 아버지 세대는 형제자매가 대여섯 명은 되는 가정에서 자랐다. 내 또래들 또한 서너 명은 되는 형제자매와 함께 자랐다. 그리고 형제들 속에서 배우면서 성장했다. 부모 입장에서 보면 양육의 상당 부분이 자녀들 간의 상호작용을 통해서 해결된 셈이다. 그러나 현재의 가구당 자녀 수는 두 명이 채 되지 않는다. 자녀의 수가 줄었을 뿐 아니라 가정은 양육 기능의 대부분도 사회에 빼앗겨 버리고 말았다. 부모들은 자녀들을 교육할 수 있는 권위는 약화된 반면에 부양의 의무만 지고 있는 셈이다. 여기에다 사회의 급격한 변화로 오늘날 부모들은 자신의 부모 세대와는 전혀 다른 부모 역할을 요구받고 있다. 그렇다고 좋은 부모 역할에 대한 사회적 합의가 존재하는 것도 아니다. 이런 현실 때문인지 부모 교육에 대한 수많은 교양서들이 쏟아지고 있다. 언론이나 방송까지 나서서 계몽적 메시지들을 쏟아 놓는다. 그만큼 좋은 부모 되기에 대한 사회적 모색이 치열하다는 이야기일 수도 있겠다.

부모인가? 학부모인가?

2010년 한국방송광고공사의 공익광고는 좋은 부모 역할에 대한 짧지만 강렬한 메시지였다. 〈교육과 청소년의 미래 - 부모와 학부모 편〉의 20초짜리 영상은 많은 사람들에게 강한 인상을 남겼다. 그리고 수많은 네티즌들의 토론을 유발하기도 하였다. 이 광고를 통해 학부모와 부모라는 말이 처음으로 대립적 이미지로 제시된다.

> 부모는 멀리 보라 하고 학부모는 앞만 보라 합니다.
> 부모는 함께 가라 하고 학부모는 앞서 가라 합니다.
> 부모는 꿈을 꾸라 하고 학부모는 꿈꿀 시간을 주지 않습니다.
> 당신은 부모입니까? 학부모입니까?
> 부모의 모습으로 돌아가는 길 참된 교육의 시작입니다.

이 광고 카피를 살펴보면 학부모의 이미지가 잘 떠오른다. 다른 사람과 경쟁에서 이기도록 독려하고 성적에만 목을 매어 자녀를 닦달하는 많은 한국 학부모의 평균적인 이미지가 짧은 문장들에 농축되어 있다. 이에 대해 부모라는 말을 대비시켜서 성적 지상주의로 자녀를 몰아가는 학부모의 역할이 바람직하지 않음을 적절히 부각시킨다.

부모와 학부모를 대립시키는 카피는 2014년 SBS의 〈부모 VS 학부모〉라는 3부작 다큐멘터리에서도 이어진다. 이 다큐멘터리의 1부는 "공든 탑이 무너진다"라는 제목으로 병든 학생들의 현실을 다룬다. 여기에는 전국 1등을 요구하며 상습적으로 폭행을 가한 어머니를 살해한 우등생, 매일 밤을 PC 게임으로 보내고 오후에야 하루를 시작하는 왕년의 전교 3등, 멀쩡해 보이다가 갑자기 자살로 삶을 마감하는 자사고·과학고·인문계고 모범생들의 이야기가 소개된다. 어찌 이 사례뿐이겠는가? 2011년 통계로 우리나라의 청소년 자살률은 10년 동안에 57.2퍼센트나 증가하여 증가율이 OECD 국가 중 2위를 기록하고 있다. '2014년 한국 어린이·청소년 행복지수 국제 비교연구'를 보면 한국 청소년들의 행복지수 또한 OECD 중 최저이다. 세계 최고의 공부 시간에 시달리면서 경쟁적인 사회적 환경에 지속적으로 노출되는 동안에 청소년들의 정서적인 건강 상태는 매우 취약해져서 이제는 위험 수위에 도달해 있다는 데 이견을 달 사람은 많지 않을 것이다.

좋은 부모 되기가 쉬운가!

청소년들을 억압하는 중요한 한 축을 소위 '학부모'들이 담당하고 있다. 사랑이라는 고상한 이름으로! 이런 학부모들의 행동 뒤에는 '불안'이라는 심리가 자리하고 있다. 견고한 학벌 문화, 높은 청년 실업률, 허술한 사회 안전망 등은 학부모들의 불안을 증폭하는 사회적 조건이다. 불안에 사로잡힌 많은 학부모들은 "그만 놀아라", "남보다 잘해야 한다", "공부 못하면 굶어 죽는다"라는 말로 끊임없이 아이들의 등을 떠민다. 학부모들의 이런 역할 수행 방식은 자신들의 삶의 체험에 터한 것들이다. 예컨대, 공부해야 할 결정적인 시기를 놓치면 땅을 치고 후회한다! 따라서 체험에 기반을 둔 행동을 바꾸기란 쉽지 않다.

그러나 아이들의 삶을 저당 잡는 이런 낡은 게임을 지속하기에는 아이들이 너무 아프다. 거기다 다행인지 불행인지 학창 시절 12년을 죽어라고 공부해서 좋은 대학에 들어가면 좋은 직장도 얻고 인생도 행복하게 살 수 있다는 노력-성과의 전통적인 연결 루트에도 서서히 균열이 가고 있다. 많은 사람들이 이를 아직 느끼지 못하고 있을지도 모른다. 그러나 사회는 그런 방향으로 나아가고 있다. 따라서 아이들의 성공을 위해서 '학대'라고 불러도 좋을 만큼 자녀를 혹사시키는 학부모 노릇의 현실적 유용성도 점점 사라지고 있다.

이런 학부모의 이미지를 벗고 자녀의 전체 인생에서 무엇이 유익한지를 따져 행동하는 부모의 역할을 하기로 마음먹으면 자녀들의 고통이 좀 줄어들까? 틀림없이 상당히 개선될 가능성이 있다. 적어도 좋은 대학을 지상 목표로 자녀를 억압하는 현상은 덜해질 것이다. 그러나 이런 소극적 결단을 넘어서서 정말로 좋은 부모가 되려면 어떻게 해야 할까? 여러 가지를 생각해 볼 수 있다. 자녀에게 좋은 책 읽어 주기, 시간을 내어서 아이들과 대화하기, 함께 놀아 주고 영화 보기, 자녀의 친구를 초대해서 행사 만들어 주기 등.

그런데 마음먹는다고 이런 좋은 부모의 역할 목록을 실현하는 일이 정말 가능할까? 잔업이나 야근으로 제때 퇴근하기도 불가능한 수많은 부모들에게 이것저것 요구하는 것은 또 다른 좌절감만 안겨 주는 것은 아닐까? 더구나 맞벌이 부부가 점점 증가하는 상황에서 상대적으로 육아에서 더 많은 역할을 차지하는 엄마들은 더욱 과잉 노동에 시달리고 있다. 이런 모든 악조건을 딛고 좋은 부모 되기를 시도한다고 치자. 좋은 효과가 나타나기는 하는 것일까? 예컨대, 좋은 부모 노릇 해 보겠다고 사춘기 자녀와 대화를 시도하면 얼마나 큰 벽에 부딪히는가?

이 모든 상황은 핵가족 사회에서 부모들이 자녀의 양육에 대한 책임을 전적으로 감당하는 것이 쉽지 않음을 의미한다. 사실 핵가족조차도 흔들리고 있는 실정 아닌가? 경제 구조의 변화는 부모와 자녀가 같은 집에서 안정적으로 살아가는 것도 어렵게 만들고 있다. 또, 직업 여성이 지속적으로 증가하는 상황은 자녀들이 적절한 보호 없이 혼자 집에 방치될 가능성도 증가시킨다. 여기다가 결혼 생활이 사랑이라는 변덕스런 감정에 더 많이 의존하고 혼인 생활의 유지가 당사자의 자기 결정권에 좌우되면서 그 반대급부로 자녀들의 양육 환경은 점점 더 불안정해지고 있다. 따라서 개개 가정이 양육의 책임을 전적으로 감당하는 현재의 방식 대신에 사회가 양육의 한 축을 담당하는 체제를 구축해야 문제가 해결될 것이다. 탁아와 양육 기관을 확대하고 협동조합과 같은 다양한 공동체가 유아와 청소년들을 공동으로 돌보는 식의 새로운 시스템이 필요하다. 그것이 학교와 연결되어 유기적으로 작동하면 금상첨화일 것이다.

나쁜 부모 되지 않기

그런 사회적 시스템을 갖추는 데는 많은 시간이 걸린다. 사회적 합의도 필요하다. 그리고 그런 시스템이 갖추어져도 양육의 일차적이고 주요한 책임은 얼마간은 부모들이 맡을 수밖에 없다. 그렇다면 현재의 조건에서 우리 시대에 맞는 부모의 역할은 무엇일까? 이 문제로 다시 돌아가서 생각해 보자. 나는 현재의 사회 시스템과 가족 구조를 고려할 때 '좋은 부모 되기'라는 이상적 목표보다는 오히려 '나쁜 부모 되지 않기'라는 현실적인 목표가 더 설득력이 있지 않을까 한다. '좋은 부모 되기'는 높은 기준을 부모들에게 요구한다. 이상적인 부모상에 대한 다양한 가치관이 충돌하기 때문에 기준을 세우기도 쉽지 않다. 예컨대, 엄격한 훈육 방식을 선호하는 '타이거 맘'[51]이냐, 자녀의 자율성을 존중하는 '스칸디 맘'[52]이냐의 선택은 개개인의 가치 지향에 달린 문제이다. 자녀의 인권에 심각한 침해를 가하지 않는 한에서 어느 한쪽이 옳고 다른 쪽은 완전히 잘못되었다고 판단하기는 쉽지 않다. 이에 비해서 '나쁜 부모 되지 않기'는 부모에게 필요한 최소한의 기준을 생각해 보자는 접근 방식이다. 그러니 상대적으로 논란이 적고 합의 가능성이 높지 않을까 한다. 실천도 상대적으로 용이할 것이다.

나는 오늘날 청소년들이 겪는 살인적 경쟁 분위기, 과중한 교육 노동, 그로 인한 열악한 정서적 건강 상태를 고려할 때 '나쁜 부모 되지 않기'의 기본 전제는 자녀들의 고통을 줄여 주는 것이라고 생각한다. 자녀들의 고통받지 않는 삶을 보장해 주어야 한다고 주장하는 이유는 오늘날 한국 청소년들이 당하는 고통이 매우 심각하다는 판단 때문이다. 사실 고통의 심각성 여부와 관련 없이 고통 없이 살아갈 권리는 모든 인간에게 필요한 기본적인 권리이자 타자를 향한 원초적인 윤리적 요청이다. 여기에는 상당한 철학적 근거가 있다. 철학자 손봉호는 행복을 늘리는 것보다 고통을 줄이는 것이 더 중요한 문제라고 말한다. 그는 《고통받는 인간》이란 책을 통해 "최소 수(數)의 최소 고통"이라는 윤리적 이론을 제시한다. 그는 "모든 사람이 행복을 추구하는 것은 사실이지만, 그보다는 고통으로부터 해방되는 것이 더 긴급하다"라는 말로 고통을 없애거나 줄이는 것이 행복을 추구하는 것보다 더 필수적이고 근본적이라고 주장한다.[53] 부모 된 자로서 우리는 적어도 20년 넘는 기간 동안 스스로 삶을 결정할 힘을 갖지 못하고 부모의 영향력 아래에 놓여 있는 자녀들이 고통 없이 자라도록 양육해야 할 윤리적 책무를 져야 한다.

이 윤리적 요청과 관련하여 내가 강조하고 싶은 행동 원리는 두 가지이다. 첫째는 자녀를 독립된 인격으로 인정하는 일이다. 이것은 한국 부모들에게는 정말 힘든 요구이다. 개인주의적 성향이 강한 서양과 달리 한국 사회에서 자녀는 아직도 부모의 욕망과 꿈 혹은 좌절이 투영되는 아바타로 간주되곤 한다. 나는 어릴 때 사업이나 인생에서 실패한 부모들이 연탄가스를 이용해서 자살하는 뉴스를 라디오로 많이 접한 기억이 있다. 그런데 많은 경우 어린 자녀들이 동반하여 희생된다. 어떻게 이럴 수 있을까? 자녀를 자기 삶의 부속물로 여기기 때문이다. 물론 자녀가 잘되기를 바라고 자기의 꿈을 자녀를 통해서 실현하려는 것은 얼마간 인류에게 보편적인 현상이다. 유한한 인간들은 자신의 유전자를 이어받는 자녀들을 통해서 불멸을 꿈꾸기까지 하지 않는가? 그렇지만 우리 문화가 자신과 자녀를 동일시하는 정도는 상대적으로 유별나 보인다. 심리학자 문은희는 자녀와 자신을 구분하지 않고 동일시하는 한국인의 독특한 심리를 설명하기 위해 '포함 단위'라는 용어를 만들어 냈다. 그는 한국의 어머니들과 서양 어머니들의 우울증을 비교 연구하는 과정에서 한국인의 독특한 심리 구조를 찾아내 '포함 이론'을 정립했다고 한다.[54] 아주 쉽게 설명해 보자. 한국의 어머니들은 자녀의 행불행을 자녀 개인의 것으로 생각하지 않는다. 자녀를 포함하고 사는 자신과 동일시하는 것이다. 이런 심리 성향이 자녀에 대한 과도한 집착과 부당한 간섭으로 나타나 자녀를 아프게 만든다는 것이 그의 이야기이다. 상당히 일리 있는 주장이다. 자녀를 고통으로 몰아넣는 주요 원인을 자녀를 끔찍이도 사랑하는 엄마나 아빠가 제공한다는 사실을 깊이 성찰할 필요가 있다.

둘째, 자녀를 다른 사람과 비교하여 평가하지 않도록 최대한 노력해야 한다. 타자와의 비교 자체가 반드시 나쁜 것은 아니다. 사회적 동물로서 인간은 끊임없이 타자와의 비교를 통해서 자신을 정립해 간다. 타자로 상징되는 사회는 나를 형성하는 사회적 거울이다. 그러나 지독하게 경쟁적인 조건에서 성적이라는 단일한 기준으로 자녀를 타자와 비교하는 것은 비교의 긍정성을 무력화시키는 동시에 학생들에게 엄청난 고통을 가한다. 이런 비교 프레임을 버리고 자녀를 있는 그대로 존중해 주어야 한다.

이 두 가지 행동 원리만으로는 뭔가 부족하다는 느낌이 드는가? 혹시 부모 역할이 너무 소극적이지 않은가 걱정하는 부모들도 있을 것이다. 여기에다가 너무 방임해서 아이들을 망치는 것은 아닌가 하는 걱정도 함께 따라온다. 그러나 "최소 수의 최소 고통"이라는 윤리적 요청은 자녀가 책임 있는 사회적 존재로 성장하는 데도 활용될 수 있는 유용한 지침이다. 버릇없이 자라는 자녀는 타인에게 고통을 가하는 존재가 되기 쉽다. 자녀가 그렇게 성장하도록 내버려 두어서는 안 된다. 이 점에서 부모는 때로 타협 없이 엄하게 훈육해야 할 필요가 있다. 오늘날처럼 인간의 힘이 강해진 시대에 타인의 고통에 둔감한 사람은 사회에 많은 해악을 초래할 가능성이 높다. 따라서 자녀가 자라서 다른 사람을 고통스럽게 하는 존재가 되도록 방치해서는 안 된다.

정리해 보자. '나쁜 부모가 되지 않기' 위해서 부모들은 자녀들을 독립적인 인격으로 인정해야 한다. 성적이라는 단일한 기준으로 자녀를 타자와 평가하기를 중단해야 한다. 그리고 자녀가 타자의 고통에 둔감한 존재가 되지 않도록 훈육할 책임도 감당해야 한다. 어떤가? 실천할 만한가? 이렇게 적고 보니 '나쁜 부모 되지 않기'가 '좋은 부모 되기'보다 더 어렵다고 투덜거리는 소리가 들리는 듯하다. 내가 혹시 이 글을 읽는 사람들을 고통스럽게 하는 것은 아닐까?

2부

교실수업,
공교육의
최전선

| 학생들은 왜
| 수업에 집중하지
| 못할까?

이 꼭지를 쓰면서 제목에 대한 고민이 많았다. 내 글의 제목들은 대부분 질문 형식으로 구성되어 있다. 질문을 어떻게 하느냐에 따라서 바라보는 각도나 글의 전개 방식, 도출되는 결론 등이 달라지는 것은 하나의 상식이다. 예컨대, '학생들은 왜 수업에 집중하지 못할까'와 '학생들은 왜 수업에 집중하지 않을까'라는 물음은 사소한 차이로 보이지만 실제로는 상황을 파악하는 시각 자체가 다르다. 전자는 학생들이 수업을 듣고 싶은 욕망은 있으나 의지가 잘 작동하지 않는다고 생각하는 뉘앙스인데 반하여 후자는 소극적인 거부이든 적극적인 저항이든 학생들이 수업을 듣지 않으려고 노력한다는 의미가 더 강하다. 이렇게 두 가지 질문을 대비시키는 것은

두 가지 가능성을 다 염두에 두고 있기 때문이다. 학생들은 수업에 집중을 못 하는 것일까, 안 하는 것일까? 그에 대한 답은 일단 유보하기로 하겠다.

학교 붕괴 현상의 문제화

우리나라에서 학생들이 수업을 잘 듣지 않는 것이 문제로 인식되고 공론화된 것은 1999년이다. 당시 이 현상을 최초로 공론화하였던 전교조 참교육실천위원회는 "학교 붕괴 현상"이란 개념을 제시하면서 "학급에서 수업이 이루어지지 않고 학생에 대한 교사의 생활 지도가 전혀 작동하지 않는 상황과 이러한 결과에서 나타나는 학교교육의 본질적인 기능이 약화되는 현상"이라고 정의하였다.[55] 무슨 현상을 보고 그렇게 정의한 것일까? 그 당시 학교 붕괴에 관한 여러 문헌을 검토하면서 나는 학교 붕괴 현상의 구체적인 모습을 수업 장면과 생활 지도 장면으로 나누어서 다음과 같이 예시한 바가 있다.[56]

수업 장면	생활 지도 장면
• 학생들이 엎드려 잔다. • 수업을 무표정하게 바라본다. • 잡담을 하거나 딴짓을 한다. • 교사의 질문에 대답하지 않는다. • 수업 중 돌아다니거나 허락 없이 빠져나간다.	• 교사가 불러도 오지 않는다. • 도무지 학교 규칙을 지키지 않는다. • 교사에게 폭언을 하거나 폭력을 행사한다. • 112 신고 등 경찰을 부른다. • 교사를 대화 상대자로 생각하지 않는다.

이런 학교 붕괴 현상이 공론화된 후에 그 원인을 규명하고 대책을 마련하기 위한 논의가 적어도 수년 동안 진행되었다. 교육학자 김민은 여러 문헌 검토를 바탕으로 학교 붕괴의 원인을 일제 식민지 시대 이후 교육 이념의 부재, 세대 간의 문화적 격차의 심화와 의사소통의 단절, 탈근대화 이후 사회 변화에 조응하지 못하는 교육 체제, 학교 현장과 유리된 정부 주도의 교육 개혁 실패, 권위주의적 학업 체제, 가정교육의 부재 및 매스미디어의 선정적인 보도 경향, 사교육 시장과의 경쟁력 상실 등 굴절된 입시 교육 체제, 대안적 교육의 부재 등 여덟 가지로 정리하기도 하였다.[57] 이렇게 다양한 원인이 언급된 것은 학생들이 수업에 집중하지 않거나 못하는 원인이 매우 복합적일 수 있음을 암시한다.

학교 붕괴 현상에 대한 문제가 제기되고 이에 대한 여러 대책이 시행된 후 15년가량 시간이 경과하였다. 그동안 학생들이 수업에 임하는 태도는 좀 나아졌을까? 불행하게도 이에 대한 정확한 답을 얻기는 어렵다. 학생들이 수업에 임하는 태도를 동일한 척도를 사용하여 주기적으로 관찰하여 그 변화를 추적하는 장기 연구가 존재하지 않기 때문이다. 다만 여러 정황을 보건대 학생들이 수업에 임하는 태도가 나아지고 있다는 증거는 발견하기 어렵다. 교실에서 수업이 잘 되지 않는 현상을 특집으로 다루는 언론 기사는 지금도 자주 등장한다. 학생들과의 수업에서 어려움을 겪는 교사들의 호소도 자주 접할 수 있다. 심지어 대학도 무풍지대가 아니다. 몇 년 전에 한국교육인류학회와 한국문화인류학회의 공동 학술대회에 참여한 적이 있었는데, 문화인류학회의 한 섹션이 '대학까지 번진 교실 붕괴 위기 속에서 교양과목으로서 문화인류학을 어떻게 가르칠 것인가'에 관한 것이었다. 고등학교 졸업자의 대부분이 대학으로 진학하는 현실에서 대학 또한 교실 붕괴로부터 자유롭지 못함을 보여 주는 풍경화의 한 장면이 아닌가 한다.

왜 1999년일까?

그런데 왜 1999년일까? 1997년에 IMF 외환위기가 있었다는 사실이 흥미롭지 않은가? 둘 사이에 모종의 연관성이 있어 보이는 것은 양자가 단지 시기적으로 가깝기 때문에 생겨나는 착시 효과일까? 저간의 사정들을 보면 그렇지 않을 가능성이 높아 보이다. 물론 학교에서 수업이 전혀 안 되는 현상이 이전에는 없다가 1999년이라는 해에 갑자기 가시화된 것은 아닐 것이다. 어떤 현상이 일어나고 전개되는 것과 그것을 대중적으로 인지하는 것 간에는 얼마간의 시차가 있기 마련이다. 따라서 교실의 수업 태도가 이완되기 시작한 것이 언제부터인지를 정확히 확정하기는 어렵다. 그러나 학교 붕괴라는 말이 담론으로 등장할 즈음에는 그것이 하나의 객관적 현실로 다루어질 정도로 분명해졌다고 해야 할 것이다.

그 전까지 학생들이 공교육의 수업에 적극적이거나 혹은 최소한 고분고분하게 참여한 것은 우리에게 익숙한 여러 기제들이 잘 작동했기 때문이다. 모범생이나 우등생의 이미지를 만들고 일정한 보상을 통해서 그것을 재생산하는 사회화 과정이 별 무리 없이 작동했다. 그리고 좋은 성적을 받아서 좋은 대학에 들어가면 좋은 직업을 얻고 일생에 걸쳐서 상응한 보상을 받을 수 있었다. 그런 체계가 순조롭게 작동하는 동안에 학생들은 "중·고등학교 6년 혹은 고등학교 3년만 고생하면 평생 행복하게 살 수 있다"라는 말을 일상적으로 들으면서 살인적인 수업 시간을 견뎌 낼 수 있었다. 물론 학교의 공식적인 목표를 거부하고 일탈하는 학생들은 언제나, 어디에나 있기 마련이다. 그러나 그 숫자가 소수였을 뿐 아니라 구타와 체벌과 같은 전통적인 훈육 방식이 광범위하게 용인되었기 때문에 학교가 그런 학생들을 통제하는 것은 지금에 비해서 상대적으로 매우 용이하였다.

그러나 대체로 IMF를 전후하여 이런 기제들이 무너지기 시작했다. 1990년대 이후의 중등학교 학생 문화에 대한 연구물들을 보면 공부를 잘하는 모범생들은 학생 문화의 중심부에서 밀려났다. 대신에 운동을 잘하거나 대중문화에 대한 풍부한 정보를 지니고 있거나 끼 있는 아이들이 더 부각되는 현상이 나타났다. 중·고등학교의 그 살인적인 공부를 견뎌 내게 했던, 좋은 대학과 좋은 직장으로 공부의 결과가 연결되는 보상의 사다리도 무너져 내리기 시작했다. 우선 사회적 지위가 낮은 계층의 자녀가 좋은 대학에 진학하는 것 자체가 점점 어려워지고 있다. 명문대에 가기 위해서는 "할아버지의 재력, 엄마의 정보력, 아빠의 무관심"이 필수적이라는 세간의 풍자는 다소 희화화되기는 하였으나 학생 개인의 노력만으로는 좋은 대학에 들어갈 수 없는 현실을 잘 드러낸다. 그리고 누군가 열심히 노력해서 세칭 좋은 대학을 나온다고 하더라도 장래를 보장받기가 과거에 비해서 어려워지고 있다. IMF 이후 급속하게 전개된 신자유주의적 노동시장의 재편은 전통적인 학업과 취업의 파이프라인이 지니는 유용성을 상당한 정도로 소진시켰다. 좋은 대학을 나왔다고 자동적으로 무엇이 보장되는 시대는 저물어 가고 있다. 이제 웬만한 사람들은 그 사실을 간파하기 시작했다. 그리고 아이들도 세상 돌아가는 것을 촉각으로 감지한다. 그러니 내일의 성공을 위해 오늘의 유혹을 참으라는 마시멜로 이야기로 학생들을 설득시키는 전략은 낡은 수사가 되어 가고 있다. 여기에 더하여 학생인권조례와 같은 제도적 장치와 인권 의식의 신장으로 교사들은 수업을 듣지 않고 반항하는 학생들을 제어할 수 있는 손쉬운 수단마저 상실하게 되었다. 공포로 유지하는 교실의 질서와 평화는 더 이상 가능하지 않게 되었다. 이러니 수업 상황이 온전하겠는가?

배움을 흥정하는 아이들

사실 교실 붕괴와 유사한 의미를 지니는 수업 붕괴, 학급 붕괴 등의 용어는 일본에서 먼저 시작된 말이다. 우리와 교육 문화의 유사성이 상대적으로 높은 일본의 논의를 살펴보면 여러 가지 시사점을 제공받을 수 있다. 내가 보기에 학생들이 수업에 집중하지 않는 현상에 대해 가장 흥미로운 해석을 내놓고 있는 학자는 고베여학원대학의 우치다 타츠루이다. 그는 《하류지향》이라는 책을 통해서 "배움을 흥정하는 아이들"이라는 독특한 주장을 한다. 여기서 '흥정'이라는 말이 재미있지 않은가? 이 말을 이해하기 위해서 우치다의 주요 논의를 따라가 보자. 그는 '교육의 역설'이라는 용어를 통해 "교육의 역설은 당사자가 교육이 제공하는 이익을 교육이 어느 정도 진행될 때까지, 경우에 따라서는 교육과정이 끝날 때까지 알 수 없다는 데 있다"라고 주장한다.[58] 모국어 학습 상황을 예로 들어서 "배움이란 자기가 무엇을 배우고 있는지 모르고, 그것이 어떤 가치와 유용성을 갖는지도 말할 수 없는 지점으로부터 시작된다. 오히려 자기가 무엇을 배우는지 몰라서, 그 가치와 의미와 유용성을 말할 수 없다는 사실이야말로 배움이 일어나는 동기가 된다"라고도 했다.[59] 모든 학습 상황이 다 이런 경우는 아니겠지만 상당히 타당성을 지닌 말이다.

그런데 시장경제질서하에서 자라난 아이들은 이런 교육의 역설을 이해하지 못한다는 것이 우치다의 주장이다. 그는 요즘 아이들은 교육받는 내용이 어디에 쓸모가 있지를 물어보고 교사가 납득할 만한 설명을 하지 않으면 교육을 받으려고 하지 않는다고 말한다. 우치다는 아이들의 이런 태도를 시장경제제도의 소비 행위와 연관시켜서 설명한다. 삼십 년 전의 아이들과 비교할 때 요즘 아이들은 생산 주체가 아니라 소비 주체로서 사회적 관계를 맺기 시작한다는 것이다. 좀 길지만 그의 글을 직접 인용해 보겠다.

벌써 사십 년도 더 지난 일이지만, 우리들이 어렸을 때 사회적 활동은 먼저 노동 주체로서 자기를 세우는 방식으로 시작되었다. 사회적으로 무능력한 어린아이가 성장해 가는 과정에서 사회적 인정을 얻기 위해서 가장 먼저 했던 일은 가사노동이었다. (……) 아이들이 가족이라는 최초의 사회관계 속에서 처음으로 유용한 구성원으로 인지되기 시작하는 것은 가사노동을 분담하면서부터이다. 작지만 가족에게 노동력을 제공하고 이를 통해서 감사와 인정을 보상으로 획득하면서 어리지만 자기의 정체성을 다져 간다. (……) 요즘 아이들은 무엇보다 먼저 소비 주체로 자기를 확립할 것을 거의 제도적으로 강제당한다. 원인으로 몇 가지를 들 수 있다. 누구나 납득할 수 있는 원인은 자녀를 적게 낳는다는 것이다. 그 결과 부부에 자녀가 하나 있는 경우, 그 아이에게는 이른바 '여섯 개의 주머니', 그러니까 부모, 조부모, 외조부모라는 여섯 개의 주머니에서 용돈이 끊이지 않고 윤택하게 공급된다. 서너 살에 벌써 지폐를 들고 물건을 사러 가는 아이들이 있다. 우리 세대에는 태어나서 처음으로 한 사회적 활동이 노동이 아니고 소비였던, 그러니까 가사 일을 돕는 경험보다 먼저 돈을 쓴 경험이 있는 아이들이 거의 없었다. 반대로 지금 아이들의 거의 절반이 태어나서 처음으로 한 사회 경험이 물건 사기였을 것이다. 이 첫 경험의 차이는 대단히 결정적인 것이다.[60]

이 경험의 차이가 왜 결정적이라고 말하는가? 사회관계의 장에서 네 살짜리 어린아이가 교섭 상대와 대등하게 마주 설 수 있는 관계는 돈을 매개로 한 교환관계밖에 없기 때문이다. 물건을 사고파는 교환관계는 사람의 나이나 식견, 사회적 능력 등과는 상관이 없다. 물건과 등가적으로 교환할 수 있는 돈만 지니고 있으면 아이들도 어른과 대등한 서비스를 제공받을 수 있다. 우치다는 이런 경험이 주는 짜릿한 쾌감을 통해서 어린아이들은 자신을 소비 주체로 자리매김하게 된다고 주장한다. 즉, 인생의 아주 초반부터 돈의 전능성을 경험하고 나면 아이들은 어떤 상황에서도 '사는 사람'의 위치를 선점하려고 노력하게 된다. 당연히 학교에서도 아이들은 '교육 서비스를 사는 사람'이라는 위치에 서서 교육의 가치와 유용성을 따져서 자신들이 이해할 수 없는 것은 살 가치가 없다고 판단한다는 것이다. 우치다는 상품을 구입하는 사람이 물건을 등가교환의 원리에 따라 구매하듯이 학생들 역시 들을 가치가 있다고 판단하는 경우에는 그 시간 동안만 수업에 참여하고 나머지 시간은 수업을 억지로 듣는 고역을 불쾌감으로 표현함으로써 등가교환을 시도한다고 비유한다.

우치다는 소비 주체가 물건에 대한 정보를 다 알고 등가교환을 시도하는 시장 원리에 기초해서는 배움이 일어나지 못한다고 단언한다. 배움은 '교육의 역설'에서 보듯이 배우고 나서야 그 의미나 의의를 측정할 수 있는 역동적인 과정이기 때문이다. 그는 학생들이 일종의 소비 주체로서 배움을 흥정하는 과정에 참여하며 자신의 낮은 안목으로 이해할 수 없는 배움에 대해서는 배우지 않겠다고 의식적으로 노력하는 양태가 나타난다고 보았다. 여기서 우치다는 "학력 저하는 노력의 결과"라는 충격적인 주장을 한다. 학력 저하가 아이들의 나태와 주의 산만의 결과라면 교육 기술이나 방법을 바꾸는 식으로 문제를 해결할 수 있지만 반대로 학생들의 노력의 결과라면, 그리고 학생들이 학습을 포기하고 공부로부터 도피하는 것에서 자신감과 성취감을 얻는다면 사회 전체에 대한 근본적인 성찰 없이는 이 문제를 해결할 길이 없다고 그는 진단한다.

전체적으로 우치다의 해석은 매우 독특하면서도 탁월한 면이 있다. 그리고 학생들이 수업에 집중하지 않는 현상을 학교라는 좁은 공간이 아니라 사회적 양육 환경이라는 보다 넓은 그물망에서 포착해 낸 것도 주목할 점이다. 학생뿐 아니라 우리 모두가 일상적으로 노출되어 있는 자본주의적 상품 거래 관계는 틀림없이 학습을 대하는 우리의 태도에도 심대한 영향을 미칠 수밖에 없다. 오늘날 교육은 배우는 즐거움, 세상에 대한 앎, 타자에 대한 이해, 높은 품성의 도야와 같은 교육 자체의 고유한 가치보다는 화폐로 교환될 수 있는지의 여부에 따라서 그 가치가 더 많이 결정된다. 그런 점에서 학교 교실의 위기를 극복하는 근본적인 방안 중에 하나는 돈으로 살 수 없는 영역을 힘써서 지켜 내고 나아가서 그것을 확장하려고 노력하는 것이다. 마이클 샌델Michael Sandel은 《돈으로 살 수 없는 것들》이라는 책을 통해서 최근 수십 년 동안 기존에는 시장에서 거래되지 않았던 영역에 돈과 시장이 개입하는 현상이 광범위하게 진행되었음을 다양한 사례를 들어서 증명하고 있다.[61] 그리고 돈으로 사고팔 때 원래의 가치와 목적이 훼손되는 재화의 경우에는 시장에 맡기지 말아야 한다고 주장한다. 시장가치가 교육/환경/가족/건강/정치 등 예전에는 속하지 않았던 삶의 모든 영역 속으로 확대되어 돈만 있으면 거의 모든 것을 살 수 있는 이 시대는 교육의 고유한 가치 또한 근본적으로 훼손시키고 있다. 따라서 시장의 지배로부터 고유한 삶의 영역들을 지켜 내고 그런 삶의 영역에 학생들이 입문할 수 있는 다양한 경험을 제공하는 것은 우치다가 이야기한 사회 전체에 대한 근본적인 성찰과 맥을 같이 한다고 나는 본다.

수업에 집중하지 못하는 아이들

다시 첫 질문으로 돌아가 보자. 요즘 아이들은 수업에 집중을 안 하는 것일까 못 하는 것일까? "학력 저하는 노력의 결과"라고 주장하는 우치다는 학생들이 의도적으로 수업에 집중하지 않는다고 해석하고 있다. 그러나 나는 여기에 학생들이 수업에 집중하지 못하는 측면도 있다는 점을 하나 더 더하고자 한다. 다시 아이들의 양육 환경으로 돌아가 보자. 아이들은 틀림없이 소비 주체로 상품을 교환하는 경험을 한다. 본인은 직접 경험하지 않는 경우라도 세상이 그렇게 돌아가는 것을 빈번하게 '대리 경험' 하기도 한다. 이것은 자본주의사회의 한 강력한 단면이다. 그런데 우리 사회는 자본주의사회인 동시에 테크놀로지에 의해서 강력하게 지배되는 사회이다. 나는 내 자녀들과 주변의 아이들이 자라는 것을 보면서 스마트폰과 같은 기기가 얼마나 많이 아이들을 장악하고 있는지를 일상적으로 관찰하면서 놀라움을 금치 못할 때가 많다. 이것이야말로 삼사십 년 전의 아이들이 자라던 환경과는 근본적으로 다른 양육 환경이 아니겠는가? 나는 초등학교 때 우리 집에 텔레비전이 처음 설치되던 일을 기억하고 있다. 그 시대에는 텔레비전이 먼저 설치된 집이 자연스럽게 사람들이 드나드는 정거장이 되곤 했다. 그리고 그 당시 한 대밖에 없는 텔레비전의 채널 선택권은 당연히 집안의 어른인 가장이 행사하였다.

그러나 오늘날 아이들은 그 당시의 텔레비전과 비교도 할 수 없는 엄청난 성능의 멀티미디어 기기를 자신의 손 안에 일상적으로 갖고 실아간다. 그만큼 위계질서가 붕괴되고 개인주의가 강화된 셈이다. 또한 그런 기기를 통해서 접하는 세계가 제공하는 정보의 질과 양은 과거와 너무 달라졌다. 심지어 이제는 다른 멀티미디어 기기에 비해 낡은 느낌마저 드는 텔레비전조차도 내가 어린 시절에 접하던 단순한 화면과는 너무 다르다. 뉴스 프로그램만 보더라도 다양한 정보가 한 화면에 동시에 전개된다. 리포터가 소식을 전하는 동안에도 뉴스 하단에는 다른 뉴스가 글자로 지나가고 우측 상단에는 현지 시각과 기온이 나오며, 다른 한쪽에는 주식 시황이나 환율이 시시각각 뿌려진다. 오늘날의 학습자들은 이런 홍수 같은 정보와 빠르게 전환되는 메시지에 익숙하다.[62] 따라서 이런 멀티미디어에 일상적으로 노출되어 있는 학생들이 교실에 수동적으로 앉아서 교사가 일방적으로 전달하는 내용을 견뎌 내는 것은 점점 더 어려워지고 있다.

교육신경과학 분야의 전문가인 데이비드 수자David A. Sousa는 《공부하는 우리 아이들, 머릿속의 비밀》이라는 책에서 "왜 유독 요즘 아이들은 수업에 집중하지 못하나요?"라는 흥미 있는 질문을 던지고 있다. 이 뇌기반교육 전문가의 대답은 과거와 오늘날의 아이들의 양육 환경이 근본적으로 변해서 "기술 발달에 적응하는 과정에서 외부로부터 쏟아져 들어오는 엄청난 양의 자극을 처리하다 보니 아동의 뇌 기능과 구조가 예전과 달라졌다"는 것이다. 다양한 멀티미디어 환경에 노출되어 있는 동안에 학생들은 새로움에 더 민감하게 반응하며 주의력이 분산되어 전통적인 수업처럼 지루하고 예측 가능하며 반복되는 자극만 일어나는 환경에는 별다른 재미를 느끼지 못하게 된다는 것이다. 이와 관련하여 수자는 "현재의 학교는 아이들의 뇌를 배려하는 공간인가?" 하는 의미 있는 질문을 던지고 있다.[63] 수자의 견해를 수용한다면, 요즘 아이들은 수업에 집중 안 하는 존재인 동시에 집중하려고 해도 집중하기가 어려운 존재가 되어 가고 있는 셈이다.

아이들만을 탓하는 것이 옳을까?

만약 나의 분석대로 요즘 아이들이 수업에 집중하기도 어려울 뿐 아니라 집중하려고 노력도 하지 않는 존재라면 교육자인 우리는 어떻게 해야 할까? 아주 단순화하면 두 가지 방향이 있을 것이다. 하나는 아이들을 탓하는 것이며, 다른 하나는 시스템으로서의 학교교육과 사회 자체를 문제 삼고 개선하는 노력을 하는 것이다.

아마도 후자가 옳을 것이다. 그러나 매일매일 아이들을 접하며 전투를 치러야 하는 현장 교사들의 경우 이성적으로는 후자가 옳다고 생각하면서도 실제 아이들을 만나는 장에서는 전자의 입장이 되기 쉬울 것이다. 그만큼 전투가 힘들고 고통스럽기 때문이리라. 현장 교사들뿐 아니다. 교육에 대해서 꽤 깊이 있는 사고를 전개하고 문제의 개선을 위해 사회 전체에 대한 근본적인 통찰을 주장하는 우치다와 같은 유형의 학자들도 결국은 전자의 입장에 속한다. 교육의 역설을 주장하는 한 아이들은 교육자가 가치 있다고 생각하는 내용을 인내하면서 배우는 것이 옳기 때문이다.

본질적으로 가치 있는 교육 내용이 있고 학생들이 배우는 과정에서는 그 내용의 가치를 알기 어렵다는 주장은 때로 타당하다. 그러나 그것이 모든 교수-학습 상황을 정당화하지는 않는다. 현실에서 일어나는 배움의 양상은 그보다 훨씬 더 풍부하고 복잡하다. 예컨대, 우치다가 그토록 중시하는 스승이 필요 없거나 존재하지 않는 배움도 충분히 가능하다. 동시에 배움의 과정이 종료될 때까지 그 배움의 의미를 알기 어려운 상황이 있는가 하면, 학습자가 스스로 배움의 가치를 명확히 인식하고 의도적으로 학습을 선택할 수 있는 경우도 얼마든지 존재한다.

문제는 교육자가 현실에서 존재할 수 있는 다양한 배움의 양상을 가능한 한 풍부하게 상상할 수 있는가 하는 점이다. 그리고 가르치는 내용과 학습자의 특성을 고려하여 가장 적합한 배움의 환경을 구안해 낼 수 있는가 하는 것이다. 그것이 때로는 스승이 주도하고 학습자에게 극도의 인내가 요구되는 '교육의 역설'과 같은 상황일 수도 있다. 또는 교사는 전경에서 사라지고 학습자들의 창발적 학습이 파노라마처럼 아름답게 전개되는 장일 수도 있다. 그리고 그런 다양한 선택지가 가능하려면 우리는 현재보다 학습자에 대해서 더 많이 알 필요가 있다. 우리는 좁은 의미의 뇌과학에 대한 정보를 포함하여 학습자의 배움의 양태에 대해서 더 많이 공부해야 한다.

한편 수업으로부터 이탈하는 아이들을 다시 불러 모으는 일은 좁은 의미의 교실수업 개선을 넘어서는 과제이기도 하다. 학교교육의 결과가 좋은 대학과 좋은 직장이라는 시장가치로 연결되는 고리가 느슨해져 가는 현실, 학생들이 의식적 혹은 촉각적으로 그것을 간파하고 수업에 참여하기를 주저하는 현실, 학생들이 소비의 주체가 되어 가치 있는 많은 것들을 시장의 교환가치로 마냥 재단하려고 드는 현실, 그리고 멀티미디어 환경이 학생들의 오감을 다양한 방식으로 사로잡고 인내력의 한도를 급격히 소진시키는 현실 모두가 새로운 고민을 우리에게 던져 주고 있다. 이 고민들에 진지하게 조우하는 것은 교실과 학교를 새롭게 기획하는 것을 넘어서서 미래 사회를 새롭게 설계하는 상상력을 우리에게 요구한다. 어떤가? 현재의 위기가 우리 사회, 우리 교육, 그리고 우리 아이들의 미래에 대한 새로운 청사진과 새로운 모색으로 나서도록 우리의 등을 떠밀고 있다고 느껴지지 않는가?

교사들은 왜
교실 문을 열기를
싫어할까?

　대부분의 과학자 혹은 비평가들은 글을 쓰면서 자신이 주장하는 바가 현실을 잘 묘사하거나 해석하거나 설명하기를 기대한다. 나도 마찬가지이다. 그러나 이 글에 대해서만은 그렇지 않다. "교사들은 왜 교실 문을 열기를 싫어할까"라는 주제의 글을 쓰면서 나는 내가 묘사하는 현상이 한국 교직 사회에는 더 이상 존재하지 않는 현실이기를 희망하고 있다. 바라건대 이 글을 읽는 교사들이 나에게 당신은 한국 교사 사회의 변화된 모습을 잘 모르고 딴소리를 하고 있다고 질타해 주기를 바란다. 만약 내 글이 틀렸다면 한국 교사 사회는 그만큼 개선된 것이리라.
　어쨌든 교사 문화에 대한 현재까지의 연구들은 지속적으로 개인주의와 고립주의를 한국 교사 문화의 중요한 특성으로 언급하고 있다.[64] 여기에는 예외가 거의 존재하지 않는다. 이런 폐쇄적 교사 문화는 학교 개혁의 가장 큰 걸림돌 중 하나이다. 오늘날 새로운 학교를 위한 개혁은 교사들의 자발적인 학습 공동체에 크게 의존한다. 그리고 수업 실천을 공유하고 함께 연구하는 것은 교사 학습 공동체 활동의 핵심이다. 따라서 수업을 열고 소통하는 것을 꺼리는 교사 문화는 그런 개혁을 불가능하게 만든다.

규범적인 차원에서 수업 실천을 공유하고 함께 연구해야 한다는 데 동의하지 않는 교사는 없을 것이다. 그런데도 많은 교사들이 고립주의적인 교사 문화에 안주하는 이유는 무엇일까? 교사 사회의 오랜 문화적 관행으로 굳어져서 누구도 쉽게 문제 제기를 하기 어려운 견고한 일상이 되었기 때문이다. 이런 익숙한 일상은 이성적 사유를 넘어서서 하나의 습속으로 존재하기 때문에 깨뜨리기가 좀처럼 쉽지 않다. 그리고 기능주의적 관점을 빌려서 설명을 하자면 이런 습속이 존재하는 이유는 나름의 순기능도 있기 때문이다.

나는 이 글을 통해서 교사들이 수업을 공유하고 함께 연구해야 한다는 규범적 주장을 전면에 내세우는 대신에 오랜 관행으로 굳어져 있는 고립적이고 폐쇄적인 교사 문화의 역사적 뿌리를 더듬어 보고 그것이 세대를 넘어서 지속되는 이유를 생각해 보려고 한다. 그리고 이로 인해 우리가 어떤 대가를 치르고 있는지도 설명해 보고자 한다.

한국의 폐쇄적 교사 문화의 기원

원론적으로 보면 고립주의적인 교사 문화는 한국 교사 사회만의 특성은 아니다. 외국의 학교 문화에 대해 연구한 여러 문헌들도 교사들이 서로 잘 소통하지 않고 개별 교실에 갇혀 있다는 지적을 자주 한다. 근대 공교육 체제의 작동 방식을 생각해 보면 이는 얼마간 이해 가능한 것이기도 하다. 표준적인 교과서, 표준적인 학생, 표준적인 교사를 상정하는 교육에서는 교사들 간의 상호 소통은 그다지 중요하지 않다. 마치 포드 자동차 회사의 컨베이어 벨트 시스템이 각각의 분업화된 조립 공정으로 구성되고 해당 작업 공정 구역마다 표준화된 노동자가 투입되는 것처럼 교사들은 소통 불가능하게 칸이 막힌 각자의 교실에서 표준적인 지식을 표준적인 방식으로 전달하면 그만이다. 그러나 근대 공교육 체제의 공통적 특성만으로는 한국 교사 사회의 폐쇄성을 온전히 설명하기가 어렵다. 여러 해 전에 미국 오하이오에 머물면서 주기적으로 학교를 관찰한 적이 있다. 거기서 만난 교사들은 대부분 수업을 열고 소통하는 데 우리보다 훨씬 개방적이었다. 적어도 미국의 교사 사회보다 우리가 훨씬 더 폐쇄적이다.

한국 교사 사회의 폐쇄성에는 한국 사회의 특수한 경험이 반영되어 있다. 나는 일본의 제국주의적 지배에서 폐쇄적 교사 문화의 기원을 찾을 수 있다고 본다. 한국 공교육의 형성기에 우리는 불행하게도 35년이 넘게 일본의 지배를 받았다. 개개인의 성격이 어린 시절의 초기 경험에 의해서 영향을 받는 것처럼 한국 공교육은 이 초기 경험으로부터 엄청난 영향을 받았다. 일본의 지배가 남긴 부정적인 유산을 다루는 것은 너무 큰 주제이기 때문에 여기서는 폐쇄적 교사 문화의 심리적 기원에만 초점을 맞추어서 논의하고자 한다.

타임머신을 타고 그 시절의 어느 소학교를 방문하였다고 상상해 보자. 조선인 교사가 학생들에게 수업을 하고 있다. 그러나 그는 자유롭게 가르칠 수 없다. 일본 제국주의의 감시와 감독을 항상 의식해야 하기 때문이다. 일본인 교장은 주기적으로 그의 교실을 드나들면서 시학視學 — 오늘날의 장학을 그 당시에는 시학이라고 불렀다 — 이라는 이름으로 그의 수업을 살핀다. 그런 환경에서 학생들에게 민족정신과 올바른 역사를 가르쳐 주고 싶은 어느 조선인 교사가 느꼈을 심리적 압박감을 상상해 보라. 그 장면을 김홍도나 신윤복 같은 뛰어난 풍속화가가 관찰할 수 있었다면 어떤 그림을 남겨 놓았을까? 가르칠 수 있는 자유를 상실한 조선인 교사의 축 처진 어깨와 힘없는 눈동자, 교실 뒤편에서 매의 눈으로 그를 째려보는 일본인 교장이나 장학사, 혹은 칼을 찬 일본인 순사, 그리고 그런 상황의 엄중함을 아는지 모르는지 마냥 천진한 아이들의 해맑은 눈동자. 두 화가라면 그 시절의 살풍경을 우리의 가슴에 와 닿도록 틀림없이 잘 표현했을 것이다.

이런 우리 공교육의 불행했던 초기 역사는 교사들이 자신의 교실에 들어오는 타자와 적대적으로 마주 서게 했다. 교실을 방문하는 타자는 자신을 도와주는 자가 아니라 자신을 감시하고 통제하며 때로 신변에 위협도 가할 수 있는 타자였기 때문이다. 그것은 타자에 대한 공포로 무의식에 깊게 각인되었다. 그리고 정신분석학의 지혜가 알려 주는 것처럼 한 번 형성된 무의식은 좀처럼 소거되지 않는다. 어린 시절의 무의식을 극복하려면 특수한 치유의 경험이 필요하다. 그러나 불행히도 한국 공교육은 일제가 남긴 공포의 심층 체험을 치유할 기회를 얻지 못했다. 해방 이후 나라를 다시 찾은 우리 선배 교육자들은 일제가 남긴 유산을 철저하게 청산하지 못했고 장학의 관행도 상당한 기간 동안 지속했다. 그리고 공포의 무의식은 교사들의 마음속에서 계속 재생산되었다.

장학獎學이 무엇인가? 말 그대로 학생의 학습을 돕기 위해서 교사에게 필요한 도움을 제공하는 활동이 아닌가? 그러나 한국의 장학 풍습은 이런 장학의 본래 의미와는 별 상관없이 일제로부터 배운 감시와 감독의 역할을 답습해 나갔다. 그 결과 우리들 대부분은 장학에 대한 달갑지 않은 학창 시절의 기억을 공통으로 지니게 되었다. 학교가 장학 지도를 받던 날의 기억을 떠올려 보라. 교실이며 복도며 학교의 이곳저곳을 얼마나 열심히 청소했던가? 공개 수업이 성공하도록 사전에 리허설에 동참했던 기억은 또 어떤가? 교사들은 자신이 문제없는 교사이고 잘 가르치는 교사임을 증명하기 위해서 아이들의 배움을 희생시켜야 했다. 오랫동안 한국의 장학 풍경은 좋은 교육을 실현하기 위해 교사의 고충을 드러내고 동료와 선배, 그리고 장학진의 우정 어린 도움을 구하는 즐거운 축제가 아니라 교사의 실력을 증명하기 위해 학생들을 동원해야 하는 한바탕 쇼에 가까웠다. 물론 최근에는 이런 비교육적 장면은 표면적으로 자취를 많이 감추었다. 그러나 심리적인 상흔은 여전히 깊게 남아 있다. 그리고 교사들은 교실을 방문하는 타자를 일제 강점기의 적대적인 타자까지는 아닐지라도 여전히 성가시고 거북스러운 손님으로 느낀다.

교사들이 교실 밖 타자에 대해 우호적이기 어려웠던 것은 정치적인 상황과도 관련된다. 일제 강점기와 유사하게 해방 후의 권위주의적 정부는 교사들이 소위 불온한 내용을 가르치는 것을 두려워하였다. 그래서 학교장을 비롯한 관리자들을 통해 장학이라는 명목으로 교사들의 교육 활동을 명시적 혹은 묵시적으로 관리하고 감독하였다. 1980년대 말 형식적 민주화가 성취되기 이전에 교실에서 정치 현실을 비판하였다는 이유로 용기 있는 교사들이 얼마나 많은 고초를 당했던가! 이런 상황에서 외부의 부당한 간섭으로부터 교실을 지키고 소신 있게 수업을 하는 것은 하나의 저항 운동이자 용기 있는 교육적 실천 행위였다. 이런 과거의 기억과 유산은 많은 교사들에게 교실이 간섭받지 않는 교사의 공간이어야 한다는 인식을 만들어 내었다.

고립적 교사 문화의 숨겨진 기능

그런데 이것만으로는 교사들이 교실 문을 열기 싫어하는 현상이 현재도 지속되는 이유를 설명하기에 뭔가 부족해 보인다. 게다가 현재를 과거를 통해 규명해 보려는 역사적 설명은 현재의 잘잘못을 과거에 전가할 위험성도 있다. "잘되면 내 탓 못되면 조상 탓"이라는 말처럼! 그렇다면 역사적 설명과는 좀 다른 관점에서 현재를 현재로 설명하는 방식도 생각해 볼 수 있다. 앞에서 잠깐 언급했듯 기능주의를 빌어서 고립된 교사 문화가 존재하는 이유를 다소 다른 방식으로 설명해 보겠다. 기능주의도 매우 복잡하기 때문에 하나의 예를 들어서 역사적 인과율을 따지는 설명과의 차이를 쉽게 설명해 보겠다.

누군가 건물 유리창이 깨진 채로 있는 것을 발견했다고 생각해 보자. 그리고 왜 유리창이 깨져 있는지를 규명해 보려 한다고 가정해 보자. 첫 번째 접근은 누가 유리창을 파손했는지를 수소문해 보는 것이다. 그래서 언제 누가 무엇 때문에 유리창을 파손했는지를 알게 되었다면 이는 일종의 역사적 사실 규명이라고 할 수 있다. 그런데 유리창이 깨진 지 오랜 시간이 지났는데도 고쳐지지 않고 있다고 가정해 보자. 건물주가 깨진 유리창을 그대로 내버려 둔 것이다. 이유를 탐문해 보니 돈이 없을 뿐 아니라 원래 건물이 통풍이 잘 안 되는 구조였는데 깨진 유리창으로 바깥 공기가 적당하게 들어와서 공기 순환에도 도움이 되어서 그냥 두었다는 것이다. 따라서 유리창이 계속 깨져 있는 것에 대한 현재적 설명은 그것이 건물주나 건물을 이용하는 사람들에게 나름 순기능을 하기 때문이다. 이런 기능주의적 설명은 과거를 통해 현재를 설명하는 것이 아니라 현재를 현재로써 설명하는 방식에 가깝다.

이 방식을 통해서 고립적 교사 문화의 존재를 설명해 보자. 조직으로서의 학교에는 뚜렷이 성격이 다른 두 가지 영역이 존재한다. 하나는 학교의 본질이라고 할 수 있는 교육 활동이 일어나는 영역이다. 다른 하나는 시설, 행정, 예산과 같이 학교가 존재할 수 있도록 지원하는 행정 내지 관리 영역이다. 관리 영역은 기본적으로 교육 활동을 도와주기 위해서 존재하는 영역이다. 그러나 한국의 학교에서 양자의 관계는 역전되는 경우가 많았다. 교육보다 행정이나 관리가 우선시되는 경우가 더 많이 발생한 것이다. 근대적 공교육 기관이 도입된 이후 한국의 학교는 학생을 가르치는 교육 기관이기를 넘어서 수많은 일을 떠안고 있었다. 새로운 생활 풍습을 전파하는 계몽적 역할, 각종 통계 자료를 수집하는 통로, 새로운 국가의 시책을 홍보하고 전파하는 일 등은 그런 역할 중 일부이다. 순수 교육 기능 외에 이런 부가적 역할을 많이 떠안고 있었기 때문에 행정과 관리 영역이 비대해질 수밖에 없었다. 쏟아지는 공문에 많은 학교들이 비명을 질러 대는 것은 이런 연유 때문이다.

교사들은 쏟아지는 공문 처리와 행정적인 일 때문에 수업과 교육 활동에 집중할 수 없다고 불평한다. 그런데 역설적으로 이런 관리 영역의 비대화가 고립적인 교사 문화가 존속할 수 있는 조건을 만들어 낸다. 이런 환경에 순응하는 것이 교사 집단과 관리자들에게 암묵적으로 도움이 되는 측면이 있기 때문이다. 교육 영역은 그 활동의 의미와 성과가 쉽게 측정될 수 있는 영역이 아니다.

이에 비해 관리 영역은 관료적 질서가 지배하는 공간이다. 공문 처리를 요구하는 서류가 도착하면 학교는 제때 서류를 만들어 내야 한다. 문서로 소통되는 이 관리 영역은 학교의 반응 속도와 처리 과정에 쉽게 노출되는 가시적인 영역이다. 왜 공문 처리를 늦게 해서 보내면 교육청으로부터 독촉 전화가 계속되지 않던가. 따라서 학교장은 교육 활동보다 관리 영역을 중시하고 싶은 충동을 강하게 느낀다. 교육 활동을 일부 희생시키더라도 관리 영역을 잘 작동시키는 것이 유능한 교장으로 인정받는 길이기 때문이다. 학생들을 자습시키고 공문 처리를 하도록 하는 잘못된 교장도 생겨나는 것이다. 관리 영역을 더 중시함으로써 교장은 교사들의 교실을 주기적으로 방문하여 수업 활동을 지원하는 장학의 전문성을 쌓는 일을 상대적으로 등한히 해도 된다. 골치 아픈 일로부터 해방되니 일거양득인 셈이다.

이런 어처구니없는 상황은 교사들에게도 도움이 되는 측면이 있다. 공문 처리와 같은 행정적인 일만 잘하면 교육 활동을 잘하든 못하든 별로 간섭을 받지 않기 때문이다. 교실을 자신만의 왕국으로 만들 수 있는 것이다.[65] 그러나 이런 불간섭은 긍정적인 의미의 교육의 자율성을 의미하지 않는다. 좋은 교육을 위한 노력을 방기해도 좋은 안락한 휴식처를 제공하는 '의사 자율성'에 불과하다. 종합해 보자면 고립적인 교사 문화는 역사적인 기원에 더하여 교육보다 관리 중심의 학교를 운영하는 것이 관리자와 교사 모두에게 기능적으로 유익이 되는 측면이 있기 때문에 유지된다고 볼 수 있다.

교사 학습 공동체와 학교 문화 변화

그러나 앞으로도 이런 문화를 지속해 간다면 한국 교육의 미래를 기약하기는 어려울 것이다. 이미 교사들 스스로가 이런 고립적 교사 문화로 인해 많은 고통을 당하고 있다. 자신의 교육 활동에서 당하는 어려움을 함께 의논하고 협력할 동료들을 단위 학교에서 찾기가 어렵기 때문이다. 몇 년 전에 방송되어 세간의 관심을 끌었던 EBS의 〈선생님이 달라졌어요〉라는 프로그램을 떠올려 보라. 교사들을 초청하여 전문가의 컨설팅을 통해서 수업에서 겪는 어려움을 해결해 주는 프로그램이었다. 참여한 교사들이 자신의 교실을 과감히 개방하고 수업 개선을 위해 노력하는 모습은 많은 사람들에게 신선한 감동을 주었다. 그러나 교육학자로서 나는 이 프로그램을 보면서 왜 교육 활동에 어려움을 겪는 교사들이 자신의 학교에서 동료, 선배, 교감, 교장으로부터 도움을 받지 못하고 멀리 방송국까지 와서 컨설팅을 받아야 할까 하는 생각을 많이 했었다.

교수-학습 방식의 급격한 변화가 요구되는 때에 협력적 교사 문화의 부재는 교사들의 어려움을 더 가중시킬 것이다. 왜 세계에서 가장 똑똑한 한국 교사 집단이 교육에 대한 자신감과 효능감은 OECD 국가 중에서 가장 낮은 수준인지를 생각해 보라. 여러 이유가 있겠으나 고립적인 교사 문화가 중요한 원인임을 부인하기는 어려울 것이다. 오늘날 좋은 교육은 개별 교사들의 우수성이 아니라 교사들의 협력적 네트워크에 의해서 가능하다. 한국 교사 사회는 식민지 시대까지 거슬러 올라가는 교실 밖 타자에 대한 부정적 정서를 극복하고 서로 돕는 협력적 문화를 새롭게 창조할 수 있을까? 이와 관련하여 현재 혁신학교를 중심으로 일어나고 있는 교사 문화의 변화를 위한 노력은 한국 교직 사회의 오랜 관행과 트라우마를 극복해 가는 과정이라고도 볼 수 있다. 부디 이러한 노력이 몇몇 학교에서의 실험으로 그치지 않고 한국 교직 사회 문화를 갱신하는 계기가 되길 바란다.

좋은 수업이란 무엇인가?

수업 개선이나 혁신을 위한 시도나 논의가 많이 일어나고 있다. 바람직한 현상이다. 그런데 수업 개선이나 혁신은 "좋은 수업이란 무엇인가"라는 질문을 우회할 수가 없다. 이 글에서는 이 까다롭고 복잡한 주제를 다루어 보고자 한다. 이 주제가 까다롭고 복잡한 이유는 좋은 수업에 대한 논의가 교육을 통해서 길러 내야 할 인간상, 그런 인간을 양성하기 위한 내용과 교수 방법에 대한 논의를 모두 포함하기 때문이다. 다른 말로 표현하자면 바람직한 인간과 사회상, 그것을 가능하게 하는 교육의 역할에 대한 교육 철학적 논의를 배제하고 좋은 수업을 이야기하기는 불가능하다. 예컨대, 최근 한국 교육계에서 대안적 수업 실천으로 영향을 미치고 있는 발도르프 교육, 프레네 교육, 배움의 공동체 수업 등은 나름의 고유한 교육 철학에 기반하여 상이한 수업 실천을 구안해 놓고 있다. 물론, 좋은 수업에 대한 논의에 관여하는 요소는 교육 철학에 한정되지 않는다. 학습 이론이나 동기 이론과 같은 학습자에 대한 경험적인 이해, 학습에 대한 뇌과학 연구와 같은 최근 과학의 성과, 교육 활동을 지원하는 한 시대의 테크놀로지 수준 등을 총체적으로 고려해야 한다. 여기에 더하여 좋은 공부나 좋은 가르침에 대한 문화적 관념의 영향도 지대하게 받는다. 이 모든 요소를 이 짧은 글에서 모두 고려하는 것은 불가능하다.

따라서 이 글은 현재의 한국 교실수업의 현실을 고려하여 필요하다고 판단되는 측면에 한정하여 논의를 전개하고자 한다. 그리고 나 자신의 독자적인 견해를 밝히기보다는 지식 소매상의 역할을 수행하려고 한다. 지식 소매상의 역할을 선택한 이유는 이 까다로운 주제에 대해 어설픈 주장을 늘어놓기보다 그동안 축적된 연구를 활용하는 것이 더 낫다고 판단했기 때문이다. 지식 소매상도 나름 괜찮은 역할이다. 도매점을 돌아다니면서 괜찮은 물건을 골라서 소비자에게 매개하는 역할이 어찌 작다고 할 수 있겠는가? 나도 그런 매개자의 역할을 수행해 보려고 한다. 내가 선택한 두 사례는 미국의 짐멜만[Steven Zemelman]과 그 동료들(이하 짐멜만으로 표현)이 수행한 연구와 독일의 힐베르트 마이어[Hilbert Meyer]가 수행한 연구이다. 두 사례를 택한 이유는 이 연구들이 광범위한 경험적인 연구들에 기반하고 있기 때문이다. 예컨대, 힐베르트 마이어는 좋은 수업을 특징짓는 목록을 작성하면서 경력이 많은 교사와 교육학자에게 설문 조사도 하고 여러 경험적 연구 결과도 참조하였다. 그리고 독일어권 학자들 간에 놀라울 정도의 일치된 견해가 있음도 확인하였다.[66] 짐멜만의 경우도 미국 내 전문적 교수 조직 내에 좋은 수업에 대한 상당한 정도의 합의가 존재하고 있다고 보고하고 있다.[67] 이렇게 두 사례는 수많은 연구들을 검토하여 결과를 정리한 것이기 때문에 나름의 공신력을 지니고 있다고 하겠다. 핵심 내용을 중심으로 소개하고자 한다.

미국 학자 짐멜만의 좋은 수업에 대한 견해

짐멜만, 다니엘스[Harvey Daniels], 하이디[Arthur Hyde] 세 학자는 공저로 《Best practice: Today's standards for teaching and learning in America's schools》이라는 책을 냈다.[68] 이 책은 앞에서 언급했듯이 수많은 현장 지향적인 실천가와 연구자들의 연구를 참조하여 집필된 것이다. 이 책에서 저자들은 최상의 실천[Best practice]의 의미를 다음과 같이 설명하고 있다.

"최상의 실천[Best practice]"이라는 표현은 애초에 의학, 법학, 건축에서 빌려 온 것이다. 이들 분야에서 "좋은 실천[good practice]" 혹은 "최상의 실천[Best practice]"은 일상적 맥락에서 견실하고, 평판 있는, 최신의 작업을 묘사하는 데 사용되곤 한다. 만약 어떤 전문가가 최상의 실천 기준을 따르고 있다면, 그는 최신 연구 경향을 알고 있으며, 고객에게 최신의 지식, 기술, 과정들이 주는 최대한의 이익을 지속적으로 제공한다. (……) 어떤 사람들은 교육 분야는 의학, 법률, 건축 분야와 같은 선명한 발전을 좋아하지 않는다고 주장한다. 그러나 여전히 교육자들이 신중하게 생각하고, 탐구를 신뢰하며, 인간 진보의 가능성에 찬성하는 사람이라면, 우리 교직의 언어는 우리 분야의 최첨단에 있는 실천을 명명해 내고 이를 존중해야만 한다. 이것이 진지하고, 사려 깊고, 정보에 근거하고, 책임 있으며, 최신의 교수 방법에 대한 간단한 상징으로서 최상의 실천이라는 용어를 우리가 수입한 이유이다.[69]

인용문에서 보듯이 저자들은 최상의 실천에 대한 공통의 규준을 지니고 있는 다른 전문직종처럼 교직도 좋은 실천에 대한 공동의 기반을 마련할 수 있어야 한다고 보았다. 다행스럽게도 다양한 교과 영역을 가로질러서 현장 실천가와 이론가들이 산출한 교수 행위에 대한 표준들 간에는 상당한 유사성이 존재한다고 저자들은 보고하고 있다. 저자들이 책의 부제에 표준standards이라는 용어를 사용한 것도 이 때문이다. 예컨대, 교과의 배경에 관계없이 미국의 거의 모든 국가 수준 교육과정 보고서들은 교실수업에서 줄여야 할 것과 늘려야 할 것에 대해 공통된 제안을 하고 있다. 이에 기반하여 저자들이 제시하고 있는 교실수업에서 지양해야 할 바람직하지 못한 수업 실천의 목록을 한번 살펴보자.

- 전체 학생을 대상으로 한 교사 주도적 교실수업(예: 강의)
- 앉아서 정보를 듣고 수용하고 흡수하는 등 학생들이 수동적으로 참여하는 수업
- 교사가 학생들에게 일방적으로 정보를 전달하는 것
- 교실에서 침묵을 보상하고 격려하는 것
- 워크시트, 복사물, 워크북의 빈칸 채우기 등 앉아서 필기하는 데 소비하는 시간
- 교과서나 기초 도서를 읽는 데 학생들이 소비하는 시간
- 모든 주제 영역에서 많은 내용을 교사가 수박 겉핥기식으로 다루는 것
- 사실들과 잡다한 내용을 단순 암기하는 것
- 학교에서 경쟁과 성적을 강조하는 것
- 능력별 집단으로 학생들을 분류하거나 명명하는 것
- 문제 학생들만을 따로 뽑아 특별 프로그램을 부과하는 것
- 표준화된 검사를 사용하고 의존하는 것[70]

이 수업 실천 목록들을 다시 한 번 찬찬히 읽어 보라. 어떤 느낌이 드는가? 한국 교실수업의 일반적인 특징을 모두 뽑아서 친절하게 언급하고 있다는 느낌이 들지 않는가? 교사 연수를 하면서 이 목록 중에서 우리 교실수업의 일반적 특성에 해당하지 않는 것을 찾아보라고 하면 해당이 안 되는 것이 없다고들 반응한다. '지양해야 할 수업'이라는 말 대신에 '한국 교실수업의 일반적 특징'이라고

해도 큰 손색이 없는 목록이라는 것이다. 저자들이 한국 수업을 관찰하고 쓴 것 같다는 착각이 들 정도이다.

그런데 곰곰이 생각해 보면 여기 제시된 수업의 특징들은 근대 산업 사회 초기에 정초된 근대 공교육 체제하의 교실수업의 일반적 특성을 고스란히 반영하고 있다. 우리뿐 아니라 미국과 같은 서구의 나라에서도 오랫동안 이런 수업 방식이 지배적이었던 것이다. 이 점을 확인하는 의미에서 아래 인용된 글을 한번 찬찬히 읽어 보라.

내가 들었던 모든 수업은 거의 예외 없이 단 한 사람(교사)의 활동과 권위를 중심으로 진행되었다. 나를 비롯한 다른 학생들은 그저 실재에 대한 교사의 보고를 가만히 듣거나, 교사가 선택하여 숙제로 내준 다른 권위자들의 보고들을 읽었을 뿐이다. 우리의 임무는 그러한 보고서를 암기해서 시험 때 그대로 옮겨 적는 것이었다. 대부분의 경우 우리가 수업 시간에 할 수 있는 최고 수준의 개인적 참여는, 교사에게 강의 내용이나 읽은 책에 대해 질문하고 대답을 암기하는 것이 전부였다. 토의 시간이 주어지는 수업들도 있었지만, 내가 선생님을 가르칠 수도 있다는, 아니 동료 학생들이라도 가르칠 수 있다는 생각을 해 본 적은 거의 없다. 사실 그렇게 하고 싶은 충동을 느낀 적도 거의 없다. 교실은 독창적 탐구를 위한 장소가 아니라 권위자를 모방하는 자리였고, 협동의 장소가 아니라 학습자들 간의 경쟁의 장소였다.[71]

마치 우리의 학창 시절 경험을 그대로 옮겨 놓은 듯이 보이는 이 글의 저자는 한국 사람이 아니다. 미국의 유명한 기독교 교육학자 파커 파머Parker J. Palmer이다. 그는 학창 시절에 자기가 받은 수업 경험을 이렇게 회고하고 있다. 미국의 교실수업이 훨씬 더 활동 중심이고 개별 학생을 고려하는 수업이라고 생각하는 우리의 상식에 비추어 볼 때 그의 학창 시절 경험이 우리와 거의 똑같다는 사실이 놀랍지 않은가? 그러나 생각해 보면 놀랄 일도 아니다. 교사가 학생들을 대상으로 일률적으로 지식을 전달하는 모델 자체가 산업 사회 초기의 서양 — 더 정확히 말하면 프로시아 — 에서 유래한 것이기 때문이다. 문제는 시대가 바뀌었고 이런 수업이 더 이상은 바람직하지 않다는 것이다. 그리고 서구가 이런 전통적 수업에서 탈피하려는 노력을 일찍 시작한 데 비하여 우리의 경우 아직도 관습화된 전통에 고착화되어 있다는 것이다.

짐멜만은 무엇이 오늘날 요구되는 바람직한 수업 실천인지에 대하여 교수 전문가 집단 사이에 일종의 합의가 존재한다고 말한다. 그것을 최상의 실천이라고 부르든 혹은 다른 이름으로 부르든 이 기준들은 교육 연구와 학습 이론에 의해서 견실하게 뒷받침되고 있으며, 여러 해에 걸쳐서 테스트를 통해서 정련된 것들이다. 짐멜만은 바람직한 수업 실천의 기준들을 전체 13개로 정리하였으며, 이를 '학습자 중심', '인지적', '사회적'이라는 세 가지 범주로 분류하여 다음과 같이 제시하고 있다.

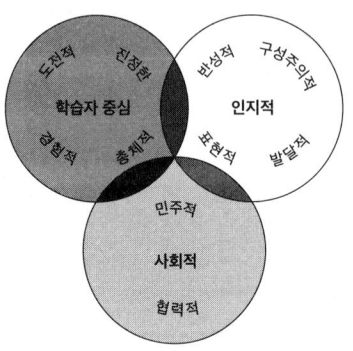

최상의 실천의 원칙들[72]

- **학습자 중심**: 학교 학습의 최상의 출발점은 학습자의 실제적 흥미이다. 모든 교육과정을 통해서 학습자 자신의 질문을 탐구하는 것이 독단적이고 학습자와는 거리가 먼 내용을 공부하는 것에 항상 선행되어야 한다.
- **경험적**: 활동적, 조작적, 구체적 경험은 학습의 가장 강력하고 자연스러운 형태이다. 학습자들은 모든 교과 내용의 가능한 가장 직접적인 경험에 몰입할 수 있어야 한다.
- **총체적**: 학습자는 실제적인 사용과 분리된 하위 부분들을 공부하는 것이 아니라, 유의미한 맥락 속에서 총체적인 아이디어, 사건, 자료를 접할 때 가장 잘 학습한다.
- **진정한**: 실제적이고 풍부하고 복합적인 아이디어와 자료들이 교육과정의 중심에 있어야 한다. 내용을 희석하고, 통제하고, 과도하게 단순화한 수업이나 교과서는 궁극적으로 학습자의 영향력을 약

화시킨다.
- **도전적**: 학습자들은 진정한 도전과 선택들을 직면하고 자신의 학습에 대한 책무성을 지닐 때 가장 잘 학습한다.

- **인지적**: 가장 강력한 학습은 학습자들이 다양한 탐구 분야와 연관된 고차원적 사고를 통해서, 그리고 자신들의 사고에 대한 자기 점검을 통해서 개념들에 대한 진정한 이해를 발달시킬 때 일어난다.
- **발달적**: 학습자들은 일련의 정의할 수 있는 엄격한 단계를 따라 성장한다. 그리고 학교교육은 학습자들의 이런 발달 단계에 맞게 이루어져야 한다.
- **구성주의적**: 학습자들은 내용을 단순히 수용하기만 하지 않는다. 매우 실제적 의미에서 그들은 언어, 문학, 수학 등을 포함해서 그들이 대면하는 모든 인지적 체계를 재창조하고 재발명한다.
- **표현적**: 개념을 완전히 익히고, 의미를 구성하고, 정보를 기억하기 위해서, 학습자들은 모든 종류의 의사소통적 매체 — 말하기, 쓰기, 그리기, 시, 무용, 드라마, 음악, 운동, 미술 — 를 정례적으로 사용해야만 한다.
- **반성적**: 경험 속에 몰입하는 것에 균형을 맞추기 위해서 학습자들은 자신들의 경험에서 느끼고 생각하고 배운 것을 성찰하고, 보고하고, 추상화하는 기회를 가져야 한다.

- **사회적**: 학습은 항상 사회적으로 구성되며, 빈번하게 상호작용적

이다. 교사는 학습을 "촉진scaffold"하는 교실 상호작용을 창조할 필요가 있다.
- 협력적: 협동적 학습 활동은 경쟁적이고 개인주의적인 접근들보다 학습의 사회적 힘을 개발해 준다.
- 민주적: 교실은 모델 공동체model community이다. 학생들은 그들이 학교의 시민으로 살아가는 것을 배워야 한다.[73]

이상 13가지 원리를 음미하며 찬찬히 읽어 보기를 바란다. 교실수업은 학습자 중심이어야 하며 학생들에게 인지적 자극을 주는 도전적인 공간인 동시에 사회적 학습이 일어나는 공간이어야 한다. 이 원리를 읽는 교사들 중에는 제시된 내용들이 다소 추상적이어서 실제 교실에서 어떻게 적용해야 하는지 모호하다고 생각하는 사람들이 있을 것이다. 사실 짐멜만은 책 전체에서 각 교과별로 이 원리들을 구체적으로 적용하는 수업 사례들을 제시하고 있다. 유감스럽게도 저자의 책은 아직 한국어로 번역되어 있지 않다. 다만 핵심 내용이 김영천 교수가 쓴 《교육과정 I》의 제13장 〈구미 교사들이 이야기하는 좋은 수업 방법〉에 실려 있으니 참고하기 바란다.[74]

짐멜만이 제시한 13가지 기준이 교실수업에서 구체적으로 의미하는 바를 좀 더 명확히 하는 의미에서 저자들이 정리했던 미국의 국가 수준 교육과정 보고서들이 공통적으로 제안하는 수업에서 늘려야 할 항목을 소개해 보겠다.

- 경험적, 귀납적, 체험적 학습
- 학습자들이 행동하고 말하고 협력하는 소음과 움직임이 있는 능동적인 수업
- 코칭하기, 입증하기, 모델 되기 등 교사의 더 다양한 역할
- 해당 분야의 핵심 개념과 원리를 학습하는 고차적인 사고의 강조
- 학습자들이 해당 분야의 탐구 방법을 내면화할 수 있도록 적은 수의 주제를 깊이 있게 탐구하기
- 책 전체, 일차 자료, 비소설 자료 등 실제적인 텍스트 읽기
- 목표 설정, 기록하기, 점검하기, 공유하기, 전시하기, 평가하기 등 학습에 대한 책임을 학습자에게 부여하기
- 학습자에게 선택권 부여(예: 읽을 책, 주제 정하기, 팀 파트너, 연구 프로젝트 등에서 선택할 수 있게 함)
- 학교에서 민주주의 원칙을 따르고 실행하기
- 개인 학습자의 정서적 요구와 다양한 인지적 스타일을 고려하기
- 교실을 상호 의존적 공동체로 발달시키는 협력적이고 협동적인 활동
- 개개 학습자의 필요가 분반 형태가 아니라 개별화된 활동을 통해서 충족되는 이질적인 학급 구성
- 일반적인 교실에서 학습자들에게 특별한 도움 제공
- 교사, 학부모, 행정가들의 다양하고 협력적인 역할
- 관찰/일화 기록, 회의 기록, 수행 평가 루브릭과 같이 학습자의 성장에 대한 기술적인 평가에 의존[75]

위에서 제시했던 교실수업에서 줄여야 할 항목과 대비하면서 천천히 읽어 보라. 그리고 이 항목들이 좀 전에 제시한 13개 원리와 어떻게 연관되는지도 생각해 보라. 나아가서 자신의 교실수업 실천을 이 항목들에 비추어 반성적으로 성찰해 보고 작은 변화를 기획해 보는 것도 의미가 있겠다.

독일 학자 마이어의 좋은 수업에 대한 견해

다음으로 힐베르트 마이어의 연구를 살펴보자. 그를 통해 우리에게는 익숙하지 않은 독일어 사용권 학자들의 논의를 살펴볼 수 있다는 점에서도 특별한 의미가 있다. 이 책은 2004년에 독일에서 처음 발간되었는데 마이어는 책을 발간하게 된 계기가 2000년 PISA 결과가 독일에 준 충격과 연관되어 있다고 말한다. 이 테스트에서 독일 학생들이 매우 저조한 성적을 거두자 이를 두고 독일 내에서 치열한 논쟁이 전개되었다고 한다. 이에 대해 마이어는 나쁜 성취 결과에서 수업 개선 방안에 대한 결론을 얻을 수는 없으며, 대신에 좋은 수업에 대한 독자적, 이론적 접근이 필요하다고 판단하고 이 책을 쓰게 되었다고 한다.

그는 경력이 많은 교사와 교육학자들을 대상으로 설문 조사를 하고 여기에 더하여 독일어권 학자의 경험적 수업 연구들을 참조하여 좋은 수업의 특징을 묘사하는 10가지 목록을 도출하였다. 물론, 마이어는 경험적 연구에 전적으로 의존하지 않고 좋은 수업에 대한 규범적인 고려도 포함하여 논의를 전개하였다. 우선 마이어가 개념화한 좋은 수업의 정의를 살펴보자.

> 좋은 수업은 민주적인 수업 문화의 틀 아래서 교육 본연의 과제에 기초하여 그리고 성공적인 학습 동맹Arbeitsbündnis이라는 목표를 가지고 의미의 생성을 지향하면서 모든 학생의 능력의 계속적인 발전에 기여하는 수업이다.[76]

단어들의 뜻을 생각하면서 몇 번 읽어 보기를 권한다. 물론, 독일어를 번역한 말이고 각각의 표현들이 독일 교육학에서 의미하는 함의들을 충분히 알지 못하기 때문에 이해하기가 쉽지 않은 부분도 있다. 예컨대, "의미의 생성을 지향"한다는 말은 독일의 도야 이론적 교육학의 전통을 반영하고 있는 말로 수업이 인지적 지식이나 능력을 얻는 것을 넘어서 판단력을 일깨우고 취미를 형성하고 정신적인 직립보행을 할 수 있게 만드는 것을 포함해야 한다는 의미를 내포하고 있다. "학습 동맹"도 흥미로운 용어인데 마이어는 이를 "교사와 학생이 수업에서 통용될 권리와 의무, 그리고 달성해야 할 성취와 성과에 대하여 교수학적-사회적 계약을 맺는 것"으로 정의하고 있다.[77] 좋은 수업은 온전히 교사의 책임도 온전히 학생의 책임도 아니고 양자의 동맹 관계에 의해서 가능하다는 뜻으로 해석된다. 구미처럼 계약적 전통이 강한 사회에서는 학습 동맹이 때로 교사와 학생 간의 명시적 계약으로 표현되기도 한다. 그

외에 교실이 민주적이어야 한다거나 특정 학생이 아니라 모든 학생들의 능력의 계속적인 성장에 기여해야 한다는 주장에 대해서는 모두가 동의할 것이다.

마이어는 좋은 수업의 특징으로 ① 수업의 명료한 구조화, ② 학습 몰두 시간의 높은 비율, ③ 학습 촉진적인 분위기, ④ 내용적인 명료성, ⑤ 의미 생성적 의사소통, ⑥ 방법의 다양성, ⑦ 개별적인 촉진, ⑧ 지능적인 연습, ⑨ 분명한 성취 기대, ⑩ 준비된 학습 환경이라는 10가지를 제시하고 있다. 그는 이 10가지 특징들이 경험적 증거들에 기초하지만 주로 전통적 수업 중심, 인지적 목적의 학습에 관련된 연구들이기 때문에 방법 학습이나 사회적 능력과 창의성 계발에 적용하는 데는 약간의 한계가 있다는 부연도 하고 있다.

마이어의 연구가 마음에 드는 이유 중 하나는 그가 책의 곳곳에 적어 놓은 명제 내지 비유들 때문이다. 예컨대, [명제 1.1: 혼합림이 단일 경작보다 낫다], [명제 2.9: 많은 길들이 — 전부는 아닐지라도 — 로마로 통한다]와 같은 말들이다. 그는 이런 말을 통해서 좋은 수업이 획일화될 수 없음을 강조한다. 마이어는 개인적으로는 "학생 중심적이고 자신감과 자립성을 강화하는 수업"을 옹호하면서도 "강의식 수업이 본래부터 나쁘거나 모둠 수업이 그 자체로 좋은 것이 아니듯이, 보수적인 교사 중심적 수업이 자동적으로 나쁜 결과를 낳고 열린 수업이 자동적으로 더 나은 결과를 낳는 것은 아니다. 중요한 것은 언제나 거기서 실천적으로 어떤 것을 이루어 내느냐에 달려 있다"라고 말한다.[78] 또, "좋은 수업의 기준들은 모든 수업을 획일화하라고 요구하지 않는다. 효과적인 수업은 개성적인 얼굴을 가지고 있다"라고도 말한다.[79] 어떤 교사는 10가지 기준 중에 어떤 것에 대해 약점을 지니고 있지만 자신이 가지고 있는 고유한 강점으로 그것을 보완하기도 한다는 것이다. 그는 이 점을 [명제 2.10: 좋은 교사는 어떤 특징의 부족을 다른 특징의 강화를 통해서 보완할 수 있다]라는 말로 표현한다.[80]

    나는 전적으로 마이어의 이런 의견에 동의한다. 좋은 수업이 획일화될 수 없다는 것은 좋은 야구 투수의 특질에 비추어 보면 아마 잘 이해가 될 것이다. 빠른 속도로 직구만을 잘 던진다고 좋은 투수가 되기는 어렵다. 야구 투수의 구질 종류는 커브, 슬라이더, 포크볼, 너클볼, 체인지업 등 실로 다양하다. 이런 다양한 구질을 잘 구사할 수 있어야 더 좋은 투수이다. 타자의 특성을 잘 분석하여 약점을 공략할 수 있는 적절한 볼 배합 능력을 갖추었다면 금상첨화이다. 그렇다고 투수가 주먹구구식으로 던지지는 않는다. 투수의 투구 내용은 실시간으로 기록으로 환산되며 좋은 투수는 이런 기록에 바탕하여 끊임없이 자신의 구질을 연마하고 과학적으로 전략을 연구해야 한다. 어쩌면 좋은 수업도 이런 것이 아닐까 한다.

    한편 마이어는 "수업은 매우 복잡하며, 서로 경쟁하면서 부분적으로는 이율배반적인(서로 모순 관계를 드러내는) 요청과 구조들이 하나의 전체로 묶여 있는 것으로 볼 수 있다"라고 언급하면서 서로 경쟁하는 요청들 사이에서 균형 잡기가 중요하다고 말한다.[81] 예컨대, 수업을 명료하게 구조화하는 것은 개별 학생을 배려하면서 학습 촉진적인 분위기를 조성하는 것과 갈등을 일으킬 수 있다. 쉽게 말하자면 10가지 기준들도 한 방향을 지향하고 있는 것은 아니며 하나를 추구하는 것이 다른 기준과 모순 관계에 놓이는 경우가 종종 있다. 따라서 좋은 교사는 통제와 자유 사이의 균형, 자기 주도적 학습과 협동 학습 간의 균형, 개인의 학습 조건과 관심을 도야적 요청과 조화시키는 일 등 다양한 요소 사이에서 균형을 유지할 수 있어야 한다고 보았다. [명제 4.3: 전문적 교사는 수업과 교육에서 등장하는 경쟁적인 요구들을 균형 잡는 데에 능숙한 사람들이다]라는 표현은 교사의 이런 능력을 잘 나타내고 있다.[82] 즉, 좋은 교사는 수업에서 직면하는 여러 딜레마들을 민감하게 인지하고 상충하는 요구들을 잘 조절해 낼 수 있는 전문가이다.

마이어는 규범적인 입장과 경험적 연구를 통합하여 좋은 수업의 일반적 특성을 제시하면서도 이러한 특성들 간의 갈등과 딜레마 또한 놓치지 않는다. 동시에 교사들이 일반적인 교육학적 지식과 실천에 대한 이해를 바탕으로 각자의 교실에 적합한 관점을 스스로 만들어 갈 것을 권고하고 있다. 나는 이런 마이어의 견해가 특정 이론이나 실천을 기계적으로 따르는 경향이 강한 한국의 현장에 주는 메시지가 적지 않다고 본다.

좋은 수업에 대한 개별 이론을 위하여

짐멜만과 마이어의 좋은 수업에 대한 제안은 높은 유사성을 지니고 있다. 적어도 영어권과 독일어권에서 좋은 수업에 대한 견해에는 상당한 정도의 합의가 존재한다고 결론을 내릴 수 있겠다. 그리고 좋은 수업 실천이 연구와 연구 공동체의 합의에 기반해야 한다는 데도 의견을 같이하고 있다.

그러나 다소 흥미로운 차이도 확인할 수 있다. 짐멜만은 언급하고 있지 않지만 마이어는 '지능적인 연습'이라는 말을 통해서 반복 학습이 지니는 중요성에 대해서도 언급하고 있다. 또, 좋은 수업이 지니는 특징들이 서로 간에 갈등하고 경쟁한다는 사실을 통해서 '수업 딜레마'라는 다소 낯설지만 교사의 일상에서 매일 경험하는 실존적 현실에도 관심을 기울일 수 있도록 해 준다. 적어도 내 입장에서는 마이어의 주장이 훨씬 더 풍부한 생각거리를 제공해 주는 셈이다.

마이어의 말대로, 모든 길이 다 로마로 통하지는 않으나 많은 길이 로마로 통한다. 이 말은 수업 실천이 교사의 주먹구구식 시행착오에 의존해서는 안 됨을 의미한다. 동시에 교사의 수업 실천이 하나의 보편적 원칙을 기계적으로 따르는 것도 아님을 의미한다. 수업의 질은 동료들과의 공동 작업에 기반을 두되, 공통의 협의와 개인의 자유 사이의 적절한 균형 속에서 더 잘 확보될 수 있다. 마이어의 권고대로 교사들은 일반적인 이론을 바탕으로 하되 반성적 실천가로서 반성과 숙고를 통해서 좋은 수업에 대한 개별 이론을 만들 수 있어야 한다. 그래서 마이어는 "효과적인 수업은 개성적인 얼굴을 가지고 있다"고 말한 것이 아닐까.

글을 마무리하기 전에 마이어가 책을 쓰게 된 계기 중 하나가 PISA 결과에서 독일 학생들이 낮은 성적을 보인 것과 관련이 있다는 점을 다시 상기해 보자. PISA는 Programme for International Student Assessment의 약어로 OECD가 의무교육 종료 단계에 있는 15세 학생을 대상으로 읽기, 수학 교육, 과학 교육, 문제 해결 능력 등을 조사하기 위해서 3년마다 실시하는 시험이다. 국제 비교를 통해 교육 방법을 개선하고 표준화된 점수를 통해서 학생들의 성적을 연구하는 것을 목적으로 하고 있다. 이 시험은 마이어가 좋은 수업에 대한 책을 집필한 계기를 제공할 만큼 각 나라의 교육을 평가하고 교육 정책의 방향을 결정하는 데 막강한 힘을 행사하는 지표이다. 공교롭게도 내가 여기서 소개하고 있는 학자들의 나라인 미국과 독일은 이 PISA 시험에서 맥을 못 추고 있다. 반면에 한국은 최고 수준의 성적을 내고 있다. 물론 학습 흥미도에서 한국이 꼴찌를 맴돈다는 점도 잘 알려진 사실이다.

그런데 마이어의 책을 읽으면서 흥미로웠던 것은 그가 좋은 수업에 대한 여러 연구들을 정리하고 제시하면서 결론 부분에서 '이렇게 하면 PISA 시험 성적이 올라간다'는 식의 한국의 참고서나 수험서에 등장할 법한 멘트를 전혀 하지 않고 있다는 사실이다. 독일이라는 나라의 분위기를 반영하고 있는 것이 아닌가 한다. PISA

시험이 아무리 고급 시험이라고 해도 짧은 시간 동안 개별 학생들이 시험지를 읽고 문제를 해결하는 전통적인 시험의 한계를 뛰어넘을 수는 없다. 한국 교사와 학교 나아가서 학부모들은 좋은 수업의 결과를 스스로 어떤 지표로 평가할까? "좋은 수업은 모든 학생의 능력과 계속적인 발전에 기여하는 수업이다"라는 마이어의 정의를 곰곰이 생각해 보자. 그리고 교육적 성취의 결과를 좁은 범위의 시험으로 측정하려는 우리의 고질병을 성찰하고 좋은 수업과 짝을 이룰 수 있는 좋은 평가 방법에 대한 고민도 한층 심화시켜 가야 하지 않을까?

'거꾸로교실',
간단하면서도 혁신적인
교실 개혁의 아이디어

사람들이 가르치고 배우는 양태는 아주 긴 역사적 관점에서 보면 대개 기술이나 공학에 의해서 결정된다고 볼 수 있다. 문자가 발명되기 전에는 구술을 통해서 교육이 이루어졌다. 문자 도입 이후에는 글 쓰는 행위가 중요한 교수-학습 행위로 등장한다. 그렇지만 종이의 대량 생산이나 편리한 인쇄술이 보급되기 이전까지 인류의 주된 학습 형태는 여전히 구술과 낭송에 의존하였다. 우리에게 익숙한 근대 교실의 모습은 칠판과 분필의 발명에 크게 의존하고 있다. 그리고 이제 우리는 첨단 기기와 공학의 도움으로 근대 교실을 넘어서는 새로운 교습의 형태를 향해서 나아가고 있다.

그러나 긴 역사적 관점에서 기술과 공학이 교수-학습의 양태를 결정한다는 말이 곧 기술과 공학이 모든 것을 결정한다는 기술결정론을 의미하지는 않는다. 새로운 기술과 공학을 어떻게 사용할지는 항상 사람들의 생각과 관습에 의해서 영향을 받는다. 예컨대, 라디오, TV, 컴퓨터, 스마트폰, 인터넷 등을 교실에서 어떻게 활용할 것인가는 공학 그 자체가 결정하는 것이 아니라 그것을 사용하는 사람들의 사고방식과 행위 패턴에 의해서 결정되는 경우가 훨씬 더 많다. 결국 기술과 공학은 가능성을 제공해 줄 뿐이며, 그 가능성을 어떻게 교육적으로 활용할 것인가는 교육에 종사하는 사람들의 창조적 역량에 의해서 좌우된다는 이야기이다.

새로운 교육 공학의 도입과 한계

이 점과 관련하여 우리 교육은 지난 몇십 년 동안 쉴 새 없이 진보해 온 기술과 공학을 교육적으로 잘 활용하기 위해서 많은 노력을 해 왔다. 김대중 정부 시기 교단 선진화 기기의 도입에서 시작하여 인터넷이 연결된 컴퓨터의 보급, 그리고 최근 여러 학교에서 시범 실시되고 있는 스마트 교실에 이르기까지 이 분야에서 한국은 세계를 선도하는 나라 중에 하나일 것이다. 그럼에도 불구하고 매우 아쉬운 대목은 이런 새로운 기술과 공학들을 교사의 역할과 어떻게 조화시킬 것인가에 대한 깊은 논의나 고려가 부족하였다는 점이다. 그러다 보니 새로운 기기들은 교사들을 도와주고 새로운 교육의 가능성을 열어 주기보다는 교사들의 전통적인 역할을 위협할 수 있는 존재로 인식되곤 한다.

한두 가지 예를 들어 보자. 컴퓨터와 연결된 인터넷은 엄청난 교육적 활용 가능성을 지닌다. 그리고 인터넷은 교육 현장에서 아주 다양하게 활용되고 있다. 그러나 한국적 입시 문화 속에서 인터넷을 학교보다 더 효과적으로 이용한 사람들은 아마도 입시 교육을 담당하는 사설 학원들일 것이다. 소위 '인강(인터넷 강의)'으로 불리는 명강사들의 강의는 수많은 교실에서 수업하는 이름 없는 교사들의 수업과 대비되면서 학생들이 학교교육에 대한 불신과 불만을 갖도록 하는 데 기여하였다. 새로운 기기가 가져다준 교육적 가능성은 사설 학원에 의해 보다 효율적으로 활용됨으로써 비교 열위에 놓인 공교육 교사들의 설 자리를 그만큼 좁혀 놓은 것이다. 사실 이런 악역은 사설 학원만 한 것이 아니다. 사교육을 축소시킨다는 명목으로 실시되고 있는 EBS의 수능 대비 방송도 얼마간 유사한 역할을 수행하고 있다.

좀 성격이 다르기는 하지만 새로운 공학이 제공하는 가능성을 교사의 역할과 어떻게 조화시킬 것인가에 대한 상상력의 부족으로 생겨나는 문제는 입시 교육과는 다소 거리가 먼 초등교육에서도 관찰할 수 있다. 초등학교 교사들은 평균 열 과목 정도를 가르친다. 따라서 전 과목을 모두 익숙하게 가르치기는 쉬운 일이 아니다. 국어나 수학은 잘 가르치지만 음악에는 재능이 없는 교사도 있다. 그 역도 때로 존재한다. 그런데 2000년대 초반부터 등장한 '티나라'는 수업에 유용한 멀티미디어 자료를 다양하게 제공하면서 초등 교사들의 이런 고민들을 많이 해결해 주었다. 예컨대, 티나라를 따라가면 어느 정도 수업이 해결되는 것이다. 현재는 티나라에 이어 '아이스크림'이라는 교사용 콘텐츠 서비스 사이트를 초등 교사들 대부분이 사용하고 있다.[83] 그런데 이렇게 현실적으로 많이 사용되는 온라인 교과 자료들을 연구 수업 장면에서는 찾아보기 어렵다. 수업은 교사가 무엇인가를 직접 준비해 가르쳐야 한다는 생각 때문에 초등 현장을 지배하다시피 하는 아이스크림이 규범적 이상을 추구하는 연구 수업에서는 잘 등장하지 못하는 것이다.

위에서 예로 든 인강과 아이스크림의 경우는 얼핏 전혀 다른 상황 같지만 곰곰이 생각해 보면 유사한 측면을 지니고 있다. 두 경우 모두 새로운 기술이나 공학이 열어 놓은 가능성을 교사의 역할과 어떻게 결합시킬 것인가에 대한 상상력의 부족으로 생겨나는 문제라고 볼 수 있다. 우리는 흔히 기술이나 공학이 교사의 전통적인 역할을 좀 더 효율적으로 달성하는 데 도움이 되는 도구라고 생각한다. 그러나 이러한 생각은 일방향적인 것이다. 기술이나 공학이 열어 놓은 가능성은 교사의 전통적인 역할을 보조하는 데 그치지 않는다. 그것은 때로 교사의 역할 자체를 숙고하고 재구조화하도록 요구한다. 예컨대, 교사가 교실의 앞에 서서 끊임없이 지식을 전수하는 모델은 산업화 시대의 기술과 공학 수준에서 요구되던 방식이다. 그러나 새로운 기술과 공학이 열어 놓은 가능성은 때로 새로운 교사의 역할을 잉태하고 있다. 우리 주변에 등장한 많은 전자 기기와 인터넷, 무선 통신들은 수많은 지식과 정보를 종횡무진 결합시켜서 실시간으로 제공함으로써 지식의 독점적인 공급원으로서의 교사의 역할을 상당한 정도로 축소시켰다. 그런 강의가 필요한 경우에도 인터넷을 통해서 유명 강사들의 강의를 거의 무제한으로 접할 수 있다. 이런 상황이라면 교실수업에서의 교사의 역할은 재조정될 필요가 있다. 전통적인 교사의 역할에 고착화되어 있을 경우 새로운 공학은 교사의 현재적 지위를 위협하는 존재로 다가올 수밖에 없다. 인강과 대비하여 경쟁력 없는 자신을 한탄하거나 아이스크림의 예처럼 일상적으로 그것을 활용하면서도 그것을 규범적으로 정당화하지 못하고 괴로워하는 상황이 발생하는 것이다.

'거꾸로교실'이라는 새로운 발상의 시작

이 점에서 '거꾸로교실Flipped Classroom'은 새로운 과학기술이 제공하는 가능성을 교실수업과 창의적인 방식으로 결합함으로써 공교육 교실의 전통적 딜레마를 해결하는 동시에 과학기술을 교육적으로 활용한 좋은 예라고 할 수 있다. 거꾸로교실은 미국에서 시작된 것으로 보인다.[84] 1990년대부터 미국의 몇몇 대학을 기반으로 조금씩 실험되기 시작하였다. 이 방법이 지니는 가능성을 대중적으로 풍부하게 보여 준 초기 사례는 세계적인 지식 공유 사이트인 '칸 아카데미www.khanacademy.org'를 운영하고 있는 살만 칸Salman Khan의 경우라고 할 수 있다. 논의를 다소 단순화하기 위해서 살만 칸의 예를 중심으로 거꾸로교실에 대해서 우선 간략히 설명해 보고자 한다.

살만 칸의 드라마틱한 이야기는 수학 공부에 좌절감을 느끼는 열두 살 사촌 동생을 가르치는 작은 이야기에서 시작된다. 칸은 보스턴에 살고 동생은 뉴올리언스에 살았기 때문에 직접 만나서 가르칠 수가 없어 칸은 가르칠 내용을 비디오로 찍어서 유튜브에 올리기 시작했다. 이 과정에서 칸은 동생이 실제의 칸보다 유튜브로 만나는 가상의 칸을 더 좋아한다는 점을 발견했다. 이유를 생각해 보니 학습자의 입장에서 보면 자기가 원하는 시간에 원하는 만큼 여러 번이고 반복해서 볼 수 있기 때문이다. 이렇게 유튜브에 동영상을 올리기 시작하자 곧이어 다양한 곳에서 고맙다는 반응이 오기 시작했다고 한다. 예컨대 '당신의 비디오를 보고 미분을 푸는 것이 이렇게 재미있음을 처음 느끼게 되었다'와 같이 학습에 대한 즐거움을 표현하는 반응이 쏟아져 들어왔다고 한다. 이때까지도 칸은 자기의 동영상이 혼자 공부하는 사람이나 홈스쿨링을 하는 사람들에게 주로 도움이 되지 공교육의 교실수업에 특별한 영향을 끼칠 것이라고 생각하지 못했다고 한다. 그런데 예상치 않게 미국의 많은 교사들로부터 칸의 비디오를 활용하여 수업을 하고 있다는 반응이 오기 시작한 것이다. 교사들은 칸의 비디오를 어떻게 활용하는가? 칸이 살펴보니 자신의 비디오를 집에서 학생들이 보고 오도록 숙제를 내고 학교에서는 그것을 응용하는 활동을 하더라는 것이다.

이것이 바로 '거꾸로교실'인 것이다. 칸은 공교육 현장에서 자신의 비디오가 활용되는 것을 보면서 새로운 과학기술이 낡은 산업화 시대의 교실을 바꾸어 놓을 수 있는 가능성을 발견하였다. 학생들의 흥미, 적성, 이해의 정도와 관계없이 모든 학생들에게 똑같은 내용을 가르치는 방식 대신에 학생 개개인이 자신의 진도를 스스로 결정하면서 교사와 일대일의 관계를 맺는 새로운 교실의 모습 말이다. 칸은 이러한 새로운 교실이야말로 학습을 인간화시키는 것이라고 보았다. 사촌 동생에게 수학을 가르치는 것에서 출발했던 칸의 여정은 2008년 칸 아카데미 창립으로 이어지고 '빌 & 멜린다 게이츠 재단' 등 여러 재단으로부터 후원을 받으면서 세계인을 위한 무료 '평생교육의 장'으로 발전해 가고 있다. 그리고 다양한 공립학교와도 연계되어 공교육의 혁신에도 기여하고 있다. 어떻게 보면 역사적 우연이라고도 볼 수 있는 칸의 거꾸로교실 실험은 그 후 아주 짧은 기간에 미국의 다양한 곳에서 다양하게 실험되고 있다. 칸의 이야기를 더 자세히 알고 싶으면 또 하나의 세계적인 지식 공유 사이트인 테드[TED]에서 칸의 강의를 꼭 보기를 바란다.[85] 칸이 지은 책도 《나는 공짜로 공부한다》[86]라는 제목으로 번역 소개되었다. 관심이 있으면 일독을 권한다.

    교실 바깥에서 출발한 칸과 달리 교실수업의 난점으로부터 거꾸로교실의 아이디어에 도달한 이들도 있다. 대표적인 사람들이 콜로라도주 우드랜드 파크 고등학교의 교사 조나단 버그만[Jonathan Bergmann]과 아론 샘즈[Aaron Sams]이다. 2006년, 이들은 같은 학교에서 화학을 가르치는 교사로서 상호 협력하면서 전통적인 강의식 수업의 문제점을 함께 논의하였다. 수업 시간에 설명할 내용이 너무 많아서 학생들을 개별적으로 도와줄 여유가 없다는 것이 이들의 딜레마였다. 수업 시간의 대부분을 교사의 강의가 차지하니 학생들이 실험이나 활동을 통해서 화학을 배울 수 있는 시간을 확보하기 어려웠다. 학생들은 학생들대로 수업을 어렵고 지겹게 생각했다. 또 교사의 설명을 한 번 놓친 학생들은 따라잡지를 못했다. 부족한 내용을 과제로 부과할 경우에 고등학교 수준의 화학을 도와줄 수 있는 사람이 있을 턱이 없는 대부분의 학생들은 집에서 혼자 과제를 수행하지 못했다. 그것은 고스란히 학습 결손의 누적으로 이어졌다.

이런 딜레마에 대해 고민하던 두 교사는 우연한 계기로 거꾸로교실이라는 발상의 전환을 하게 된다. 강의와 과제를 뒤바꾼 것이다. 즉, 교실에서 교사가 전달할 내용은 동영상을 찍어서 집에서 보게 하고 교실에서는 학생들과 다양한 활동을 하는 아이디어이다. 이 단순한 전환은 예상치 않은 엄청난 효과를 가져왔다. 두 교사는 강의로 전달하는 시간을 획기적으로 줄임으로써 관심이 필요한 학생을 개별 지도하거나 모둠별 협동 학습을 하는 데 수업 시간을 훨씬 더 많이 할애할 수 있게 되었다. 거꾸로교실이라는 이 단순한 아이디어를 통해 버그만과 샘즈는 그들 스스로가 말하듯이 "뜻하지 않게 이제껏 꿈조차 꾸지 못했던 근본적인 교실 혁신을 가능하게 만드는 일에 발을 들여놓게 되었다."[87] 그들은 현재 거꾸로교실을 실행하는 교사들에 의한, 교사들을 위한 비영리 조직인 거꾸로배움네트워크Flipped Learning Network의 창립위원으로 거꾸로교실의 아이디어를 전 세계적으로 전파하는 열정적인 활동가로 활약하고 있다.

이들은 자신들의 고등학교에서 거꾸로교실을 적용한 경험을 바탕으로 2012년 《Flip your classroom》이라는 책을 썼으며 이 책은 《당신의 수업을 뒤집어라》라는 제목으로 한국에 번역 소개되었다.[88] 그 후 거꾸로배움네트워크에 속한 수많은 교사들과 함께 실천한 결과를 바탕으로 2014년에 《Flipped Learning: Gateway to student engagement》라는 책을 집필하였으며 이 책은 또한 《거꾸로교실 - 진짜 배움으로 가는 길》이라는 제목으로 2015년에 한국에 번역 소개되었다.[89]

21세기 교육혁명 - 미래 교실을 찾아서

한국에서 거꾸로교실을 사회적 이슈로 부각시킨 것은 KBS 다큐멘터리 파노라마 팀의 '21세기 교육혁명 - 미래 교실을 찾아서' 시리즈이다. 나는 개인적으로 이 기획이 참 고맙고 반가웠다. 한국 교실과 학교 변화에 대한 매우 혁신적이면서 현실적인 모델을 제공하는 계기가 되었기 때문이다. 이 프로그램을 기획한 KBS의 정찬필 피디는 거꾸로교실이라는 아이디어를 2013년 한 다국적 기업이 주최한 국제 교육 컨퍼런스에 참석하면서 접하게 되었다고 한다.

그리고 이 단순하면서 명쾌한 발상의 전환이 한국 교실을 바꿀 수 있다는 확신을 가지고 다큐멘터리 제작에 착수하였다. 학계에서 별다른 주목을 하지 않을 때인 2013년에 정찬필 피디는 직관적 확신을 가지고 하나의 실험에 들어간다. 2013년 8월부터 6개월 동안 부산교육청의 협조를 얻어서 거꾸로교실 실험을 진행한 것이다. 부산의 초·중등 교사들이 참여한 6개월간의 실험 결과는 놀라웠다. 이 실험을 관찰도 하고 자문도 한 이민경 교수의 논문에 의하면 거꾸로교실은 참여형 수업으로의 변화를 통해서 교사와 학생의 상호작용 방식을 변화시키며, 또래 관계의 유의미한 변화를 가져오고, 학생들의 성적과 학습 태도에도 변화를 가져온다. 연구에 참여한 많은 학생들에게 학교는 견뎌 내야 하는 곳에서 재미있을 수도 있는 곳이며, 경쟁과 적자생존이 아닌 소통과 협력을 통한 상호 성장을 경험할 수 있는 공간으로서의 가능성을 보여 주었다. 교사들에게도 거꾸로교실은 수업 방법의 변화를 통해서 교육 현실의 변화가 가능함을 보여 주는 효능감 향상의 계기로 인식되었다.[90] 필자 또한 이 다큐멘터리의 자문 교수로 실험 현장을 자주 방문하고 실험 과정을 모니터링하였는데 6개월의 짧은 실험을 통해서 한국 교실의 고질적인 문제가 해소될 수 있는 가능성을 발견할 수 있었다.

2013년 말 '21세기 교육혁명 – 미래 교실을 찾아서'의 3부작이 방송된 후 현장의 반응은 폭발적이었다. 이 교수 방법에 고무된 교사들이 자발적으로 모여 미래교실네트워크 futureclass.net 라는 교사

모임을 출범하였다. 여기에 더하여 '거꾸로교실의 마법'이라는 페이스북 그룹도 활동하고 있다. 현재 이런 모임에서 활동하는 교사의 숫자는 수천 명에 달한다. 그리고 이들의 활동은 다시 2015년 3월부터 '거꾸로교실의 마법 - 1,000개의 교실'이라는 4부작 다큐멘터리(〈거꾸로교실 바이러스〉, 〈꼴찌들의 반란〉, 〈수업의 진화〉, 〈정글탈출〉)로 제작되어 방송되었다. 앞으로 거꾸로교실은 공영 방송에서 출발하여 현장으로 거대하게 확산되는 교실 개혁 실천 운동으로 발전되어 갈 것이다. 그리고 아마도 이 운동이 성공한다면 공영 방송과 현장 실천이 결합된 최초의 학교 현장 개혁 운동으로 그 역사적 자리매김을 하게 될 전망이다.

거꾸로교실, 강력하고 혁신적인 대안

한국의 대부분의 학교 개혁 운동이 그러하듯이 거꾸로교실의 경우에도 열렬한 지지자가 있는가 하면 관망하는 사람도 있다. 또 유행을 탄다는 사실만으로 거부 반응을 보이는 사람도 있다. 이와 관련하여 내 입장부터 밝히면 나는 거꾸로교실에 대한 상당한 지지자이다.

물론, 거꾸로교실이 잘못 적용되어 비교육적인 효과를 낼 가능성도 존재한다. 예컨대, 교사가 마냥 동영상 자료만 틀어 주거나 학생들에게 학습에 대한 책임을 전적으로 전가하는 자습식 수업이 될 우려가 있다. 교사가 동영상을 재미없게 만들거나 교실 활동을 잘 구안하지 못하면 지식 전달도 학생 주도적 활동도 모두 놓치는 우를 범할 수도 있다. 거꾸로교실이 지니는 교수-학습 패러다임의 변화에 대한 깊은 성찰이 없을 경우 지식 전달을 위한 효과적인 도구로 동영상이 반복적으로 활용됨으로써 새로운 수업이 아니라 시대에 뒤떨어진 한국식 공부 방식을 오히려 강화시킬 우려도 있다. 나는 이런 우려들에 대해 일정 부분 공감한다.

그러나 거꾸로교실이 제공하는 가능성은 이런 우려들을 극복할 만큼 크고 풍부하다. 그래서 나는 제목에서 이미 밝혔듯이 거꾸로교실이 한국 교실을 바꾸는 가장 강력하고 현실적이며 혁신적인 시도 중 하나라고 판단한다. 그렇게 생각하는 이유를 이념적 패러다임 차원과 현실적 실현 가능성 차원으로 나누어서 논의해 보겠다. 우선, 거꾸로교실은 그 방법 자체에 교육이 지향하는 패러다임의 변화를 내재하고 있다. 즉, 표준적인 지식이 존재하고 그것을 표준화된 방법에 의해서 학생들에게 일률적으로 전달할 수 있다고 생각하는 낡은 패러다임을 거꾸로교실은 간단히 전복한다. 물론 거꾸로교실은 지식 획득이라고 하는 전통적인 공부를 무시하지 않는다. 우리는 창의적 사고를 위해서도 많은 지식을 필요로 한다. 그런데 거꾸로교실에서 학생들은 온라인 멀티미디어 자료를 통해서 기본적인 지식을 반복적으로 보고 숙달할 수 있다. 이 점에서 수업을 한 번 놓치면 따라가지 못하는 전통적 강의식 수업보다 비교 우위에 있다.

다시 강조하지만 오늘날 학습의 핵심은 전달되는 지식의 획득 자체에 있지 않다. 그 지식을 바탕으로 질문하고 토론하고 사고하고 협력적으로 탐구하는 경험이 학습에서 더 중요하다. 거꾸로교실은 21세기 학습에서 핵심적인 이런 활동들이 교실에서 실제로 일어나는 것을 가능하게 한다. 거꾸로교실의 개념 자체가 교실이 그런 학습 공간이어야 함을 이미 상정하고 있다. 거꾸로교실은 교실 안에서 일어나야 할 활동과 교실 밖에서 일어나야 할 활동을 시공간적으로 명료하게 분할함으로써 내용과 활동 양자가 동시에 일어나게 하면서도 면 대 면 교실 상황에서는 좀 더 중요한 개별 혹은 협력적 활동에 학생들이 더 많이 더 자주 참여할 수 있도록 해 준다.

이 점에서 거꾸로교실은 학교에서 공부가 이루어지는 공간을 '교실' 혹은 '강의실'이라고 부르는 낡은 관습을 전복한다. 교실이나 강의실이라는 말은 가르치는 활동이 우위에 있는 근대 이래의 교육학의 낡은 전통을 반영하는 용어이다. 그러나 거꾸로교실은 간단한 아이디어의 전환을 통해서 '교실' 혹은 '강의실'을 '학습실' 혹은 '학습 스튜디오'에 훨씬 가까운 모습으로 탈바꿈시킨다.

당연히 교사의 주된 역할 또한 내용 전달이 아니다. 학습자들이 스스로 혹은 협력적으로 학습에 참여할 수 있도록 수업을 디자인하는 것이 더 중요한 교사 역할이 된다. 전달해야 할 내용의 상당 부분을 교실 바깥에 배치시킴으로써 교사들은 내용을 전달하는 데 빼앗겼던 시간을 확보하여 학습자의 개별적 혹은 협력적인 학습을 기획하고 실행하는 데 더 많이 사용할 수 있다. 이를 통해 개별 학습자의 학습 경험에 대한 정보를 모으고 이를 분석하고 해석하여 더 나은 학습을 촉진하는 데 필수적인 정보도 더 많이 축적할 수 있다.

이제 현실적 실현 가능성 차원을 살펴보자. 어떤 수업 개혁이나 혁신이 성공적으로 정착하고 확산되기 위해서는 현재의 방법보다 생산적일 뿐 아니라 교사와 학생 모두에게 이득이 되어야 한다. 이 점에서도 거꾸로교실은 상당한 강점을 지니고 있다. 우선 교사의 경우부터 생각해 보자. 거꾸로교실이 기존의 교사의 노동에다가 동영상과 같은 온라인 자료를 제작해야 하는 부담을 또 하나 증가시킬 것이라는 우려가 있다. 물론 처음 동영상을 제작하려면 여간 번거로운 일이 아니다. 그러나 일단 동영상을 제작하는 데 익숙해지고 나면 생각보다는 그렇게 많은 시간이 소요되지 않음을 곧 깨닫게 될 것이다.

장기적인 노동 시간의 효율성 차원에서 비교하자면 동영상을 제작하여 활용하는 것이 교사의 노동 시간을 오히려 줄여 줄 뿐 아니라 교사의 시간 자체를 더 교육적인 목적에 맞게 재조정할 수 있도록 해 준다. 한 교사가 동일한 수업 내용을 여러 반에서 계속 가르쳐야 하는 중등학교의 경우에 이런 노동 시간 단축의 효과는 훨씬 더 분명하다. 아주 예전 이야기이기는 하지만 내가 교사를 할 때 한 단위의 수업을 무려 열한 반에서 진행했던 기억이 있다. 똑같은 내용을 11번이나 반복했던 다소간 끔찍했던 기억이 아직도 남아 있다. 이런 극단적인 경우는 아니라 하더라도 현재의 중등 교사들도 동일한 내용을 여러 반에서 반복적으로 가르쳐야 하는 어려움을 여전히 안고 있다. 그런데 전달해야 할 핵심 내용을 동영상으로 제작하여 학생들이 시청하도록 하는 상황을 상정해 보자. 동일한 일을 반복하는 교사의 노동 강도를 줄일 수 있다. 게다가 내용 전달에 몰두하는 시간을 모둠이나 개별 학습자를 돌보는 데 할애할 수 있으니 훨씬 더 교육적으로 시간을 쓸 수 있다.

나는 여기서 거꾸로교실이 교사의 기존 노동 강도를 줄여 주거나 최소한 더 강화시키지 않는다는 점을 강조하고자 한다. 과잉 노동 사회 속에 포획되어 있는 우리들은 교사들에게도 은연중에 더 많은 노동을 끊임없이 강요한다. 교실 변화나 학교 개혁을 이야기할 때 교사가 지금보다 더 많이 노력하고 헌신해야 한다는 전제를 암묵적 혹은 명시적으로 가정하는 것이다. 그러나 이런 헌신이나 봉사의 이데올로기에 대해서는 다시 생각해 보아야 할 점이 있다. 물론 게으른 교사도 있고 교사가 지금보다 노력하고 헌신해야 하는 영역도 분명히 존재한다. 그러나 교사의 노동 시간을 증가시키지 않고 노력의 방향을 재조정하거나 유기적인 협력을 강화함으로써 더 나은 효과를 낼 수 있다면 그것이 더 바람직하고 권장할 만한 일이 아니겠는가? 거꾸로교실은 그런 현실적 가능성을 풍부하게 지니고 있다. 한편 중등 교사와 달리 동일한 수업을 반복하지 않는 초등 교사들의 경우는 어떨까? 상대적으로 동영상 제작으로 인한 노동 시간의 절약 효과가 중등 교사보다 적은 것은 사실이다. 그러나 초등은 동학년 모임이라는 상당히 좋은 교사 네트워크를 학교 문화 속에 지니고 있다. 이를 활성화하여 상호 협력적으로 동영상을 제작하면 큰 도움이 될 것이다.

나아가서 온라인 멀티미디어 자료 제작의 주체가 굳이 교사일 필요도 없다. 물론 교사가 자신의 학생들을 위해서 비디오나 멀티미디어 자료를 제작하면 친밀감으로 인해서 학생들이 훨씬 더 재미있게 자료를 시청할 수 있다. 그러나 칸 아카데미의 경우에서 보듯이 시청각 자료는 개별 교사의 차원을 넘어서서 다양하게 제공될 수 있다. 예컨대, EBS와 같은 공영 방송이나 교육청 혹은 정부 차원에서 체계적으로 자료를 개발하여 제공하는 것을 고려해 볼 수 있다. 다만 지금의 수능 방송과 같이 자기 완결적인 방송이 아니라 학급에서의 활동을 보조하는 목적으로 제작되어야 할 것이다.

다음으로 거꾸로교실은 학생들에게도 이득이 된다. 칸의 사촌 동생이 왜 실제의 칸보다 동영상 속의 칸을 더 좋아한다고 했는지를 상기해 보자. 교사들은 자신이 교실에서 쏟아 내는 정보가 얼마나 많고 때로 그 속도가 얼마나 빠른지 잘 알지 못한다. 내용의 위계성이 분명한 교과의 경우 한 번 정신을 딴 데 팔면 영영 낙오자가 되기 쉽다. 그러나 거꾸로교실의 경우는 다르다. 학습자들은 교사의 강의를 아무런 선택권도 없이 혹시라도 놓칠까 봐 긴장하면서 듣는 대신에 자신이 심리적으로 편한 환경에서 원하는 시간에 얼마든지 반복해서 시청하면서 교과의 핵심 내용에 접근할 수 있다. 그러니 학생들에게도 얼마나 큰 유익인가? 그것도 자신을 잘 아는 교사가 제작한 친절한 동영상이라면 그 효과는 훨씬 더 배가 될 것이다. 여기에 더하여 교실에서는 지겨운 강의를 듣는 대신에 동료 학생들과 흥미 있는 활동을 풍부하게 경험할 수 있다. 그러니 KBS 다큐멘터리에서 보듯 거꾸로교실이 자신의 인생에서 가장 극적인 경험이라고 말하는 아이들이 생겨나는 것이다.

거꾸로교실을 시작하는 교사들을 위하여

정찬필 피디가 번역한 《거꾸로교실 - 진짜 배움으로 가는 길》을 보면 거꾸로교실이 교사들의 실천 경험을 바탕으로 진화해 가는 모습을 볼 수 있다. 이 책에서 저자들은 "거꾸로교실"과 "거꾸로배움"을 구분하고 있다. 책의 해당 부분을 인용해 보겠다.

보통 사람들이 알고 있는 거꾸로교실이란 학생들이 수업 영상을 집에서 보고 기존의 과제(학습지, 문제 풀이, 단원 평가)들을 교실에서 하는 것이다. 우리는 이를 '거꾸로교실 기본형' 버전이라 부른다.[91] '거꾸로교실 기본형'은 출발점이지, 목표나 멈춰야 할 지점이 아니다. 교사가 직접 강의하는 시간을 전체 배움 공간에서 개별 배움 공간으로 옮기는 일은 앞으로의 여정을 위해 대단히 중요하지만, 그 자체가 종착점이 될 수는 없다. (……) 거꾸로배움이란 대체 무엇일까? 우리는 람시 무살람Ramsey Musallam(www.cyclesoflearning.com)의 연구에서 빌려 온 '거꾸로배움네트워크' 단체의 정의를 좋아한다.

"거꾸로배움이란 전달식 강의를 전체 배움 공간에서 개별 배움 공간으로 옮기고, 그 결과 남겨진 전체 배움 공간을 역동적이고 서로 배움이 가능한 환경으로 바꾸는 교육 실천이다. 거꾸로배움에서 교사는 학생들이 학습 주제와 관련하여 개념을 적용하고, 창의적으로 참여할 수 있게 안내한다."[92]

여러분들은 이 구분이 다소 낯설지 모르겠다. 그러나 나는 책을 읽어 가는 동안에 거꾸로교실을 실천하는 교사들의 고민이 진화하는 경로가 자연스럽게 머릿속에 그려졌다. 거꾸로교실을 처음 시작하는 교사들이 직면하는 초기 고민은 어떻게 동영상을 만드느냐에 집중된다. 동영상을 만드는 기법을 익히는 것, 동영상을 잘 만드는 것, 학생들이 미리 동영상을 보고 오게 훈련하는 것, 동영상을 보고 오지 않은 학생들을 수업에 끌어들이는 것 등 교사의 고민은 동영상을 중심으로 맴돈다.

그러나 시간이 지나면 이 고민은 해결된다. 그런데 이 문제가 해결될 즈음에 교사는 또 하나의 큰 산을 만나게 된다. 강의가 더 이상 필요 없어진 교실수업 시간을 무엇으로 채울 것인가 하는 막막한 고민과 마주하게 되는 것이다. 교사는 이제 자신의 설명을 필요로 하지 않는 낯선 수업 시간과 씨름해야 한다. 그리고 학생들과 면 대 면으로 마주하는 이 시간에 의미 있는 학습이 일어나도록 만들어야 한다. 아마도 많은 교사들이 이 단계에서 더 큰 도전에 부딪힐 것이다. 이런 경험과 고민을 나누는 동안에 거꾸로배움 네트워크 교사들은 "거꾸로교실"과 "거꾸로배움"을 개념적으로 구분하게 되었으리라. 결국 "거꾸로배움"은 "교실에서 학생들과 마주하는 시간을 가장 잘 활용하는 방법은 무엇인가" 하는 단 하나의 질문the one question에 성실하게 답하는 과정에서 생겨났다.

나는 한국에서 거꾸로교실이 전개되는 과정을 보면서 한국 교사들도 이와 유사한 고민의 경로를 거쳐서 자신의 수업을 개선해 감을 느끼고 관찰할 수 있었다. 한국 교사들도 처음에 동영상을 만드는 번거로운 일에서부터 시작한다. 그 고민이 어느 정도 해결되고 나면 많은 교사들은 종국적으로 '학생들과 면 대 면으로 마주하는 시간을 가장 잘 보내는 방법은 무엇인가'라는 버그만과 샘즈가 "단 하나의 질문"이라고 명명한 사태와 만나게 된다. 그리고 이 사태에 진지하게 대답해 가는 동안에 자신의 교실이 놀랍게 변화되는 것을 경험한다. 이 과정에서 거꾸로교실이라는 아이디어는 개별 학습, 협동 학습, 토론 학습, 문제 해결 학습, 프로젝트 학습 등 다양한 학습과 결합하면서 전통적인 교실을 변화시키는 마법을 만들어 낸다.

참, '마법'이라는 말을 사용하였으니 한마디 사족을 다는 것으로 글을 마무리할까 한다. 마법이란 말은 KBS의 후속 다큐멘터리 '거꾸로교실의 마법 - 1,000개의 교실'에서 선택한 언어이다. 방송을 보고 있으면 실제로 거꾸로교실이 교실을 변화시키고 무기력한 교사를 깨우고 학생들의 공부뿐 아니라 인생을 변화시키는 기적 같은 사례들을 볼 수가 있다. 한마디로 마법이다. 그러나 이 마법이 당신의 교실에서 하루아침에 일어나기를 기대하는 것은 금물이다. 동시에 거꾸로교실이 모든 문제를 해결하는 만병통치약일 수도 없다. 독일의 교육학자 힐베르트 마이어가《좋은 수업이란 무엇인가?》라는 책에서 "지나치게 많은 방법적 다양성에 대해서 경고할 이유는 전혀 찾을 수 없다"라고 하면서 좋은 수업은 한 가지 방법일 수 없음을 강력하게 언급한 바가 있음도 상기할 필요가 있다.[93]

그런데 그 점을 고려해 볼 때도 거꾸로교실은 더 매력적이다. 거꾸로교실은 한 가지 정형적인 수업 방식이 아니기 때문이다. 오히려 당신의 교실에서 아이들과 만나는 시간을 어떻게 사용하는 것이 가장 좋은지를 생각하라는 엄청나게 수준 높은 요구에 답하는 과정이 거꾸로교실, 나아가서 거꾸로배움의 시공간을 창출한다. 그것은 방법적으로 매우 다양하고 다채롭다.

나는 나를 포함해서 이 글을 읽는 교사 독자 모두가 이런 거꾸로교실의 마법을 경험할 수 있기를 희망한다. 물론 모든 실천은 성공의 월계관을 우리에게 그다지 쉽게 허용하지 않을 것이다. 그러나 헤매고 실패한다고 기죽거나 포기하지 말기를 바란다. 이미 한국의 많은 교사들이 기적의 마법을 만들어 내는 경험들을 오늘도 생산해 내고 있으며 탄탄한 교사들의 협력적 네트워크가 당신에게 많은 도움을 줄 수 있을 것이다. 거꾸로교실, 나아가서 거꾸로배움은 특별한 마법이 아니라 "학생들과 면 대 면으로 마주하는 시간을 가장 잘 보내는 방법은 무엇인가"를 평생에 걸쳐 고민해야 하는 교사들이 익혀야 하는 즐거운 마술이 아닐까?

서양 근대
혹은 동아시아형 교육을
넘어서기

좋은 수업이란 학습자에게 의미 있는 '배움'이 일어나도록 조력하는 활동이다. 나는 지금 '배움'이라는 용어를 사용했지만 우리 문화에서 학생이 무엇인가를 습득하는 것을 가리키는 보편적인 말은 '공부'라는 단어이다. 최근에 우리 교육 현장에서는 수업 혁신과 관련하여 공부보다는 배움이라는 말을 더 많이 사용하는 경향이 있다.

그 이유는 사토 마나부의 영향 때문으로 보인다. 사토 마나부는 '공부의 시대는 가고 배움의 시대가 왔다'고 말한다. 그는 일본 교육을 포함하여 동아시아 교육 시스템이 파탄에 직면했다고 진단한다. 동아시아 교육이 상당한 유사성을 공유하고 있으므로 그의 주장에는 경청할 점이 많다. 동아시아 교육은 서구 근대 교육을 모방하는 압축적 근대화를 경험했다. 이제 압축적 근대화 모델은 한계에 직면해 있다. 그리고 우리는 새로운 교육 모델을 창출해야 하는 과제를 안고 있다. 동아시아 교육이 서양 근대 교육의 모방이라는 점에서 새로운 교육 모델은 서양 근대를 넘어서는 것이어야 한다. 사토 마나부의 동아시아형 교육의 종언에 대한 주장에서 출발하여 서양 근대를 넘어서는 새로운 공부 방식이 지향해야 할 바를 생각해 보자.

공부 시대의 끝 = 동아시아형 교육의 종언

사토 마나부는 《배움으로부터 도주하는 아이들》에서 "동아시아형 교육의 종언"에 대해서 말한다.[4] 그는 "세계에서 가장 열심히 공부하던 일본의 아이들이 왜 세계에서 가장 공부하지 않는 아이들로 전락해 버린 것일까?" 하고 묻는다. 그는 질문에 답하기 위해 일본뿐 아니라 동아시아 교육 전체를 끌어들인다. 사토 마나부가 보기에 일본을 포함한 동아시아형 교육의 근대화는 많은 것을 공유하고 있다. 압축적 근대화, 경쟁 교육, 산업주의 교육, 중앙집권적 관료주의적 통제, 강렬한 내셔널리즘, 교육의 공공성 부족 등이 그것이다. 사토 마나부가 언급한 현상들은 추가적 설명이 필요하지 않을 정도로 우리에게도 익숙하다. 특히 압축적 근대화, 경쟁 교육, 공공성 부족 등은 우리 교육의 문제를 그대로 드러낸다.

동아시아 국가는 교육의 목적을 국가의 번영과 함께 경쟁을 통한 개인의 사회 이동에 두었다. 국익 중심의 국가주의와 이기적인 개인 경쟁은 동아시아형 교육의 압축된 근대화의 양 축이었다. 이 구조 속에서 탈락해 버리는 것이 교육의 공공성이다. 왜냐하면 공공권은 본래 국가와 개인의 중간 지대인 사회권society, 그중에서도 자립한 개개인이 서로 원조·협력하는 협동사회association를 기반으로 하여 성립되는 것이기 때문이다. (……) 교육의 공공성이 국가에 흡수되어 온 것과 공교육이 개인주의적·이기주의적으로 의식되는 것은 일본의 이야기만이 아니라 동아시아 나라의 특징 중 하나이기도 하다.[95]

이어서 그는 압축적 근대화 모델이 상정하고 있는 공부의 시대가 끝났다고 선언한다.

압축된 근대화가 추진되는 동안 학교교육을 통해 대부분의 아이들이 부모보다도 높은 교육력敎育歷을 획득할 수 있었고, 부모보다 높은 사회적 지위를 획득할 수 있었다. 그런 상황에서는 학교와 교사에 대한 신뢰도 높고 학습 의욕과 노력 또한 최대한으로 발휘된다. (……) 그러나 압축된 근대화가 종언을 맞이하자 그 파탄이 한꺼번에 드러났다. 이제 대다수의 아이들은 학교교육을 통해 부모보다 높은 교육력을 획득할 수도, 부모보다 높은 사회적 지위를 획득할 수도 없다. 학교는 일부의 '성공팀'과 다수의 '실패팀'을 가르는 장치로 변모했다. 학교는 많은 아이들에게 실패와 좌절을 체험하는 장소가 되어 버렸다.

이 전환으로 인해 학교와 교사에 대한 신뢰도도 학습 의욕과 노력도 세계 제일의 수준에서 순식간에 세계 최저 수준으로 전락한다. '공부'의 시대는 끝난 것이다.[96]

사토 마나부가 진단한 일본 학교 현장의 모습은 한국에서도 동일하게 관찰되고 있다. 미국과 유럽이 2~3세기에 걸쳐 서서히 이룩한 교육 근대화를 일본은 1세기 동안에 달성하였다. 그에 비해 한국은 50년 만에 달성하였다. 그만큼 압축적 근대화 모델의 부작용도 훨씬 더 극적인 모습으로 한국 교육에서 관찰되고 있다.

압축적 근대화 모델이 지배하는 교실의 양상

압축적 근대화 모델이 그 유용성을 상실했음에도 불구하고 여전히 사라지지 않고 있는 한국 교실수업의 기본 구조는 어떤 모습일까? 나는 우리 교실 모습을 전달 중심의 정합적 체계라고 명명한 적이 있다.[97] 이 체계 내에서는 교실수업을 구성하는 네 가지 핵심 요소가 톱니처럼 잘 맞물려서 돌아간다. 이 핵심 요소는 [객관적 지식으로 채워져 있는 교과서 - 지식 전달자로서의 교사 - 지식 수용자로서의 학생 - 지식 전달 정도를 평가하는 객관식 시험]의 네 가지이다. 중앙집권적 관료주의 전통이 강한 동아시아형 교실에서 교실수업의 내용과 방법은 표준화된 교과서에 의해 거의 결정된다. 교과서는 중앙정부에 의해 국정이나 검인정의 형태로 발행된다. 이런 제도는 교과서 내용을 엄격하게 통제하려는 중앙정부의 의도와 깊이 관련되어 있었다. 그러나 정치적 의도보다 훨씬 심층에 존재하는 또 다른 측면에도 주목할 필요가 있다. 그것은 근대 교육이 상정하는 지식에 대한 특정한 가정이다. 그것은 바로 객관적인 지식관이다. 근대 교육은 인간의 주관과 독립된 객관적인 지식이 존재한다는 생각 위에 성립했다. 교과서는 그런 객관적인 지식을 수록하고 있다고 간주된다. 그 결과 오랫동안 교과서는 논박 불가능한 진리를 담고 있는 일종의 성전처럼 취급되었다.

이렇게 객관적인 진리를 담고 있다고 가정되는 교과서가 주어지면 어떤 형태의 수업이 이루어질까? 당연히 전달 중심의 수업이다. 교사는 교과서의 충실한 전달자의 역할을 맡는다. 교사에게 주어진 역할은 교과서의 지식을 가능한 한 잘 구조화하여 학생에게 전달하는 것이었다. 따라서 교사에게 기대되는 것은 교과서의 내용을 가능하면 빨리 효율적으로 전달하는 방법 전문가로서의 역할이었다. 교사들에게는 교과서를 스스로 해석하고 재구성할 수 있는 권리가 충분히 보장되지 않았다.

교사가 객관적 지식을 열심히 전달하는 상황에서 학생에게는 어떤 역할이 기대될까? 당연히 순응적 지식 수용자로서의 역할이다. 존 로크 John Locke가 빈 서판 Tabula rasa이라고 말한 것처럼 학생들의 머리는 백지 상태로 간주된다. 학습은 백지 상태의 학습자의 머릿속에 교과서의 지식을 새겨 넣는 것에 다름 아니다. 당연히 수업 시간에 학생들이 가장 많이 하는 활동은 교사의 설명을 듣고 필기하고 암기하는 활동이다. 이런 학습 방식을 통해 교과서 속의 객관적 지식은 학습자의 머릿속으로 이동했다.

톱니바퀴를 마감하는 마지막 장치는 객관식 시험이다. 객관식 시험은 교과서의 지식이 교사라는 컨베이어 벨트를 통해 학습자에게 성공적으로 전달되었는지를 측정한다. 당연히 학습이 이루어졌는지를 평가하는 기본 단위는 개별 학습자이다. 학습자 개인의 머릿속에 얼마나 많은 지식이 전달되었는지를 측정하는 것이 수업의 최종적 성공을 판단하는 기준이기 때문이다. 그리고 객관식 시험에서 높은 성적을 받는 학생들은 우수한 학생들로 인정받는다. 자연스럽게 학습은 개인들 간의 경쟁이라는 특성을 지니게 된다. 이 경쟁에서 우수한 성적을 올리면 경쟁이 지배하는 사회 구조 속에서 상층부에 진입할 가능성이 커진다. 이런 구조 속에서는 협동적이고 집단적인 학습은 별로 권장되지 못한다. 개인을 넘어서는 집단적 학습이 지니는 유용성이 인정되지 않는 것이다.

서양 근대 교육의 극복: 객관적 지식 습득을 넘어서는 공부

이제 시대적 유용성이 소진되어 가는 객관적 지식 전달 중심의 교육은 사실 동아시아의 고유한 전통은 아니다. 이는 서양도 마찬가지이다. 인류는 오랜 역사 동안에 공부에 대한 다양한 사색과 실천들을 만들어 왔다. 시대마다 무엇이 공부인지에 대한 독특한 사유와 실천 방식이 존재하였으며 그것은 계속해서 변화해 가고 있다. 우리가 지금 당연하게 여기는 현재의 공부 방식은 대체로 서양 근대의 산물이다. 간명하게 표현하면 객관적 지식이 존재하고 학습자가 그것을 습득하는 것이 공부라는 생각이다. 이런 공부에 대한 개념은 오늘날 너무나 당연시되기 때문에 우리는 다른 '공부'의 개념이 존재한다는 것도 떠올리기 어렵다. 학교교육에 대한 비판도 이런 '공부'의 개념을 전제한 상태에서 주로 그 방법이나 효율성을 문제 삼는다. 예컨대, 사실을 일방적으로 전달하는 주입식 교육을 비판하고 탐구 학습이나 발견 학습을 강조하는 것은 객관적 지식 습득 자체가 공부라는 사고에는 도전하지 않는다. 그러나 긴 역사의 안목에서 보면 객관적 지식 습득으로서의 공부는 한 시대의 특수한 사고방식과 실천에 불과하다. 따라서 우리는 과거부터 현재까지 다양하게 존재하는 공부에 대한 생각들을 활용하여 그 유용성이 소진되어 가는 서양 근대 교육, 그리고 그 심층에 전제되어 있는 공부에 대한 관념을 넘어설 수 있다.

새로운 공부의 개념을 정립하기 전에 우선 "객관적 지식 습득 = 공부"라는 생각부터 비판해 보자. 크게 두 가지 점에서 이 낡은 생각을 비판해 보려고 한다. 하나는 현대 인식론의 관점에서 볼 때 객관적 지식 자체가 성립하기 어렵다는 점이다. 다른 하나는 객관적 지식 습득이 공부라는 생각 뒤에 호기심과 지배욕과 같은 비윤리적 동기가 숨어 있어서 공부를 많이 하면 할수록 비윤리적 결과가 생겨날 위험성이 높다는 것이다.

첫째, 객관적 지식의 존재 가능성에 대한 인식론적 비판이다. 쉬운 주제가 아니지만 가능한 한 쉽게 설명해 보겠다. 객관적 지식이 존재하려면 우선 인식 주체와 인식 대상이 서로 독립적으로 존재해야 한다. 즉, 인식 주체와 관계없이 인식 대상이 저기 바깥에 존재한다. 그리고 인식 주체가 미신, 편견, 잘못된 이데올로기 등에 오염되지 않은 눈으로 바깥 세계에서 일어나는 일을 투명하게 재현하였을 때 우리는 그것을 객관적 지식이라고 부른다. 여기서 진리의 문제는 인식 주체가 바깥 세계를 얼마나 투명하게 재현할 수 있는지로 결정된다. 철학에서는 이를 '대응설'이라고 부른다.

서양 근대의 사상가들은 대체로 이런 객관적 지식을 획득할 수 있는 방법이 합리적인 연역이나 경험주의적 증명 혹은 양자의 결합으로 가능하다고 보았다. 엄밀한 논리와 반복적인 증명을 통해서 편견 없이 누구나 동의할 수 있는 객관적 지식에 도달할 수 있다는 것이 서양 근대의 인식론이자 지식관이다. 근대 교육은 이런 인식론과 지식관 위에서 작동한다. 이것이 학교교육에서 수학과 과학이 중심적 위치를 차지하는 이유이기도 하다. 수학은 논리적 연역 능력을 학습하는 데, 과학은 경험적인 증명 능력을 훈련하는 데 더없이 좋은 과목이기 때문이다.

수학과 과학은 객관적 지식을 학습할 수 있는 능력을 길러 주는 교과라는 점에서 그 자체로 가치 있게 여겨질 뿐 아니라 실용적인 의미에서도 중시되었다. 수학과 과학을 공학에 응용하여 물질문명의 놀라운 도약이 가능해졌기 때문이다. 서양 제국은 수학과 과학으로 상징되는 객관적 지식을 바탕으로 자연을 정복하고 다른 대류을 힘으로 압도할 수 있었다. 이런 역사적 배경 때문에 근대 학교교육 또한 학습자들에게 객관적 지식을 가능한 한 많이 전수하는 것을 목표로 운영되었다. 객관적 지식을 많이 얻는 것은 자연과 사회를 통제할 수 있는 힘을 얻는 것으로 간주되었기 때문이다. 늦게 출발하여 서양 근대를 따라 배워야 했던 동아시아 국가의 학교들이 교실에서 속도전에 방불할 정도로 지식 전달에 치중하는 것도 이런 시대적 배경하에서 제대로 이해할 수 있다.

그러나 현대의 인식론은 객관적 지식 자체가 존재하기 어렵다는 데 대체로 동의한다. 인식 주체가 인식 대상을 있는 그대로 재현하는 것은 불가능하다. 지식은 인식 주체의 바깥에 발견되기를 기다리면서 객관적으로 존재하는 것이 아니라 사람들 사이의 상호작용과 합의에 의해서 사회적으로 구성된다는 것이 현대 인식론의 대세이다. 이 말은 물론 저기 바깥에 있는 물리적 실재를 부정할 수 있다는 뜻은 아니다. 해석이라는 의미의 그물망을 통과하지 않고 직접 물리적 실재에 가닿는 것은 불가능하다는 뜻이다. 철학자 로티Richard Rorty는 "세상은 저기에 있지만 그 세상에 대한 기술은 그렇지 않다"라는 말로 이 점을 간명하게 요약하였다.[98]

이제 지식은 발견의 문제라기보다는 구성의 문제로 변하였다. 객관적 지식에 대한 신념이 약화되고 지식이 사회적 구성물이라는 인식이 보편화되면서 공부의 의미에도 중요한 변화가 생겨나고 있다. 물론 누군가가 미리 발견해 놓은 객관적 지식을 가능한 한 많이 전수받거나 혹은 학습자가 직접 그 발견 과정을 경험하는 것이 공부라는 관념을 완전히 부정하기는 어렵다. 그러나 하나의 공동체로서 공동의 지식을 구성해 가는 사람들의 지식 구성 행위를 이해하고 그것을 비판적으로 성찰할 수 있는 능력이 더 중요하게 부각되고 있다. 지식이 사회적 합의의 문제라면 서로 경합하는 지식, 즉 세계에 대한 다양한 해석 중에 어느 것이 더 나은 것인지 통찰하는 일이 매우 중요해진다. 이것은 우리를 객관적 지식의 미몽으로부터 벗어나 더 나은 지식을 향한 해방적 탐구로 나아갈 수 있게 해 준다. 또한 지식을 구성하는 인간 공동체의 윤리적 책무성에 눈을 돌릴 수 있도록 해 준다.

둘째, 객관적 지식을 추구하는 것이 공부라는 관념은 윤리적 차원에서도 문제시된다. 우리는 더 많은 지식을 가진 사람이 더 비윤리적인 경우를 자주 목격한다. 무엇이 문제일까? 파커 파머는 객관적 지식을 추구하는 것 자체가 윤리적 차원에서 문제가 될 수 있음을 논변한다. 파머는 지식이 가치중립적이라고 보지 않는다. 지식은 자체적인 도덕성을 가지며 인간 영혼 내부에 있는 열정의 장소에서 시작한다. 지식은 그 열정이 무엇이든지 간에 열정의 발사대를 출발하여 일정한 코스를 따라 정해진 목표를 향해 나아간다. 따라서 지식을 출발시킨 열정이 무엇인지가 중요하다. 파머는 근대의 지식을 출발시킨 원천은 호기심과 지배욕이라고 주장한다. 호기심에서는 대개 순수 이론처럼 지식 자체가 목적인 지식이 나오고, 지배욕에서는 응용과학처럼 실용적 목적을 위한 수단으로서의 지식이 나온다. 그런데 인간의 호기심은 유익할 수도 있지만 때로는 대상을 죽이기도 한다. 호기심은 도덕과 무관한 열정으로서 알고자 하는 욕구를 방해하는 어떠한 지시도 거부하려 든다. 과학자들이 인류 전체를 멸망시킬 수도 있는 핵에너지나 생물학 실험에 종사하는 것은 호기심에 의해서 추동되는 지식의 위험성을 명료하게 드러낸다. 한편, 인간은 힘에 미혹되는 존재로서 지배욕을 가진다. 지배욕은 도덕과 무관할 뿐만 아니라 부패하기 쉽다. 근대 자연과학이 제공한 힘이 서구 열강에 의해서 어떻게 제국주의적 지배욕으로 구현되었는지를 우리는 20세기의 역사를 통해서 수도 없이 목격한 바가 있다. 파머는 호기심과 지배욕은 우리의 앎 이면에 자리한 열정으로 함께 결합되어서 우리를 생명이 아닌 죽음으로 이끄는 지식을 낳는다고 주장한다."

파머의 말을 음미해 보면 왜 서양 근대 지식관에 터한 공부를 많이 하면 할수록 더 비윤리적으로 되기 쉬운지를 이해할 수 있다. 인간의 가공할 힘이 지구 전체를 멸망시킬 수도 있는 위기의 시대에 필요한 공부는 호기심과 지배욕에 의해 추동되는 지식을 향한 공부가 아니다. 인간의 윤리적 책무를 자각하고 타자와 세계에 대한 배려와 공감과 소통이 가능한 새로운 공부여야 한다.

21세기에 필요한 새로운 공부 방식은 무엇일까?

파커 파머는 호기심과 지배욕에 터한 객관적 지식 교육의 비도덕성을 별도의 윤리교육으로 교정하는 것은 불가능하다고 말한다.

그리고 비윤리적 발사대에 위치한 객관적 지식 교육 자체를 변화시켜야 한다고 주장한다. 그는 기독교 신자답게 '사랑에서 발원하는 지식'을 대안으로 제시한다.[100] 인식 주체가 호기심과 지배욕에 의해 지식을 추구하는 것이 아니라 자신과 이웃과 세계 전체에 대한 관심과 사랑에 터하여 진리를 추구해야 한다는 것이다. 이러한 파머의 주장은 서양 근대 교육의 공부 방식에 대한 근본적인 비판이라고 할 수 있다. 그러나 교실수업의 구체적인 공부 방식의 변화에 적용하기에는 다소 추상적이다.

구체적인 교실수업의 변화를 염두에 두고 논의를 진행하고 있는 사토 마나부의 견해로 다시 돌아가 보자. 그는 공부와 배움을 대비시키면서 다음과 같이 말한다.

> 공부의 세계는 아무도 만나지 않고 아무것에도 부딪치지 않고 스스로를 깨닫지 못하는 세계이며 쾌락보다 고통을 존중하고 비판보다는 순종을, 창조보다는 반복을 중시하는 세계였다. 공부의 세계는 장래를 위해 현재를 희생하는 세계이며, 그 희생의 대가를 재산이나 지위, 권력에서 찾는 세계였다. 지금의 아이들은 이러한 공부 세계의 바보스러움을 잘 알고 있다. 이에 반해 배움의 세계는 대상이나 타자, 그리고 자기와 끊임없이 대화하는 세계이다. 자기를 내면에서부터 허물어뜨려 세계와 확실히 끈을 엮어 가는 세계이다. 고독한 자기 성찰을 통해 사람들의 연대를 쌓아 올리는 세계이다. 또는 보이지 않는 땅으로 자신을 도약시켜 거기에서 일어난 일을 자신의 것으로 연결시

키는 세계이다. 그리고 스스로의 행복을 위해서뿐만 아니라 행복으로 이어지는 많은 타자와 함께 행복을 탐구해 가는 세계이다.[101]

사토 마나부는 공부에서 배움으로 나아가기 위해서는 세 가지 과제가 교사들에게 요구된다고 말한다. "첫째는 '사물이나 사람이나 일'과의 만남과 대화에 의한 '활동적인 배움'을 실현하는 일이다. 무엇과도 만나지 않고, 어느 것과도 대화하지 않고, 오직 교사의 설명을 듣고 칠판과 교과서를 읽고 이해하며 기억하는 지금까지의 공부를 넘어서서 도구나 소재나 사람으로 매개된 '활동적인 배움'을 교실에서 실현할 필요가 있다. 둘째, 타자와의 대화를 통해서 '협동적인 배움'을 실현하는 일이다. 타자를 필요로 하지 않는 개인주의적 특성을 지니는 공부 대신에 개인과 개인이 서로 부딪쳐 가며 만나는 협동적인 배움의 실현이야말로 공부로부터 배움으로의 전환을 추진하는 일이 될 것이다. 셋째, 지식이나 기능을 획득하여 축적하는 '공부'로부터 탈피하여 지식이나 기능을 실현·공유하여 음미하는 '배움'을 실현하는 일이다."[102] 사토 마나부가 주장하는 바는 패러다임의 전환이 요구되는 시절에 교실수업이 나아가야 할 방향을 간명하고 적절하게 표현하고 있다고 생각한다. 공부의 방향이 전달에서 대화로 전환되어야 한다는 것도 매우 적절한 지적이다. 실천 현장에 대한 오랜 관찰을 바탕으로 현장에서 활용할 수 있는 구체적인 지침의 형태로 주장하는 바를 표현하는 것 또한 그의 큰 강점이다. 그런데 나는 한국에서 배움의 공동체 운동이 수업 변화에 적용되는 모습을 관찰하면서 이 구체성이 때로 문제를 야기함을 발견할 수 있었다. 사토 마나부의 주장은 사실 구체적인 지침과 추상적인 원리 모두를 내포하고 있다. 그런데 그의 주장을 구체적인 지침으로만 받아들이면 모든 수업을 맥락과 관계없이 획일화시키는 우를 범하게 된다. 예컨대, 수업의 주제나 내용과 관계없이 모든 교실수업에 모둠 학습을 도입하라는 식으로 흘러갈 위험성이 있다. 그 점에서 사토 마나부가 제시한 배움을 위한 세 가지 과제는 수업의 큰 흐름을 정하는 추상적인 원리로 받아들이는 것이 더 타당하다. 추상적인 원리는 군사 용어로 표현해 보자면 전쟁 전체의 방향을 정하는 전략이다. 개별 전투라고 할 수 있는 한 시간 한 시간의 수업은 이 전략 내에서 훨씬 다양하고 풍부하게 변형될 수 있다. 그런 다양한 수업을 적절하게 구사할 수 있는 힘이 교사의 전문성이다. 앞의 〈좋은 수업이란 무엇인가?〉라는 글에서 언급했듯이 "전문적 교사는 수업과 교육에서 등장하는 경쟁적인 요구들을 균형 잡는 데 능숙한 사람"이어야 한다.

"습관 없이 사는 습관"을 익히는 새로운 학습

글을 마치기 전에 동양적 전통에서 공부의 의미, 나아가서 오늘날 필요한 공부의 의미에 대해서 잠깐 생각해 보고자 한다. 앞에서 사토 마나부는 "공부"에서 "배움"으로 나아갈 것을 주장한다. 여기서 우리말로 번역된 '공부'의 일본어 한자는 "공부工夫"가 아니

라 "벤쿄勉强"이다. 배움은 일본어의 "나라부学ぶ"를 우리말로 번역한 것이다. 즉, "공부"에서 "배움"으로는 "勉强"에서 "学ぶ"로 전환해야 한다는 뜻이다. 우리와 일본의 공부에 대한 한자어가 다름으로 인해 다소간 오해가 발생한 것이다. 참고로 공부와 관련하여 한·중·일은 서로 다른 한자어를 사용하고 있다. 한국어의 "공부工夫" 혹은 "공부하다"에 일치하는 일본어는 "勉强" 혹은 "벤쿄스루勉强する"이다. 이에 비해서 중국어는 "니엔수念書"가 이에 대등한다. 철학자 김용옥에 의하면 이 세 가지 단어는 모두 영어의 "to study"를 번역한 말이다. 동양 삼국의 영어 번역어가 일치하는 경우가 많은데 "to study"의 번역어는 삼국이 다르다. 당연히 내포하는 의미에도 차이가 있다. 일본어의 "勉强"는 "억지로 힘쓰다"라는 뜻으로 공부라는 것이 억지로 해야 하는 괴로운 것이라는 의미를 정직하게 내포하고 있다. 반면에 중국어의 "念書"는 "책을 읽는다"라는 의미를 내포하고 있다. 김용옥은 우리나라가 중국과 일본과 달리 "공부"라는 번역어를 사용한 것은 옛날부터 내려오는 공부의 의미를 보존하고 계승하려고 했기 때문이라고 해석한다.[103]

그렇다면 '공부'의 전통적인 의미는 무엇인가? 공부라는 말의 역사적 용례를 통해 김용옥은 ""工"은 "功"의 약자이고 "夫"는 "扶"의 약자이다. "工夫"는 "功扶"를 의미한다. 무엇인가를 열심히 도와서扶 공功을 성취한다는 뜻이다. 우리가 흔히 쓰는 "성공한다"라는 말도 단순히 "출세한다"는 뜻이 아니라 구체적으로 "공을 성취한다"라는 뜻이다. "공을 이룬다成功"는 말을 신체의 단련을 통하여 어떤 경지를 성취한다는 뜻으로 해석하면 한국인의 다양한 무술적 성취야말로 공부의 한 전형을 보여 주는 것"이라고 말한다.[104]

즉, 전통적인 공부는 오늘날 "to study"의 번역어로서 사용하는 '공부'와는 상당히 다른 의미를 지녔다. 서양 번역어로서의 공부가 주로 머리로 하는 것이라면 전통적 공부는 몸을 단련하는 것이다. 김용옥은 이런 공부의 용례가 그리스 철학에서 덕德을 의미하는 아레떼arete — 칠예七藝의 모든 방면에서 한 인간이 신체적·정신적 단련을 통하여 달성하는 탁월함 — 와 거의 같은 의미를 지닌다고 말한다.[105] 이런 전통적 의미를 생각하면 '공부'라는 말을 쉽사리 폐기 처분해서는 안 된다는 데 생각이 미친다. 공부의 의미에 대한 김용옥의 설명을 좀 더 따라가 보자.

공부는 몸Mom을 전제로 한다. 몸이란 정신Mind과 육체Body의 이분법적 분할을 거부하는 인격 전체를 말하는 것이다. 공부란 몸, 그 인격을 닦는 것이니, 그것이 곧 "수신修身"이다. 선진고전의 "신身"이라는 글자는 "심心"을 포섭한다. 공부는 몸의 디시플린을 의미한다. 몸의 단련이란 몸의 다양한 기능의 민주적 균형을 말하는 것이다. 또한 어느 부분의 기능도 그 탁월함(아레떼)에 도달했을 때 가치상의 서열을 부여할 수 없다. 개념들의 연역적 조작에 영민한 학생이 수학을 탁월하게 잘하는 것이나 운동선수가 탁월한 신체적 능력을 발휘하는 것이나 음악성이 뛰어난 학생이 악기를 다루는 뛰어난 솜씨를 발휘하는 것이나, 이 모든 것을 동일한 가치의 "공부"로서 인정해야 한다. 어떠

한 경우에도 학생은 "몸"이라는 우주의 총체적 조화로운 관리를 소홀히 해서는 아니 된다.[106]

이런 동양 고유의 공부의 전통에서 위기에 처한 공교육을 교정할 수 있는 지혜를 얻을 수 있지 않을까? 적어도 전통적 동양의 공부는 서양 근대의 공부와 매우 다르다는 점은 분명해 보인다. 역사가 단선적으로 발전한다는 낡은 진보의 관념에 갇히지 않는다면 동양뿐 아니라 서양의 다양한 공부의 전통들을 복원하고 현재적으로 발화하는 사고들도 활용하면서 공부의 관념을 새롭게 재구성하는 것이 가능할 것이다.

물론, 공부의 새로운 양태는 전통적 공부의 단순한 복원일 수는 없다. 예컨대, 변화가 극심한 오늘날은 몸을 단련하는 공부도 옛날과 다른 차원을 획득해야 한다. 학습하여 몸에 각인된 것을 새로운 현실에 맞게 벗겨 내고 다시 채울 수 있는 유연한 몸이 필요하기 때문이다. 이와 관련하여 사회학자 지그문트 바우만은 '3차 학습'이라는 것을 주장한다. 그에 의하면 3차 학습이란 "규칙성을 깨는 방법, 습관으로부터 자유로워지고 습관화를 막는 방법, 조각의 경험들을 이리저리 꿰맞춰 지금까지는 없었던 생소한 유형을 새로 만들고 다른 모든 유형들은 '잠정적으로'만 수용 가능한 것으로 취급하는 방법"을 배우는 것이다.[107] 그는 "포스트모던 시대 사람들이 삶에서 성공할지(그리고 합리적인 삶을 살지) 여부는 새로운 습관을 얼마나 빨리 습득하느냐보다 기존의 습관을 얼마나 빨리 떨쳐 버리느냐에 달려 있다. 그보다 더 좋은 최고의 방법은 아예 유형화하는 행위를 하지 않는 것이다. '3차 학습'을 통해 배우는 습관은 습관 없이 사는 습관을 익히는 것이다"라고 말하고 있다.[108]

약간 어려운 개념일지 몰라 예를 좀 들어 보겠다. 모국어를 열심히 배우는 것은 매우 중요한 학습이다. 그러나 오늘날 다원화된 세계 속에서 우리는 외국어도 필수적으로 배워야 한다. 그런데 이때 모국어의 습관이 외국어 학습을 자주 방해한다. 이렇게 이전에 배운 것이 새로운 학습을 방해하는 것이 21세기적 새로운 학습 상황이다. 모국어만 그런가? 젊은 시절에 형성된 사회와 정치를 인식하는 습성이 평생 지속되면서 철 지난 한 세대의 젊은 시절 경험이 그것이 더 이상 유용하지 않은 시대에 영속되는 사태를 우리는 얼마나 자주 목도하고 있는가? 따라서 정신과 육체의 결합으로서의 우리 몸은 21세기적 시공간에서 낡은 습관에서 언제나 자유롭게 새로운 학습을 할 준비가 되어 있는 유연한 몸이어야 한다. 그것은 바우만이 말하듯이 "습관 없이 사는 습관"을 익히는 새로운 학습의 경지일지 모른다. 유연한 정신과 육체를 가꾸는 것, 그것은 과거에는 불필요했지만 오늘날에는 필수적으로 요구되는, 평생 학습 사회인 우리 시대 공부의 핵심적 양태가 아니겠는가?

3부

한국의 교원과 교원양성기관

직업으로서의 교사, 그 독특성에 대하여

교사와 관련하여 우리 사회에는 다양한 이미지들이 공존하고 경합한다. '군사부일체'나 '스승의 그림자도 밟지 않는다'라는 전통적인 관념이 여전히 살아 있는가 하면 '전문직', '노동자'와 같은 근대적 관념도 함께 공존한다. 그런가 하면 우리 헌법 제31조 6항은 "교원의 지위에 관한 기본적인 사항은 법률로 정한다"라고 규정하여 교원 지위 법정주의를 택하고 있다. 교원 지위에 관한 사항을 법률로 정하도록 한 것은 교원이 부당한 간섭을 당하지 않고 교육의 자주성, 전문성, 중립성이라는 헌법적 원리에 따라 충실히 교육함으로써 결과적으로 국민의 교육받을 기본권을 보장하기 위함이다.

한 가지 분명한 사실은 오늘날 교원은 종사자 수가 가장 많은 직업군 중 하나라는 사실이다. 이는 모든 사람에게 의무교육을 부과하는 근대 공교육 체제가 등장하면서 자연스럽게 나타난 현상이다. 가르치는 일에 종사하는 사람은 유사 이래 계속 있어 왔지만 오늘날과 같은 직업인으로서의 교사는 근대 공교육 체제의 산물이다. 따라서 교사를 전통적인 스승과 동일시하여 논하는 것은 일정 정도 한계를 지닌다. 교사의 직업적 성격은 근대 공교육 체제를 염두에 두어야만 정확하게 이해할 수 있다. 한편 어느 국가를 막론하고 근대 공교육 체제가 전환기의 위기에 직면해 있다는 사실은 그와 연동되어 있는 교사의 역할 수행에도 새로운 변화가 요구되고 있음을 의미한다.

교사, 가장 논쟁적인 직업

미국의 다나 골드스타인Dana Goldstein은 2014년에 아마존의 베스트셀러 목록에 오른《The teacher wars》라는 책을 출간하였다. 이 책에는 '미국에서 가장 논쟁이 많은 직업의 역사'라는 부제가 붙어 있다.[109] 왜 가장 논쟁적인 직업인가? 골드스타인은 공교육의 이상과 현실 사이의 긴장이 교직을 가장 논쟁적인 직업으로 만들었다고 주장한다. 공교육이 탄생한 후 지난 200년 동안 미국의 대중들은 공교육 체제의 교사들이 미국을 고통스럽게 하는 여러 가지 사회적 격차를 줄여 주기를 기대해 왔다. 그러나 그와 같은 어려운 과업을 수행하는 데 필요한 사회적 지원은 제대로 제공되지 않았으며 결과적으로 학교는 이상에 걸맞은 역할을 수행하지 못하고 있다. 이처럼 높은 이상과 그에 미치지 못하는 현실 사이의 간극으로 인해 교사는 존경과 비난을 동시에 받는 독특한 직업으로 자리 잡게 되었다. 소수의 탁월한 교사들은 존경의 대상으로 이상화되는 반면에 나쁜 교사들은 해고해야 할 분노의 표적이 되곤 한다. 골드스타인은 미국 교사들의 이런 논쟁적 지위에 비해서 한국에서는 교사들이 '국가 건설자national builders'로 여겨지며, 핀란드에서는 남녀 교사 모두가 결혼 상대자의 직업 선호 순위에서 3위 내에 든다고 부러운 듯이 언급하고 있다.[110]

골드스타인의 주장처럼 한국이나 핀란드의 교사들이 미국 교사들에 비해서 상대적으로 더 존경받는지도 모른다. 그러나 공교육이 추구하는 이상과 현실 사이의 간극은 어느 나라에나 존재하기 마련이며, 이로 인해 교사는 나라마다 정도의 차이는 있겠지만 존경과 비난의 양가적인 평가에 쉼 없이 노출되는 직업이 아닌가 한다. 예컨대, 교직의 위상에 대한 한국 문헌에서도 교사가 존경과 경시를 동시에 받는 논쟁적 위치에 있음을 기술하는 글을 발견할 수 있다. 50년 전인 1962년 장청자가 쓴 〈교사와 일반 사회〉라는 글에는 다음과 같은 구절이 있다.

그러나 교사에 대한 인상의 본질에 있어서 부정할 수 없는 사실은 교사에 대한 인상에는 항상 여러 가지 모순적인 요소를 내포하고 있다는 점이다. 교원들을 무서워하는 이면에는 그들을 존경하지 않을 수 없는 요소가 내포되어 있으며 또한 그 존경의 이면에는 경시의 태도가 엿보인다.[111]

장청자는 사회인들이 교사들을 존경과 경시의 이중적인 태도로 대하며, 교사에게 요구하는 사회적 역할에도 모순이 존재한다고 주장한다. 그에 의하면 사회적 역할에 대한 모순은 세 가지 경우에 나타난다. 첫째, 교사의 사회·경제적 생활에서 볼 수 있는 모순이다. 교사는 도의교육의 시범자요, 중류문화의 대표자이며, 일반대중보다는 세련된 취미를 가진 문화인이기를 요구받는 데 비하여 실상을 본다면 교사에게 지급되는 봉급으로는 도저히 그러한 표준을 달성할 수 없다. 둘째, 교사의 활동 범위에 대한 모순이다. 교사는 지역사회 향상에 공헌해야 한다고 사회적으로 기대되고 있으나 정치운동은 용납되지 않고 있다. 셋째, 교사는 아동교육의 전문가, 권위자로서 학습 지도와 경영에서 절대적인 권한이 부여되어야 하나 행정적인 압력을 너무 많이 받고 있다. 장청자는 "사회에서는 모순된 상호적 역할을 동시에 잘 조정하여 하등의 정신 착각을 일으킴 없이 성공적으로 이행할 수 있는 교사를 요구한다"라는 다소 냉소적인 느낌이 드는 결론을 내리고 있다.[112]

정리하자면 공교육의 이상과 그에 따르지 못하는 현실 속에서 교사는 모순적 위치에 놓여 있다. 공교육은 그 기능상 한 사회의 현상 유지와 개조의 임무를 함께 담당한다. 그리고 사회적 문제와 모순이 심화될수록 공교육에 거는 사회 개조의 기대는 증가한다. 그 기대는 초인과 같은 역할과 교사를 결부시키는 존경의 시선이다. 동시에 그런 기대의 좌절은 모든 문제의 원인을 교육으로 전가시켜서 교사들을 쉽사리 희생양으로 만든다. 거대한 관료적 행정 조직의 말단에 위치한 오늘날의 교사들은 항상 이런 존경과 비난의 스펙트럼 위에서 위태로운 곡예를 해야 하는 존재들인 셈이다.

다른 직업과 구분되는 교직의 특성들

앞에서도 잠깐 언급했듯이 과거 소수 엘리트 계층을 대상으로 하던 교육에서 스승이 차지하던 위상과 보편 교육을 지향하는 오늘날 공교육 체제에서의 교사의 지위를 동일시하는 것은 큰 의미가 없다. 근대 공교육 체제가 등장한 이후에 보편화된 교사라는 직업은 다른 직업과 구분되는 몇 가지 특성을 지니고 있다.

우선 가장 거대한 직업 집단 중 하나이면서 가장 일상적으로 접할 수 있는 직업이라는 사실이다. 미국의 경우 330만 명의 교사가 공교육에 종사하고 있다. 이는 69만여 명의 의사 숫자와 73만여 명 정도의 변호사 수와 비교하면 엄청난 규모이다.[113] 우리나라도 교원은 전체 공무원 중에서 가장 많은 비중을 차지하는 직종으로 약 40만 명에 달한다. 보통교육을 목적으로 하는 공교육 체제의 등장은 가르치는 일을 종사자 수가 가장 많은 직업 중 하나로 만들었다. 이런 많은 종사자 숫자는 국가 재정 운영의 측면에서 볼 때 일정 수준 이상 교사의 경제적 지위 상승을 어렵게 만드는 요인이 되기도 하였다. 또한 교사는 국민 모두가 의무교육을 받기 때문에 가장 흔하게 일상에 노출되는 직업이다. 중·고등학생의 상당수가 희망하는 직업이 교사라는 사실은 노출 효과와 무관하다고 보기 어렵다. 교직 희망자가 많은 것은 바람직한 현상이지만, 가르치는 일을 다소간 만만하게 여기는 증표일 수도 있다는 점에서 부정적인 측면도 내포한다. 종사자가 많아 일상적으로 노출되어 있는 직업이라는 특성은 교직을 탈신비화하는 역할을 하는 셈이다.

둘째, 교직은 전문직이어야 한다고 당위적으로 주장되지만 동시에 전문성을 의심받는 특성을 지닌다. 공교육의 계몽적인 성격을 고려할 때 교직이 전문직이어야 한다는 것은 하나의 당위이다. 1966년도에 UNESCO United Nations Educational, Scientific and Cultural Organization: 유엔교육과학문화기구 와 ILO International Labour Organization: 국제노동기구에서 채택된 〈교원의 지위에 관한 권고〉는 "교원은 전문직으로 간주되어야 한다. 그것은 엄격하고도 계속적인 연구를 통하여 습득 유지되는 전문적 지식과 전문화된 기술을 필요로 하는 공동적 업무의 하나이다"라고 하여 교직이 전문직으로 간주되어야 한다고 주장하고 있다.[114] 그러나 이런 당위적 요청이 현실에서 그대로 실현되지는 않았다. 하나의 직업이 전문직으로 인정받기 위해서는 상당한 기간의 전문적인 훈련 프로그램, 쉽게 모방할 수 없는 고도의 지식과 기술, 적절한 수준의 보수, 높은 윤리 강령과 고도의 자율성 등을 지니고 있어야 한다. 그러나 공교육의 초창기에 교직은 전문직으로서 직업적 위신을 확립하는 것이 거의 불가능하였다. 엄청난 국가 예산을 들여서 전국적 교육 인프라를 구축해야 하는 상황에서 교사를 전문적으로 훈련하여 높은 수준의 질 관리를 하는 문제는 정책적 우선순위가 되기가 어려웠다. 이보다는 공교육의 팽창 속도에 맞추어서 공급 위주의 교사 정책을 유지하는 것이 대부분의 나라가 직면한 현실이었다. 특히 학교의 팽창이 초등학교급 수준에 머물렀던 공교육 초기에는 교사에게 높은 직업적 전문성이 필요하다고 여겨지지도 않았다. 교직의 전문직화professionalization는 학교의 팽창이 어느 정도 완료되고 중등교육이 보편화 단계에 접어들면서 새롭게 부각된다. 약 200년의 공교육 역사를 가지고 있는 미국의 경우도 교사의 전문직화에 대한 논의는 1980년대 중반 이후에 본격화된다.[115]

결과적으로 일반적으로 전문직으로 간주되는 의사와 법조인과 비교하여 볼 때 교직의 전문직으로서의 위상은 아직 확고하지 못하다. 교직을 전문직화해야 한다고 할 때 그것이 무엇을 의미하는지도 논자에 따라서 다양하여 합의 수준이 높지 않다. 이는 부분적으로 가르치는 일의 본질적인 특성에서 연유한다. 무엇이 좋은 교육이며, 무엇이 좋은 공교육인지에 대한 합의 수준은 의료계나 법조계가 수행하는 업무가 지니는 명료성에 비해서 상당히 낮다. 앞으로 현재보다 훨씬 전문성 수준이 높아진다고 하더라도 교직은 하나의 통일된 전문성 기준보다 복수의 전문성 기준이 경합할 가능성이 높다.

셋째, 때로 여성적 특성이 남성적 특성에 비해 가르치는 일에 더 적합하다고 간주되며, 여성의 비율이 다른 전문직과 비교하여 상당히 높은 것 또한 교직의 중요한 특성이다. 여성적인 특성이 무엇인지가 논란이 없이 자명한 것은 물론 아니다. 그렇지만 양육, 배려, 관계, 사랑 등의 특성은 일반적으로 남성성보다는 여성성과 더 친화력을 지니는 것으로 이해된다. 그리고 이러한 특성들이 아동 교육에서 매우 중요한 요소라는 주장은 반박하기가 쉽지 않다. 특히 학년이 낮을수록 교육은 양육과 중첩되며, 여성이 교사의 역할을 맡는 것이 자연스럽게 여겨져 왔다.

그러나 교직에서 여성이 차지하는 비중이 높다는 사실이 이런 생물학적 특성의 필연적인 결과는 아니다. 직업 내의 남녀 성비는 사회적 선택에 의해서 상당한 정도로 영향을 받는다. 이와 관련하여 골드스타인의 책에 기술되어 있는 미국 공교육의 초기 역사는 여성의 교직 진출에 관한 매우 흥미로운 사실을 우리에게 알려 준다. 미국에서 공교육이 발화하기 시작하던 18세기만 해도 교사의 90퍼센트가 남성이었다. 현재는 미국 교사의 76퍼센트가 여성이다. 그동안 무슨 변화가 일어난 것일까? 1820년대 미국의 교육 개혁가들은 모두가 의무교육을 받는 보통교육운동 common school movement을 전개하였다. 이들 교육 개혁가들이 직면한 현실적인 문제는 세금의 급격한 인상 없이 그것을 관철해 내는 것이었다. 조세 인상은 과거나 지금이나 대중에게 인기 있는 전략이 아니기 때문이다. 더 많은 세금 부담 없이 공교육을 보편화시켜야 하는 현실적인 과제를 해결하기 위한 한 방안으로 교육 개혁가들은 여성이 교사가 되는 것이 더 적합하다는 논리를 개발한다. 여성이 남성에 비해서 훨씬 더 도덕적이며 자연적인 특성상 아이들을 돌보기에 더 적합하다는 것이다. 보통교육의 목표로 지적 성취보다는 도덕성이 더 강조되었기 때문에 교직을 지망하는 여성들이 높은 수준의 교육을 받을 필요도 별로 없었다. 당시 남교사 임금의 15퍼센트만 지급하면 여성을 고용할 수 있었기 때문에 보통교육을 확산하는 운동과 교직의 여성화는 현실적으로 잘 들어맞았다. 이런 과정을 통해서 낮은 임금을 받는 천사 같은 '엄마교사 motherteacher'의 이미지가 공교육 교사의 일반적 이미지로 자리 잡게 되었다는 것이다.

개별 국가들의 경험이 상이하기 때문에 미국의 사례가 모든 나라에 동일하게 적용된다고 볼 수는 없다. 그러나 공교육 체제에 투입되는 어마어마한 예산을 염두에 둘 때 각국 정부는 재정 효율성의 관점에서 적어도 묵시적으로라도 교직이 여성 중심의 직업이 되도록 방임했을 가능성은 충분히 존재한다. 실제로 OECD의 교육 통계를 살펴보면 대부분의 나라에서 여교사의 비율이 50퍼센트 이상을 차지한다.

한편 여성의 입장에서 보면 교사가 되는 것은 사회적 신분 상승의 중요한 통로이기도 하였다. 차별과 억압으로 인해 여성이 가정에 속박되고 고등교육이나 전문직으로의 접근이 차단되었던 시기에 교직은 여성이 사회 활동을 할 수 있을 뿐 아니라 스스로 중류 계층으로 신분 상승을 할 수 있는 좁은 통로이기도 하였다. 우리나라의 경우도 사정은 유사하였다. 1960년대에 발행된 여교사의 직위에 대한 한 논문에서는 여성이 진출할 수 있는 조사 대상 직업 13가지 중에서 자신이 보는 제 직업의 사회적 순위는 교사가 교수, 의사에 이어서 3위를 차지하였다.[116] 여성이 진출 가능한 직업 중에서 교사는 상대적으로 선호되는 직업이었던 셈이다. 그래서 지적 능력과 재능을 가진 여성들이 교직으로 많이 진출했다. 그러나 많은 나라에서 교직은 또한 여성이 다수를 차지하면서도 주변화되어 있는 소외의 공간이었다. 여교사가 절대적 다수인데도 교장과 같은 관리직에는 남성들의 비중이 압도적으로 높았다.[117] 미국의 경우 한동안 여교사와 남교사 사이의 임금에도 많은 차이가 있었다. 남녀 차별이 존재하던 시대에 여성의 비중이 높다는 점은 교직의 위상 강화에도 부정적으로 작용하였다. 그 점에서 교직의 위상을 높이는 문제는 여성 차별 문제에 맞서는 여성주의운동과 일정 정도 결합될 수밖에 없었다. 어쨌든 일찍부터 여성이 진출함으로써 교직은 여성과 남성이 가정과 직장에서 어떻게 평등하게 공존하며 함께 행복할 수 있는지를 실험하는 중요한 작업장의 사례로 기능하고 있는 셈이다. 그리고 그 실험은 아직도 진행형이다.

한국 사회에서 교직의 직업적 위상

우리나라의 교직도 근대 공교육 체제하에서 나타난 교직의 일반적 특성과 유사한 특성을 공유하고 있다. 종사자가 가장 많은 직업 중 하나이며, 전문성에 관한 당위적인 주장과 현실 사이의 거리도 여전하다. 교직의 여성화 또한 심화되어 가고 있는 추세이다. 여기에 더하여 세계에서 유래 없이 공교육이 급격하게 팽창한 한국적 특수 상황에서 중앙정부는 오랫동안 교직의 질 확보 및 전문직으로서 위상 관리에 신경을 쓸 여유를 갖기가 어려웠다. 그로 인해 교사에 대한 사회·경제적인 대우 또한 열악할 수밖에 없었다. 한국 경제가 유래 없는 성장을 구가하는 기간 내내 대학 졸업자들이 선택할 수 있는 다른 직업에 비해서 교직의 위상은 그다지 높지 못하였다. 이런 경향은 대체적으로 1997년에 IMF 외환위기가 발생하기 이전까지 지속되었다. 그러나 IMF 외환위기 이후에 다른 직업의 고용 안정성이 크게 약화되면서 교직의 상대적인 매력도는 증가하였다. 이런 경향은 교대와 사범대에 입학하는 신입생의 성적 추이에도 반영되어 나타나고 있다.

마침 교직의 사회·경제적 지위 변화 추이를 과거와 비교한 연구가 있어 그 내용을 소개해 보겠다. 성균관대 사회학과 유홍준 교수와 그 동료들은 2010년에 〈한국 교원의 사회·경제적 지위에 대한 교육 관련 주체들의 인식: 현황, 변화 및 결정 요인〉이라는 논문을 발표하였다. 이 논문은 1979년에 차경수 교수가 행한 연구와 동일한 변수를 사용하여 2007년에 교원, 예비 교사, 일반인이 생각하는 교원의 사회·경제적 지위 — 1979년에는 32개 직업, 2007년에는 25개 직업에서 교원의 상대적인 지위를 조사하였다 — 를 다시 측정하였다. 이를 통해 1979년과 2007년 사이에 교원의 사회·경제적 지위에 대한 인식이 어떻게 변화했는지를 비교할 수 있다. 조사 대상 직업 수가 차이가 나서 단순 비교가 어렵기 때문에 이 연구에서는 백분위로 환산한 점수를 제시하고 있다. 결과를 보면 중·고등학교 교원의 사회적 지위에 대한 인식은 1979년 2.75점(백분위 36)에서 2007년 3.20점(백분위 54)으로 평균 점수는 0.45점, 백분위는 18위 상승하였다. 초등학교 교원의 사회적 지위에 대한 인식은 1979년 2.38점(백분위 23)에서 2007년 3.14점(백분위 50)으로 그 상승 정도가 중등 교사에 비해 큰 것으로 나타났다. 교원의 경제적 지위에 대한 인식은 사회적 지위에 대한 인식보다 더 상승하였다. 경제적 지위에 대한 인식은 중·고등학교 교원이 1979년 2.52점(백분위 27), 2007년 3.08점(백분위 50)으로 평균 점수는 0.56점, 백분위는 23위 상승하였으며 초등학교 교원은 1979년 2.16점(백분위 19)에서 2007년 3.02점(백분위 42)으로 평균 점수는 0.86점, 백분위는 23위 상승하였다. 결론적으로 말하면 지난 30년 동안 교원의 사회·경제적 지위에 대한 인식은 상당한 정도로 개선되었다. 그러나 전체적으로는 조사 대상 직업 집단 중에서 여전히 중간 정도의 수준으로 인식되고 있다.

한편 이 연구는 교사의 사회·경제적 지위와 사회적 공헌도에 대해서 집단별로 어떻게 인식하고 있는지도 조사하였다. 그 결과는 여러 가지 시사점을 준다. 교원들 자신의 평가를 보면 직업별 사회적 공헌도 면에서 초등학교 교원이 1위, 중·고등학교 교원이 5위라고 평가하였다. 이에 비해 교원들은 사회적 지위와 경제적 지위는 13~17위로 사회적 공헌도에 비해서 낮은 대우를 받는다고 인식하고 있음을 알 수 있었다.

반면에 조사에 응한 고등학생과 학부모는 직업별 사회적 공헌도에서 초등학교 교원이 9위, 중·고등학교 교원이 10위라고 평가했다. 사회적 지위와 경제적 지위는 10~12위로 평가하여 사회적 공헌도에 대체로 부합하는 수준의 사회·경제적 지위를 교원들이 부여받고 있다고 판단하고 있었다. 교원들과 다른 집단 간에 상당한 정도의 인식 차가 존재하는 것이다. 다만, 교원을 존중하는 풍토가 저하되었다는 점에는 모든 집단들이 대체로 동의하고 있었다.

이런 연구 결과와 관련하여 연구자들은 "교원의 복지 후생과 보수의 타당성 등 경제적 요인을 개선하기 위한 제도 개선과 아울러 교원 존중의 풍토를 조성하기 위한 다각적인 노력을 경주해야 할" 필요성과 교원들 스스로 "전문직 종사자로서의 능력과 자질을 더욱 구비하는 데 노력함으로써 교육 수요자인 학부모들의 신뢰를 보다 공고히" 할 것을 주문하고 있다.[118]

직업인으로서 교사, 그 전문적 위상 제고를 위하여

어떤 직업인도 적절한 사회적 존중과 이에 합당한 대우를 받지 못한다면 직업에 대한 긍지를 지니면서 즐겁게 일하는 것이 불가능하다. 그 점에서 교원을 존중하는 풍토가 저하되고, 교원의 사회 공헌도와 사회·경제적 지위에 대해 교원과 일반인이 상당히 다른 평가를 하고 있는 현실은 교원 자신을 위해서도 공교육의 미래를 위해서도 바람직하지 않다. 더욱이 오늘날 교원들의 삶의 토대가 되는 공교육 체제 자체가 흔들리고 있지 않은가? 이런 상황에서 교원들은 자신의 역할과 공교육의 위상에 대해서 좀 더 깊은 고민을 할 필요가 있다. 이와 관련하여 몇 가지 생각을 나누고자 한다.

첫째, 교원에 대한 존경이 당위적으로 확보되지 않는다는 사실을 직시하고 전문성 강화를 위해 노력할 필요가 있다. '군사부일체'나 '스승의 그림자도 밟지 않는다'와 같은 말에 함의되어 있는 스승 존중의 문화가 우리 전통 속에 존재하는 것은 다행스러운 일이다. 그러나 이러한 스승 존중의 전통이 공교육 체제의 교사들을 위한 후광으로 곧바로 활용될 수는 없다. 전통적인 스승은 제자가 선택함으로써 관계가 성립한다는 점에서 선택된 자에게 부여된 이름이며 제자의 평가와 존경이 수반되는 검증된 사람이다. 학습자가 가르치는 자를 선택할 수 없는 경우가 대부분인 오늘날의 교사와 전통적인 스승은 그 처한 제도적 기반 자체가 다르다.

오늘날 우리는 어떤 직업도 그 자체로 신성하거나 존경의 대상이 될 수 없는 세속화된 세계 혹은 막스 베버^{Max Weber}의 표현을 빌면 합리화된 시대에 살고 있다. 따라서 특정한 직업의 권위는 그 직업 종사자들의 부단한 노력을 통해서 비로소 확보될 수 있다. 나는 우리나라 교원의 위상 제고에 대한 여러 논문과 문헌을 살펴보는 중에 교원의 직업적 위상 강화를 위한 노력이 교직의 전문성을 강화하는 노력과 유기적 관련성 없이 주로 경제적 처우 개선 문제를 중심으로 논의된다는 느낌을 받았다.

전문직이란 높은 윤리 의식, 자율적인 판단, 협력적인 문화, 봉사적인 태도, 고도의 실천적 지식 등을 갖추어야 한다. 교사의 처우 개선 문제를 넘어서서 교사의 양성, 교사의 책무, 교사의 윤리, 교사의 승진 체계 전반에 걸쳐서 우리 사회에 적합한 교사의 전문직화를 위한 논의와 노력이 새롭게 경주되어야 한다. 물론, 이런 전문직화를 위한 노력이 교사를 특권적 직업으로 만들어서도 안 된다. 모든 직업 집단이 자기 직업의 위상을 높이기 위해서 노력한다는 점에서 교원들이 자기 직업의 위상 강화를 위해 노력하는 것은 자연스러운 현상이다. 그러나 공교육의 교원들은 자신의 직업적 지위 강화 못지않게 자신들의 제자들이 종사하게 될 우리 사회의 모든 직업이 나름의 보람을 느끼며 일할 수 있고 존중을 받을 수 있는 평등하고 정의로운 사회를 만드는 데도 남다른 관심을 가져야 한다.

둘째, 교직의 제도적 기반이 되는 공교육 체제에 대한 깊은 이해가 요청된다. 공교육이 의무교육이라는 사실은 익숙하기 때문에 쉽게 망각된다. 의무교육은 내가 필요에 따라서 받아도 되고 안 받아도 되는 사설 학원의 교육과는 완전히 다른 성격을 지닌다. 그 점에서 공교육의 교사는 학부모와 학생의 사적 욕망에 부응해도 비난받을 이유가 별로 없는 학원 강사와는 전혀 다른 공적 임무를 지닌 존재이다.

  공교육의 교사들은 교육을 통해서 학생들이 인간으로서 존엄을 유지하고 자주적 인격체로서 인간다운 생활을 영위하는 데 필요한 자율적 능력을 갖추도록 조력해야 한다. 또한 교육을 통해서 민주적 가치가 실현되고 민주 공동체의 삶의 수준이 고양되는 데 기여할 수 있어야 한다. 이런 공교육의 역할 때문에 헌법 제31조 4항은 교육의 자주성, 전문성, 정치적 중립성을 우리 교육의 3대 원칙으로 천명하고 있다. 교육의 3대 원칙이 구체적으로 무엇을 의미하는지를 상술하는 것은 이 글의 범위 밖이다.[119] 그러나 교사의 교수 행위가 학원 강사와 종종 비교당하는 현실 속에서 공교육 체제의 교사들이 수행하는 임무가 학원 강사와 다른 헌법적 가치에 기반하고 있음을 깊이 환기할 필요가 있다. 가르치고 배우는 활동은 삶의 어느 장에서나 일어날 수 있으며 그 자체로서 의미 있고 가치 있다. 그러나 공교육은 가르치고 배우는 활동이 지니는 일반적인 가치에 더하여 평등, 배려, 사회정의, 공공성 등의 사회적 가치가 잉태되고 실현되는 장이다. 따라서 공교육이 개인의 욕망을 실현하기 위한 수단으로 치환되어 버린 이 시대에 교사들은 낡은 공교육의 이상을 재점검하고 좌초된 공교육을 재구축해야 하는 공적 존재로서의 책무를 재인식해야 한다. 평등, 배려, 사회정의, 공공성 등은 공교육의 교사들이 특별히 관심을 가져야 할 사회적 가치이며, 이러한 가치의 실현을 통해 모든 학생들이 고통받지 않고 인간다운 삶을 영위할 수 있는 교육적·사회적 생태계를 만들어 가는 데 교원들은 함께 노력해야 한다.

마지막으로 독일의 사회학자 막스 베버가 《직업으로서의 정치》에서 직업 정치인의 역할을 언급한 부분을 일부 소개하면서 마무리하고자 한다. 베버는 근대적 격동기를 살았다. 즉, 이상화된 군주의 일인 지배가 당연시되던 시대를 넘어서 민주주의와 의회주의가 도래한 시대, 그리고 직업을 정치로 하는 전문 정치인이 등장하는 시대를 살았다. 그런 새로운 현실 속에서 베버는 신성을 지닌 특별한 인간이 아니라 보통의 인간으로서 직업 정치인들에게 필요한 것이 무엇인지를 고민하였다. 그것은 바로 소명 의식이다. 베버에게 정치인은 정치인이기에 앞서 "선함과 완벽성"이 전제되지 않은, "평균적인 결함을 가진" 인간이다. 그렇게 보통 사람들에 의해 이루어지는 정치 활동이지만 인간이라면 지닐 수밖에 없는 이런 "평균적인 결함"을 알고 책임윤리[120]에 기반해 진실되게 행위하는 정치인이야말로 성숙한 인간이라고 베버는 보았다.[121] 어쩌면 직업인으로서 교사들도 그런 존재들이어야 할지 모른다. 오늘날의 교사는 과거 공자나 맹자와 같은 성인聖人이 아니다. 매번 실수하고 넘어질 수밖에 없는 평균적인 결함을 가진 보통 사람들이다. 그런 평범함 속에서도 교육의 이상에 대한 소명 의식을 지니고 책임윤리에 기반하여 행동하면서 때로 자신의 한계와 실수도 진솔하게 인정하는 인간적인 교사들이 많아진다면 우리 교육의 미래도 더 밝아지지 않을까? 그리고 교사에 대한 존경의 풍토, 나아가서 가르치고 배우는 활동의 본연적인 가치를 존중하는 풍토도 다시 회복되지 않을까?

수석교사제도의 시행, 작지만 의미 있는 출발

　수석교사제도의 시행에 대해서 2011년 교육과학기술부는 "30년 교육계 숙원 사업, 수석교사제 드디어 법제화"라는 제목의 보도 자료를 냈다.[122] 교육계 전체의 숙원 사업인지는 보는 입장에 따라 다를 것이다. 그러나 수석교사라는 말이 처음 등장한 것이 1981년이었으니 법제화되는 데 30년이 걸린 것은 맞다. 수석교사라는 명칭은 1981년 한국교육개발원의 '교원인사행정제도의 개선 방향 탐색' 세미나에서 처음 사용되었다. 1987년 교육개혁심의회가 교육 개혁 과제 중 하나로 수석교사제의 도입 방안을 제시하고 1995년에는 수석교사제 도입을 위한 관련 법률을 입법 예고하기도 하였으나 실제 정책으로 실현되지는 못했다. 우호적인 여론 조성, 소요 예산의 확보, 그리고 관련 법의 개정 등에 어려움이 있었기 때문이다. 2000년대 들어 수석교사제는 정부 차원에서 교원능력개발평가제, 교장공모제 등과 더불어 교원 인사 제도 혁신 방안의 일환으로 다시 본격적으로 검토되기 시작한다. 2008년 3월부터 4기에 걸쳐 시범 운영이 이루어졌고 2011년 법제화를 거쳐 마침내 2012년 전국적으로 시행되어 실제 운영에 들어가게 되었다.[123]

수석교사제도의 시행

수석교사제도의 시행은 교단에서 가르치는 교사를 우대하는 풍토 조성과 함께 왜곡된 교원 승진 체계를 개선하자는 논의와 밀접하게 관련되어 있다. 모두가 알고 있듯이 우리 교원 승진 체계는 [2급 정교사 - 1급 정교사 – 교감 – 교장]의 순으로 일원화되어 있다. 즉, 교사(2급 정교사, 1급 정교사)에서 관리직(교감, 교장)으로 나아가는 것을 승진으로 규정한다. 그 결과 관리직 우위의 교직 문화가 만들어졌다. 가르치는 것을 가장 중시해야 할 학교에서 수업을 안 하는 관리직이 되기 위해서 격렬하게 경쟁하는 이상한 교직 문화가 형성되게 된 것이다. 반면에 아이들을 가르치는 데 전념하는 많은 교사들은 나이 들어서 무능한 교사로 본의 아니게 낙인찍히게 된다. 수석교사제 도입은 교원 승진 체계를 '교감 → 교장'의 관리직 경로와 '수석교사'의 교수직 경로로 이원화함으로써 관리직 우위의 승진 제도를 개선하려는 방안이기도

했다.

　논의의 역사가 긴 만큼 수석교사제의 도입을 둘러싸고 찬반 논의도 계속되어 왔다. '교단에서 가르치는 교수직 중시 풍토 조성', '새로운 승진 기회 부여를 통한 교원의 사기 진작', '개별 학교 실정에 맞는 교내 장학의 활성화', '업무 중심이 아닌 교육 중심의 새로운 직무 분화를 통한 학교 개혁' 등이 찬성하는 측이 내세우는 이유라면, '막대한 재정의 소요', '수석교사 선발에 대한 공정한 기준 마련의 어려움', '수석교사 직무와 역할 규정의 어려움', '수석교사라는 새로운 상전의 등장으로 인한 위화감 발생', '또 다른 승진 제도 도입으로 인한 교직 사회의 관료화' 등이 반대 논리였다.[124]

　흥미로운 것은 수석교사제의 도입에 대해서 양대 교원단체인 한국교총과 전교조가 상당히 대립적인 입장을 보였다는 점이다. 한국교총은 오랫동안 수석교사제의 도입에 아주 적극적이었다. 이에 비해 전교조는 수석교사제의 도입에 반대하였다. 교장도 승진 개념이 아니라 선출에 의한 보직 개념으로 받아들이자고 주장하는 전교조의 입장에서 또 다른 승진 체계인 수석교사를 받아들이기는 어려웠을 것이다. 이 두 단체의 입장 차이는 2000년대 초반에 진행된 실제 입법 과정에서 한국교총이 지지하는 수석교사제도와 전교조가 지지하는 교장공모제의 대립으로 구체화되었다. 양대 교원단체의 대립 속에서 수석교사제와 교장공모제는 유사한 시기에 입법부를 통과하여 법제화된다. 이는 양대 교원단체의 요구를 절충해서 수용하려는 정치권의 타협의 산물이라고 볼 수 있다. 한 논문은 이에 대해 "수석교사제는 결국 교장선출보직제를 통과시키려는 노력의 일환으로 정책이 채택된 것으로 판단된다. 이와 같이 수석교사제에 대한 충분한 논의 없는 도입은 수석교사제를 실제에서 구현하는 데 많은 한계를 낳게 된다"고 진단하고 있다.[125] 양대 교원단체가 대립하는 가운데 수석교사제와 교장공모제가 정치적 타협의 산물로 통과되다 보니 교원 자격 내지 승진 체계 전체를 재구조화하고 그 속에서 수석교사의 위상을 확보하는 문제가 면밀하게 검토되지 못한 것이다. 그 결과 수석교사의 역할과 지위는 법제화 이후에도 여전히 모호한 점을 많이 지니게 되었다.

수석교사의 역할과 위상

법제화된 이후의 수석교사의 역할과 위상을 살펴보자. 〈초·중등교육법〉과 〈유아교육법〉상의 수석교사의 임무는 "교사의 교수·연구 활동을 지원하며, 학생을 교육한다"라고 되어 있다. 수업과 함께 다른 교사들의 교육과 연구 활동을 지원하는 멘토 교사의 역할도 수행해야 하는 것이다. 한편 수석교사는 교사, 교감, 교장과 구분되는 별도의 교원으로 법규상에 명시되어 있다. 학교 내의 업무 분장과 수행을 위한 보직 교사가 아니라 법령상의 별도 직위를 갖게 된 것이다. 그러나 현행 법령은 수석교사에 별도의 직위를 부여하면서 직급에 대해서는 아무런 언급도 하지 않고 있다. 〈국가공무원법〉상 '직급職級'이란 "직무의 종류·곤란성과 책임도가 상당히 유사한 직위의 군"으로 정의되어 있다. 쉽게 말하면 수석교사라는 새로운 직위를 만들면서 이 새로운 직위가 교감급에 해당하는지 혹은 교장급에 해당하는지에 대한 규정을 두지 않은 것이다. 이로 인해서 시범 실시 때부터 계속되었던 수석교사의 지위와 역할의 모호성 문제가 법제화 후에도 충분히 해결되지 않은 상태로 남게 되었다. 조석훈은 〈수석교사의 지위와 임용에 관한 법적 검토〉라는 논문에서 이에 대해서 "교육과학기술부 수석교사제 도입 정책자문위원회에서 수석교사의 직급화를 지양한다는 결론이 반영된 것이지만 수석교사의 역할 수행에 불확실성을 높일 것으로 예상된다. 시·도의 수석교사 운영 계획에서 수석교사는 학교 내 보직을 맡는 것도 지양하도록 하고 있으므로 수석교사는 직위 권한에 포함되어 있는 영향력의 도움 없이 '전문적인 권위'에 의존하여 직무를 수행하여야 한다. 이 때문에 학교 조직에서 수석교사가 보직도 갖지 않은 상황에서 직무와 역할을 성공적으로 수행하기가 어려울 것이라는 점도 지적된다. 만일 수석교사의 자격을 가진 사람의 직무 수행 능력이 수석교사의 직위에 따른 직무와 효과적으로 조응하지 못할 경우 수석교사의 지위는 무기력해질 수 있다"라고 평가하고 있다.[126] 또 조석훈은 "수석교사의 취지가 승진 차원의 직위 설정보다는 전문성 신장 차원의 자격 제도로서 의미가 강하다고 하지만 폐쇄형을 취함으로써 자격 제도의 성격은 약화되었고 동시에 직급제의 성격도 희박한 모호한 절충형이라고 할 수 있다. 이러한 폐쇄적 정원제 운영 방식은 외형적으로 수석교사의 정체성을 분명히 하고 수석교사의 전문성 신장을 유도할 수 있는 효과적인 방안이기는 하지만, 수석교사가 아닌 교사 일반이 수석교사의 자격 취득 경로를 지향함으로써 전문성 신장을 유도하는 방식과는 다르므로 다수 교사가 무관심하게 될 경우 실질적인 정체성이 오히려 약해질 수 있다"라고 판단하고 있다.[127] 정리해 보자면 수석교사제도는 초기에는 교원 승진 제도를 개선하기 위한 방안으로 논의되다가 입법화 단계에서는 승진과 연계되지 않은 전문성 신장 차원에서 제도화됨으로써 직위는 있으나 직급이 규정되지 않은 상태로 남게 되었다. 여기에 더하여 정원을 일정하게 제한함으로써 자격 제도인지 승진 제도인지도 애매하게 되었다.

실제 학교 현장에서 수석교사제도가 시행되는 모습을 보면 이런 법규상의 미비가 다양한 형태의 갈등을 초래하고 있음을 확인할 수 있다. 기존 관리직인 교장과 교감은 수석교사가 무엇을 해야 하는지에 대해서 잘 파악하지 못하는 경향이 있다. 특히 교감과 수석교사 간에는 서로의 위상이나 역할 분담을 둘러싸고 여러 가지 갈등이 존재한다. 평교사들은 평교사들대로 수석교사를 어떻게 대해야 할지 어려움을 호소한다. 특히 수업 공개를 통한 협의와 학습 조직을 통한 공동 성장을 도모하는 수석교사의 역할이 수업 공개를 꺼리는 폐쇄적인 교사 문화와 충돌하면서 수석교사들은 역할 수행에 상당한 어려움을 겪고 있다.[128] 직급이 명확하게 규정되어 있지 않기 때문에 결재권과 관련하여서도 학교마다 사정이 다르고 수행하는 직무도 학교장의 판단에 따라서 다르다. 수석교사에 적합한 일을 수행하는 경우가 있는가 하면 온갖 잡무를 껴안게 되는 경우도 있다. 수석교사들은 이와 같은 자신의 처지를, 관리자도 아니고 일반 교사도 아닌 중간에 낀 존재라는 점에서 '외로운 수업부장', 지위나 역할에 상응하는 권한과 대우는 없으면서 수업 시수가 적고 담임을 맡지 않는다는 이유로 '수업 시수 적은 전담 교사', 자신들의 역할이 관리자가 수행하는 업무에 비해 비형식적인 일로 눈에 띄거나 실적을 내세울 만한 성격의 것은 아니지만 역할 수행의 과정에서 교사들로부터 신뢰와 지지를 받기도 한다는 점에서 '눈에 띄지도 않고 실적도 없지만 보람 있는 지원자' 등으로 표현하기도 한다.[129] 종합적으로 볼 때 수석교사제도는 30년의 긴 기간 동안 논의되고 4년이라는 시범 운영 기간을 거쳐서 도입되었음에도 불구하고 여전히 해결해야 할 많은 문제를 안고 있다.

수석교사에게 거는 기대와 희망

이런 여러 가지 한계에도 불구하고 나는 수석교사제도 도입이 반갑고 의미 있는 시도라고 생각한다. 그리고 성공하기를 열망한다. 그 이유는 수석교사제의 도입 취지에서 보듯이 가르치는 일이 존중되고 수업 전문성을 추구하는 교사가 우대받는 풍토를 조성하는 것이 학교 문화 변화와 관련하여 절실하고 중요한 과제라고 믿기 때문이다. 수석교사제는 그런 과제를 성취하기 위한 수단이자 방편으로서 의미를 지닌다. 첫술에 배부를 수 없듯이 원하는 바를 이룰 때까지 많은 우여곡절과 시행착오가 있을 것이다. 그러나 시작이 반이라고 하지 않는가? 첫발을 내딛는 의미는 적지 않다. 그리고 이 제도가 성공하기 위해서는 수석교사뿐 아니라 교사 일반이 깊은 관심을 가지고 함께 참여해야 한다. 수석교사제는 관리직으로 진출하지 않고 정년을 맞이할 대다수 교사들의 미래와도 연관되어 있기 때문이다. 당신은 교사로서 어떤 정년을 맞기를 희망하는가? 당신이 처음 교단에 들어설 때 각오하였듯이 학생들과 동료 및 후배 교사들의 존경을 받고 가르치는 일에 보람을 느끼면서 회한 없이 정년을 맞기를 희망하는가? 아니면 관리직으로 승진하지 못한 자신의 모습을 한탄하면서 패잔병처럼 초라하게 역사의 뒤안길로 물러나려고 하는가? 논의할 것도 없이 전자일 것이다. 그런데 인생에 대한 성취와 충만한 보람을 느끼면서 정년을 맞이하는 일은 개인의 의지나 결단만으로 오롯이 성취될 수 없다. 우리는 사회적 동물로서 엄청난 인정 욕구를 지니고 살아간다. 그리고 문화가 제공하는 평판과 제도가 부여하는 직위는 우리가 자신의 삶에 의미를 부여하는 방식과 삶의 성공 여부를 판단하는 데 엄청난 영향을 끼친다. 물론, 주변의 평판에 아랑곳하지 않고 스스로 삶에 주관적인 가치 부여를 할 수 있는 사람들도 존재한다. 그러나 심지가 강한 사람은 현실적으로 그렇게 다수는 아닐 것이다. 관리직 우위의 승진 제도가 계속 문제가 되는 것도 그 때문이 아니겠는가? 그 점에서 우리는 가르치는 일에 전념하고 그에 대한 전문성을 쌓기 위해 고군분투하는 많은 교사들이 문화적으로나 제도적으로 존중받을 수 있는 교직 생태계를 만들어 가야 한다. 예컨대, 관리직이 위계화되어 있는 한 교수직도 위계화되는 것이 타당하지 않을까? 교감 대우 수석이나 교장 대우 수석이 왜 불가능하겠는가? 아니 오히려 혼신을 바쳐서 좋은 수업을 실천하고, 동료와 후배 교사들에게 선한 영향력을 미치고, 현장 실천을 개선하는 많은 연구를 수행한 교사들이 교장보다 높은 존경을 받고 그에 합당한 대우를 받는 것이 왜 잘못된 것인가? 적어도 교수직과 관리직의 직급에 있어서 비례의 원칙은 적용되어야 한다고 나는 주장한다.

물론 나의 이런 주장에 대해서 가르치는 일을 위계화하는 것은 관료적 발상이라고 비판하는 사람도 꽤 있을 것이다. 교직 사회는 평등한 것이 좋으며 승진 체계를 도입하는 것은 또 다른 경쟁을 도입함으로써 가르치는 일보다 승진을 위한 점수 따기라는 또 다른 비본질적 경쟁을 유발할 것이라는 지적에는 나름의 타당성이 있다. 그러나 그것은 현상의 일부만을 보는 것이다. 관료 사회가 아닌 전문직 사회에서도 다양한 위계 구조가 존재하며 그에 따른 상이한 역할 수행이 이루어진다. 전문성의 수준에 차이가 있기 때문이다. 의사나 법조인 사회를 생각해 보라. 물론 교사의 교육 활동의 질을 측정하고 평가하는 것은 쉬운 과제가 아니다. 그러나 불가능성을 지나치게 부각시키면 교사의 전문성 자체를 부정하는 의도하지 않은 결과에 도달할 위험성이 있다. 측정의 어려움을 이유로 만약 막 교단에 입문한 초임 교사와 교수 활동을 끊임없이 성찰하고 연구한 경력 교사 간의 교육 활동에 차이가 없다고 간주한다면, 교직이 전문직이며 가르치는 일이 연습, 훈련, 성찰을 통해서 계속 전문성을 신장시켜 가야 하는 영역임을 스스로 부정하는 꼴이 된다. 성찰적으로 자신의 실천을 반성하고 오랫동안 연구한 교원은 분명히 교육 활동을 바라보는 관점과 안목 및 교육 활동을 수행하는 방법에서 차이가 나게 마련이다. 그런 전문성을 지닌 교사에게는 그에 합당한 역할과 존경이 주어져야 한다.

이제 막 시작된 수석교사제도는 그런 전문성 신장을 통해 학생들을 더 행복하고 지혜로운 존재로 성장시키기 위해 노력하는 교사들이 존중받는 교직 사회를 만들기 위한 긴 도정으로 나아가는 첫 출발의 의미를 가진다. 그 노정의 척후병이라 할 수 있는 수석교사는 현재 미완의 제도 속에서 힘겨운 활동을 하고 있다. 그러나 제도를 탓하지 말자. 일단은 자신이 지닌 전문성의 권위로 주변을 설복하기 위해서 부단히 노력하는 것이 우선이 아니겠는가? 나는 일부 학교에서 가끔 수석교사와 교감이 누가 우위인지를 놓고 신경전을 벌인다는 이야기를 듣곤 한다. 그런 우열의 다툼이 그렇게 중요한 문제일까? 앞에서도 언급했듯이 수석교사제도의 본질적 취지는 가르치는 교사가 존중받는 교직 사회를 만드는 것이다. 수석교사제는 그 한 방편일 뿐이다. 수석교사의 지위 문제와 관련하여 나는 '권력'과 '권위'를 구분하는 정치학의 지혜를 잠시 빌리고

자 한다. 비유컨대, 권력이란 우리 옷에 붙여진 계급장과 같은 것이다. 계급장이 붙어 있는 동안만 권력은 힘을 발휘한다는 뜻이다. 그러나 권위는 이와 다르다. 계급장을 넘어 사람 자체에서 뿜어 나오는 영향력을 말한다. 수석교사와 교감의 다툼은 권력 다툼인가, 권위의 다툼인가? 모르긴 해도 권력 다툼에 다름 아닐 것이다. 그러므로 수석교사들에게 우선적으로 필요한 것은 교육적 전문성을 물씬 풍겨 낼 수 있는 권위 있는 존재인지 끊임없이 자문하는 일이다. 그것이 장기적으로 수석교사의 위상을 높이는 일이다. 권위를 갖추지 못한 권력은 계급장을 떼고 난 순간 신기루처럼 부서지는 허상일 뿐이기 때문이다.

일반 교사들도 수석교사들을 고립시키기보다 함께 협력하여 학교 문화를 변화시키기 위해서 노력하는 것이 옳다. 수업을 공개하고 함께 연구하는 풍토를 만드는 것은 수석교사만의 책무가 아니라 교사들도 함께 감당해야 할 의무이자 권리이지 않을까? 나는 자신의 미래 지향이 교장, 교감과 같은 관리자가 아니라 아이들과 더불어 소통하고 호흡하는 평생 교사이기를 꿈꾸는 이들이 지금보다 더 많아졌으면 좋겠다. 그리고 수석교사는 이런 지향을 지닌 교사들이 꿈꿀 수 있는 미래의 좋은 자아상 중 하나일 수 있다.

물론 제도 개선도 필요하다. 수석교사제도를 정착시키기 위해서는 수석교사를 자격 개념으로 할지 승진 개념으로 할지, 폐쇄형으로 운영할지 개방형으로 운영할지, 직급으로 설정해야 할지 아닌지, 임무와 역할 등을 어떻게 구체화할지 등 여러 법률적이고 행정적인 사항들을 논의하고 정비해야 한다. 나아가서 전체 교원 자격 체계와 승진 체계를 어떻게 항구적으로 바꿀지에 대한 논의도 더 많이 필요하다. 이런 노력들을 통해서 관리직 우위의 교직 사회는 조금씩 정상 궤도를 향해서 나아갈 것이다.

좋은 교사는 곧
좋은 교장이
될 수 있을까?

우리나라 교사들은 대체적으로 교장이 되고 싶어 한다는 사실에서 출발해 보자. 물론, 교장이 되는 것에 관심을 두지 않는 교사들도 많이 있다. 그러나 대개의 교사들은 제도적으로 부여된 승진의 사다리를 타고 올라가서 교장으로 정년을 맞고 싶어 한다. 그 결과 교장이 되기 위한 교사들 간의 경쟁은 치열하다. 교장직을 희망하는 지원자의 감소로 교장 수급에 때로 어려움을 겪기도 하는 미국, 영국, 호주의 사례와는 딴판이다.

그러면 왜 한국 교사들은 교장이 되려고 할까? 김이경과 김미정은 2010년도에 1,670명의 초·중등학교 교사를 대상으로 한국 교사들이 교장직을 선택하려고 하는 요인이 무엇인지를 조사하였다.[130] 이 연구는 교사들이 교장직에 매력을 느끼고 선택하려고 하는 요인을 외재적 요인과 내재적 요인으로 나누어 조사하였다. 외재적 요인에는 '경제적 보상', '근무 여건', '이차적 혜택', '조직 구조 및 권한'의 네 가지, 내재적 요인에는 '개인적·전문적 성장', '존경과 지지', '학교 변화 및 영향력'의 세 가지가 있다. 설문 분석 결과 교장직에 매력을 느끼도록 하는 이 일곱 가지 요인 모두를 교사들은 상당히 매력적으로 인식하고 있었다. 쉽게 말하자면, 한국의 경우 교사가 교장이 되고 싶어 하는 유인가가 높다는 것이다. 일곱 개 요인들 간의 순위를 보면 이차적 혜택과 근무 여건이 더 강한 선택 요인으로 작용하는 데 반하여 경제적 보상, 존경과 지지는 상대적으로 약한 선택 요인이었다. 여기서 이차적 혜택은 교장으로서의 직위, 명예가 상승하고 더 높은 직위로 상향 이동할 수 있는 가능성을 의미한다. 근무 여건은 교장직이 허용하는 근무 시간의 융통성, 시간 여유, 수업의 면제, 독립된 교장실 등을 뜻한다.

이상의 연구 결과를 바탕으로 연구자들은 "교사들이 교장직의 본질적인 특성보다 교장직으로 인해서 부여받는 혜택에 대해서 더 매력을 느끼는 것으로 볼 수 있다"라고 해석하고 있다. 교장직이 어렵고 까다롭지만 보상이 적은 직업이라는 외국 교사들의 인식과 달리 우리나라 교사들은 상대적으로 교장직에 매력을 느끼고 교장이 되어서 얻는 지위와 명예의 상승에 관심을 갖는다는 것을 알 수 있다. 어려운 경쟁을 통해서 교장이 되고 나서의 직무 수행에 대한 주관적인 만족도도 높은 편이다. 2012년 한국고용정보원이 발표한 한 조사 자료에 의하면 우리나라의 대표적인 직업 760개 종사자 2만 6천여 명을 대상으로 한 직업 만족도 조사에서 1위를 차지한 것은 초등학교 교장이었다.[131] 중등학교 교장의 만족도는 49위를 차지했다.

　이렇게 한국에서 교장은 대부분의 교사들이 되고 싶어 하는 자리이다. 교장이 되면 주관적인 만족도도 높다. 문제는 교장직에 대한 사회적 평가는 그에 미치지 못한다는 것이다. 특히 교사들은 좋은 교장을 만나 보기 어렵다고 이구동성으로 말한다. 열심히 노력해서 교장이 된 분들로서는 억울함을 느낄 만한 상황이다. 나는 최근 몇 년 동안 학교 개혁에 직간접적으로 간여했다. 학교 단위 연수 때문에 단위 학교를 방문하는 일도 많았다. 그러다 보니 인연을 맺게 된 교장들도 꽤 있다. 개인적으로 대하고 보니 좋은 교장들이 곳곳에 존재하고 있었다. 그런데 왜 집단으로서의 교장에 대한 사회적 평판은 그다지 좋지 못할까? 교장 개개인의 역량이나 평판 문제와는 별개로 우리나라의 교장 승진 제도 자체가 왜곡되어 있기 때문이다. 쉽게 비유하자면 무엇인가 문제가 있는 제도를 통해서 교장이 되는 셈이다. 따라서 승진의 사다리를 열심히 올라가서 교장이 되는 것 자체가 교직 사회에서 그다지 영예롭지 않게 여겨지는 분위기이다. 교장 승진 제도의 문제점이 무엇인지 한번 살펴보자.

현행 교장 승진 제도의 문제점

우리나라의 교원 승진 구조는 교사 - 교감 - 교장으로 이어지는 일원적인 승진 구조로 되어 있다.[132] 이 승진 구조는 자체로서 규범적으로 정당화되기 어려운 면이 있다. 교육 활동을 직접 담당하는 교사에 비해 관리나 행정을 맡고 있는 교감과 교장을 우위에 두기 때문이다. 이런 승진 제도는 수업과 학생 지도보다는 승진 점수 관리에 몰두하는 교직 문화를 만들어 낸다. 그리고 열심히 교육 활동에 종사하는 많은 교사들을 열패감에 빠지게 한다. 점수 관리에 신경을 쓰지 않고 학생들만 열심히 가르쳤다가는 승진도 못 한 무능한 사람으로 낙인찍히기 쉽다. 이 얼마나 잘못된 제도인가? 그렇다고 이 제도가 우여곡절 끝에 교장으로 승진한 사람들에게 유익이 되는 것도 아니다. 교육 활동도 열심히 하고 리더십과 관리 역량도 뛰어나서 교장이 된 사람들도 정당하게 평가받지 못하는 일이 생겨나기 때문이다. 교육적 열정도 있고 실력도 있어서 교장이 되었는데 점수만 챙겨서 출세한 사람이라고 평가하니 말이다. 한마디로 교장 개개인의 역량 문제를 넘어서서 승진 제도라는 구조적 틀 자체가 교장에 대한 편견과 폄하를 만들어 내니 교장의 입장에서도 어찌 좋은 제도라고 할 수 있겠는가? 나는 이런 제도를 개혁하지 않고는 한국 교육의 미래가 없다고 생각한다.

거기에 더하여 현재의 교장 승진 제도는 능력 있는 교장을 선발하는 것과는 무관한 기준에 의해서 교장 후보를 뽑는 문제점까지 가지고 있다. 교장이 되기 위해서는 〈교육공무원 승진규정〉에 제시된 기준에 따라서 경력, 근무 성적, 연수 성적, 가산점 등에서 경쟁자보다 높은 점수를 받아야 하다. 그런데 점수를 축적하는 과정이 교장에 합당한 자격을 갖추는 것과는 상관이 크지 않다. 교직에 오래 근무하면서 근무평정에서 높은 점수를 받는 것이 교장 역할을 잘 수행할 수 있음을 의미하지는 않는다. 자격 연수나 직무 연수에서 좋은 성적을 얻는 것, 각종 연구대회에서 수상하는 것, 교육학 관련 학위를 취득하는 것 등과 관련되는 연수 성적 또한 교장의 직무 수행 능력과는 직접적 관련성이 높지 않다.

문제는 교장 승진을 원하는 후보자들이 이런 점수를 더 많이 따기 위해서 서로 경쟁해야 한다는 것이다. 여기에 더하여 승진을 희망하는 사람들은 교육부 시책을 추진하는 각종 연구학교에 근무하거나 도서 벽지나 농어촌 교육 진흥을 위한 학교에 일정 기간 근무하여 가산점을 받아 남들보다 유리한 고지에 올라서야 한다. 소외된 벽지에 근무하면서 학생들을 돌보는 것은 물론 칭찬받아야 할 일이다. 그에 대한 적절한 보상이 주어지는 것도 당연하다. 그러나 그것을 교장 승진을 위한 점수와 연계시키는 것은 별개의 문제이다. 비유컨대, 현행 승진 제도는 농구를 잘하는 사람을 뽑아서 축구를 시키거나 혹은 말을 잘하는 사람을 뽑아서 글을 쓰게 하는 셈이다. 즉, 실제 교장 업무 수행과는 무관하거나 관련이 적은 평정 척도에 터하여 교장 자격자를 정하는 셈이다.

교장 승진 제도 개선을 위한 시도들

이렇게 교장 승진 제도가 문제가 많다 보니 교장 제도 개선을 위한 노력도 주로 승진 제도 개선에 초점이 맞추어져 있다. 예컨대, 전문성을 갖춘 교장을 양성하거나 교육하는 문제에 대한 관심은 상대적으로 덜하다. 대신에 누가 교장이 되도록 할 것인가 하는 선발과 임용 문제에 더 무게중심이 쏠려 있다. 1996년 이후 실시된 교장초빙제와 2007년 이후 시행되고 있는 교장공모제도 모두 교장 선발과 임용 방식의 개선에 방점이 있다. 교장초빙제는 학교와 지역사회의 실정에 맞는 학교 운영을 위해서 교사, 학부모, 지역사회 구성원이 원하는 교장을 초빙할 수 있도록 허용한 것이다. 현재는 교장공모제에 통합 운영되고 있다.

교장공모제는 교장 임용 제도의 다양화를 위해서 2007년 도입된 후 시범 실시되다가 2011년 법제화되었다. 현재 교장공모제에는 초빙형, 내부형, 개방형의 세 종류가 있다. 초빙형은 기존의 교장 자격증 소지자를 대상으로 일반 학교에서 공모하는 형식이고, 내부형은 자율학교에서 15년 이상의 교육 경력을 지닌 사람을 대상으로 공모하는 형식이다. 개방형은 특성화학교, 예술체육계 고등학교에 대해서 교사가 아니어도 해당 학교 교육과정과 관련된 기관이나 단체에서 3년 이상 종사한 자에게 지원 자격을 부여한다. 그동안 교장공모제의 도입 효과에 대한 몇 건의 연구가 수행되었는데 여러 공모제 유형 중에서 내부형 공모제가 가장 긍정적인 효과를 내는 것으로 나타났다.[133] 그러나 기존의 승진 구조를 뒤흔든다는 반발 때문에 내부형 공모제는 현재 여러 가지 제한을 받아서 전체 교장 임용 대상 중에 아주 적은 비율을 차지하고 있다. 따라서 제도 도입의 원래 취지를 충분히 살리지 못하고 있는 실정이다. 한편 제도화되지는 못했지만 전교조는 오랫동안 교장선출보직제를 주장하였다. 교장선출보직제는 학교에 재직하는 교원 중에서 역량과 덕망이 있는 자를 학교 구성원이 선출하여 교장직을 보직으로 맡아 수행하도록 하는 제도이다. 이 제도는 교장을 승진 개념으로 보지 않고 보직 개념으로 보자는 발상의 전환을 담고 있다. 학교에 대한 관료적 통제를 견제하고 학교 구성원의 참여와 민주적 가치를 실현하는 것을 중시한다.[134] 그러나 여러 가지 현실적인 문제에다가 다양한 비판에 직면하여 제도화되지 못했다.

좋은 교사는 곧 좋은 교장이 될 수 있을까

위에서 언급했듯이 현재 논의 혹은 시행되고 있는 개선 방안들을 보면 모두가 승진 방식의 변화, 법률적으로 더 정확히 표현하면 임용 방식의 변화에 초점을 두고 있다. 나는 이런 선발과 임용 방식의 개선에 치중하는 교장 제도 개혁이 의미가 없지는 않지만 더 중요한 논의를 우회하고 있다고 생각한다. 현재의 개선책들은 무의식적으로 하나의 가정을 공유하고 있다. 좋은 교장 자격을 지닌 사람이 어딘가에 존재하며 선발과 임용 방식을 개선하면 그런 사람을 잘 찾아낼 수 있다는 가정 말이다. 예컨대, 교장공모제나 교장선출보직제나 좋은 교장 역할을 할 수 있는 사람은 이미 어딘가에 존재하고 있고 그런 유능한 사람을 잘 골라내기만 하면 된다고 생각한다. 여기에는 좋은 교사는 좋은 교장이 될 수 있다는 또 하나의 관성적 사고가 존재하고 있다. 교장선출보직제 문제를 둘러싸고 대립했던 전교조와 한국교총도 또한 좋은 교사 — 좋은 교사를 무엇으로 규정하는지에 있어서 차이가 있을 뿐이지 — 가 좋은 교장이 될 수 있다는 가정은 동일하게 공유하고 있다고 판단한다.

그러나 나는 좋은 교사가 곧바로 좋은 교장이 될 수 있다고 생각하지 않는다. 좋은 교사는 좋은 교장이 되기 위한 필요조건이지 충분조건은 아니다. 교장의 역할을 잘 수행하기 위해서는 잘 가르치는 능력 이상의 능력이 필요하다. 예컨대, 학교 경영자로서의 리더십, 조직 관리 능력, 의사소통 및 갈등 관리 능력, 장학 및 컨설팅 능력, 학습자의 교수-학습 신장을 돕는 프로그램 개발과 실행 능력 등 다양한 능력이 필요하다. 그런 능력이 교육과 훈련의 과정 없이 형성될 수 있다고 나는 보지 않는다. 단순히 교사를 오랫동안 하고 성실하고 훌륭하게 학생들을 가르쳤다고 해서 그런 능력이 부수적으로 습득된다고 생각하지도 않는다. 교장 임용 제도 개혁에 대한 논문을 쓴 교육학자 박상완의 다음 글에서도 이와 유사한 생각을 확인할 수 있다.

교장 임용 제도 개혁 논의에서는 근본적으로 교장직에 대한 패러다임의 전환이 이루어져야 한다. 여기서 의미하는 패러다임의 전환이란 교장직과 교사직은 근본적으로 다른 것이며, 따라서 교장의 임용 제도와 교원의 승진 제도는 별개의 것으로 논의되어야 한다는 것이다. 일선 학교에서 교장이 하는 일과 교사가 하는 일은 근본적으로 다른 것으로서 교사로서의 경력이 축적된다고 해서 교장직을 성공적으로 수행할 것이라는 기본 가정을 버려야 한다. 우수한, 성공적인 학교장이 되기 위해서는 학교 경영과 의사소통 능력, 구성원 간 갈등 해결 능력 등을 포함한 행정 관리직으로서 교장직에 요구되는 능력과 자질을 전문적인 과정을 거쳐 '학습'해야 할 것이다. 다만 교장 직무의 성격상 교사로서의 현직 경험의 중요성을 배제할 수는 없다. 교사직과 교육행정직을 분리할 경우에도 교육행정가들에게 일정 기간의 교직 경력은 요구되어야 할 것이다.[135]

과거와 달리 전문적인 교육이나 훈련 과정 없이 좋은 교사가 될 수 있다는 생각을 하는 사람은 오늘날 많지 않다. 학교 경영자도 마찬가지 아닐까? 학교장의 자질이 전문적 훈련의 과정 없이 자동적으로 형성될 수 있다고 보는 것은 낭만적인 사고이다. 실제로 오늘날 교장을 교사 중의 우두머리 head teacher로 보는 시각에서 벗어나서 별도의 전문직으로 간주하는 경향이 커지고 있다. 여러 나라에서 이미 교장이 되기 위해서는 학교 리더십과 관련된 별도의 학위를 이수하거나 혹은 1년 이상의 전문적인 교장 연수 과정을 이수해야 한다. 박상완의 주장처럼 교장 임용과 승진 문제를 대하는 인식의 패러다임 전환이 요구된다.

교장 승진 제도와 양성 제도를 함께 개선해야

나는 교장 제도 개혁을 위해서는 승진 임용 제도와 양성 제도 모두를 개선하는 이중적인 접근이 필요하다고 본다. 우선 승진 임용 제도의 개선 문제부터 생각해 보자. 현재 우리나라에서는 교장 승진과 양성을 구분하는 인식 자체가 거의 존재하지 않는다. 교직 생활 전체를 일종의 교장 양성 과정으로 보고 교직의 경험과 전문성의 연장선에서 교감으로 승진하고 다시 교장으로 승진하는 제도를 시행하고 있기 때문이다. 그러나 이런 승진 구조가 정당화되기 어렵다는 것은 앞에서 이미 언급했다. 승진 임용 제도의 개선의 핵심은 교사에서 관리직으로 연결되는 일원적 승진 체계를 허물고 승진 경로를 다원화하는 것이다. 이를 위해 이제 막 도입된 수석교사제도를 내실 있게 보완하여 가르치는 교사가 전문성을 인정받고 관리직과 동등한 위상으로 정년을 맞이할 수 있도록 해야 한다. 또한 전직이 용이하여 교장이 되는 통로쯤으로 인식되고 있는 장학직도 고유한 전문성을 지닌 별도의 승진 루트로 분리 운영하는 것이 바람직해 보인다.

이와 유사한 아이디어는 싱가포르에서 현재 실행되고 있다. 싱가포르는 교사들의 적성에 맞는 다양한 진로 선택의 기회를 제공하기 위해 세 가지 트랙을 설치해 놓고 있다. 첫 번째는 교수 트랙Teaching Track이다. 이 트랙을 선택한 교사들은 교실수업에 치중할 수 있으며 수석교사Master Teacher로 승진할 수 있다. 두 번째, 리더십 트랙Leadership Track에서는 학교 행정가로 승진하거나 혹은 교육부에서 일할 기회를 제공받는다. 마지막으로 전문가 트랙Senior Specialist Track을 선택한 교사들은 교육 전반에 대한 깊은 지식과 전문성을 바탕으로 교육부 내에서 교육 연구와 개발에 있어 핵심적인 역할을 수행한다(아래 그림 참조). 이런 다양한 트랙을 제공하여 승진에 대한 욕구를 다원화하고 각자의 전문성을 잘 개발해 가도록 하는

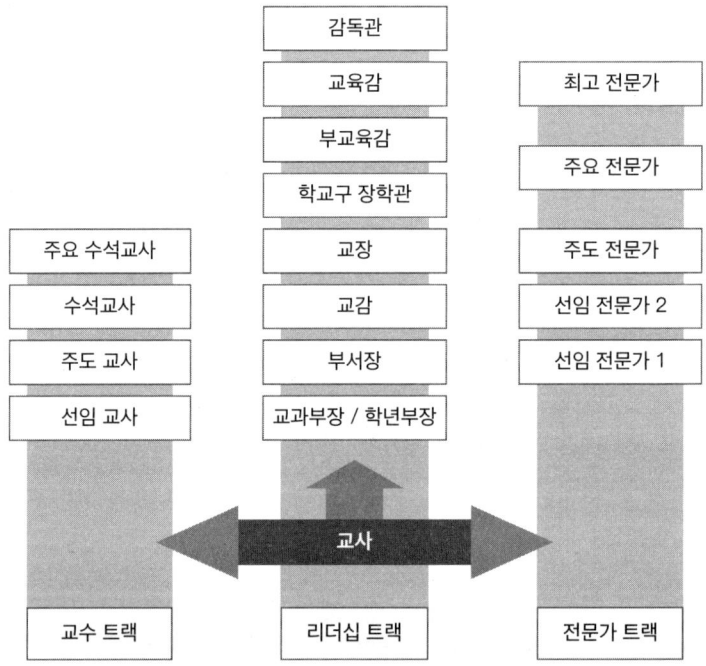

싱가포르 교사의 경력 체계[136]

것이 훨씬 바람직한 모델이라고 본다. 싱가포르 모델을 좀 더 자세히 연구하여 구체적인 시사점을 제공받을 필요가 있다. 물론 다른 나라의 승진 제도도 함께 참고해야 할 것이다. 문제는 교장을 정점으로 한 현재의 일원적 승진 제도는 어떤 논리로도 정당화되기 어렵고 현실적인 폐해도 크다는 점이다.

둘째, 교장 양성 제도의 개선이다. 현재 우리나라는 교장을 양성하기 위한 독립적인 교육 기관도 없고 체계적인 양성 프로그램도 없다. 교장 승진 대상자들을 위한 180시간 정도의 자격 연수 과정만 운영되고 있는 실정이다. 그것도 연수 대상자들을 한자리에 모아 놓고 전문가를 불러서 강연을 듣는 것이 주된 운영 방식이다. 이 정도의 양성 프로그램으로는 교장직 수행에 필요한 이론과 실무 능력을 얻는 데 턱없이 부족하다. 영미권의 교장 양성 과정을 보면 교장이 갖추어야 할 핵심 역량을 명료하게 규정하고 장기간의 체계적인 교육 프로그램을 제공하고 있다. 또 현장 실습을 가미하여 이론과 실습이 조화를 이루도록 하고 연수 기관, 학교 현장, 전문가 간의 유기적인 협력에 의한 교육이 이루어진다. 이 점에서 우리의 교장 연수 프로그램은 대단히 낙후되어 있다. 지금 당장이라도 교장 양성 연수 과정을 내실 있게 개선하는 일에 착수해야 할 것이다.

다시 정리를 하자면 한국의 교장 제도 개혁은 승진 제도와 양성 제도의 동시 개혁을 필요로 한다. 여기서 동시 개혁은 시간적으로 함께 진행되어야 한다는 의미는 아니다. 승진 제도 개선이 사회적 합의 과정과 법제화를 동반하는 정치 과정에 가깝다면 양성 제도의 개혁은 교장을 교육하는 프로그램을 마련하는 교육적 실행에 가깝다. 따라서 실천 가능성과 우선순위를 고려하여 한쪽을 먼저 개선해 갈 수도 있겠다. 다만 궁극적으로는 양자가 함께 개혁되어야 할 것이다.

한편 2014년 경기도에서 이재정 교육감이 교장, 교감도 수업에 참여하게 하겠다고 하여 뜨거운 찬반 논란이 전개된 바 있다. 이 논쟁에 대해서 자세히 다룰 생각은 없다. 다만, 이 기회에 〈초·중등교육법〉은 한번 참고해 보면 어떨까 한다. 〈초·중등교육법〉 제20조에는 "교직원의 임무"라는 항이 있다. 1항은 "교장은 교무를 통할統轄하고, 소속 교직원을 지도·감독하며, 학생을 교육한다", 4항은 "교사는 법령에서 정하는 바에 따라 학생을 교육한다"라고 되어 있다. 교장이 법적으로 교원으로 분류되는 이유는 "학생을 교육한다"라는 항목을 교사와 공유하고 있기 때문이다. 이 법규에 따르면 교장도 경우에 따라서 수업을 할 수도 있어야 한다. 그러나 교장은 여기에 더하여 "교무를 통할하고 소속 교직원을 지도·감독"해야 할 책무가 있다. 따라서 법조문의 정신을 제대로 이해한다면 좋은 교장은 세 가지 병렬적인 항목을 균형 있게 잘 감당하는 사람이어야 한다.

교장이 수업 참여를 해야 한다는 주장은 아마도 교장들이 앞의 두 가지 항목을 자신의 권한이라고 생각하는 데 비해서 세 번째 항목인 학생을 교육하는 것을 지나치게 등한시해 온 것에 대한 반작용이 아닐까 한다. 이 문제가 논란이 되는 이유는 결국 우리나라의 경우 교장이 되는 승진 제도에는 지나치게 관심이 많았던 반면 실제 교장이 무엇을 해야 하는가 하는 직무 수행 기준이나 원칙에 대해서는 그동안 너무 논의가 적었던 것에서 연유한다고 나는 본다. 법조문에 "학생을 교육한다"라는 어구가 동일하게 적혀 있다고 하더라도 교사가 학생을 교육하는 일과 교장이 학생을 교육하는 일은 그 성격이 다소 다를 수밖에 없다. 나는 외국 학교를 관찰하는 동안 교장이 학생 상담과 지도, 학생 자치 활동, 학교 문예 활동, 특별 교육 프로그램 운영 등 다양한 학생 교육에 적극적으로 참여하는 경우를 관찰한 바가 있다. 교장, 교감들은 수업 문제와 관련하여 반대의 목소리를 높이기보다는 왜 우리나라 〈초·중등교육법〉이 교장과 교감을 교사와 동일하게 교원으로 규정하고 있는지 깊이 고민할 필요가 있다. 그리고 교장과 교감의 지위에 합당한 학생 교육의 양태에 대한 좋은 모델을 만들어 나가야 할 책무가 있다.

나아가서 정부나 교육청은 교장, 교감이 수업에 참여해야 하는가 아닌가 하는 감정적인 논쟁은 자제하고 교장, 교감과 같은 교원인 동시에 관리자의 역할을 맡고 있는 사람들의 직무 수행에 대한 좀 더 사려 깊은 표준적 기준을 만들어 보는 것은 어떨까? 다행히 최근 10여 년 진행된 학교 혁신의 경험들을 통해서 현실에서 본받을 만한 새로운 교장의 사례들이 적잖이 생겨났다. 논의를 하기에 좋은 토양이 마련된 셈이다.

교육대학교, 작은 것이 아름답다고 할 수 있을까?

한국의 교원양성체제는 크게 초등과 중등으로 구분되어 있다. 중등 교원이 다양한 경로를 통해서 양성되는 데 비해 초등 교원은 교육대학교라는 단일 경로를 통해서 배출된다. 물론, 이화여자대학교 초등교육과, 한국교원대학교 초등교육과, 그리고 몇 년 전 제주대학교로 통합된 제주교육대학교라는 예외가 있기는 하다. 그러나 이 대학들에서 양성되는 초등 교원 수는 전체 초등 교원 양성에서 차지하는 비율이 크지 않다. 한국의 초등 교원은 목적형 교육대학교라는 단일 체제에서 양성된다고 해도 무방하다.

단일한 양성 체제를 지니고 있기 때문에 초등은 중등과 달리 교원 수급에서 큰 문제가 발생하지 않는다. 초등 교원 임용 경쟁률은 해마다 다소 변하기는 하지만 높은 경우에도 2~2.5 대 1 수준에서 유지되고 있다. 따라서 재수 혹은 늦어지는 경우라도 삼수를 하면 대부분 초등 교사의 꿈을 이룰 수 있다. 중등과 달리 임용 전망이 밝은 편이기 때문에 고등학교 졸업자를 기준으로 상위 5~10퍼센트 내외의 학생들이 교육대학교를 지망한다. 이렇게 성적이 우수한 학생들이 교사를 지망하는 것은 전 세계적으로도 유래를 찾기 어렵다. 거기에다가 우리나라 대학 체제 전체가 안고 있는 수도권 대학과 지방 대학 간의 격차 문제도 존재하지 않는다. 전국 각 도마다 거점 교육대학교가 하나씩 존재하여 해당 지역에 필요한 교원을 주로 공급하는 시스템으로 운영되고 있기 때문이다. 이 정도면 교육대학교 체제는 다른 전공 분야와 비교하여 볼 때 성공적으로 운영되는 대학 시스템이라고 볼 수 있다.

그러나 밝은 면만 있는 것은 아니다. 대학 규모의 영세성 때문에 학생들에게 풍부한 경험을 제공하기 어렵다는 비판은 언제나 제기된다. 교육대학교가 제공하는 교육과정 프로그램에 대한 불만도 존재한다. "똑똑한 학생들을 받아서 바보 만들어서 내보낸다"라는 세간의 비판은 이런 현실을 반영한다. 나아가서 교사가 단순한 지식 전수자가 아니라 스스로 지식을 생성하는 전문가이기를 요구받는 21세기 교육 현실에서 현재의 초등교원양성체제가 그에 합당한 교사를 길러 내고 있지 못하다는 비판도 거세다. 일제 강점기 사범학교에서 출발한 초등교원양성교육이 이런 시대의 사명을 감당할 수 있는 높은 전문성과 윤리 의식을 지닌 교원을 양성할 수 있을까?

교육대학교의 기원, 사범학교

일단 교육대학교의 역사적 기원부터 점검해 보자. 특정한 직업인을 길러 내기 위한 훈련 프로그램이나 교육 체계에는 다양한 형태가 있을 수 있다. 교원 양성을 국가가 관장하는 목적형 교육 기관에서 담당해야 한다는 생각은 근대 공교육의 탄생과 함께한다. 우리나라 초등교원양성대학의 기원은 일제의 사범학교이다. 일본은 1872년 5월 일본 최초의 사범학교를 도쿄에 설립하여 근대적 교원 양성을 시작하였다. 이는 일본의 근대 교육 체제 확립을 위한 여러 조치의 일부였다. 당시 일본은 여러 서양의 교육 제도를 모델로 하였는데, 특히 프랑스의 교육 제도를 사범학교 설립에 많이 참고하였다.[137]

일본의 사범학교는 출발 초부터 강한 국가 주도적 성격을 띠었다. 국가에 의해 특별한 행정적, 재정적 지원을 받았으며, 일반 학교와는 구별되는 독자적인 시스템을 갖추었다. 1880년대 초반 일본의 초대 문부대신 모리 아리노리는 보통교육을 담당할 교사를 기르는 사범교육의 중요성에 대한 명확한 신념을 소유하고 있는 인물이었다. 그에 의해서 일반 학교 체제와는 별개의 사범학교 체제가 확립되었다. 사범학교 학생들에게는 특별한 도덕적 품성이 요구되었으며, 관비에 의해서 학자금이 지급되었다. 대신에 학생들은 졸업 후 일정 기간 동안 의무 복무를 해야 했다. 이 같은 학자금 지급 제도는 군 관계 양성 학교 외 일반 학교에서는 전혀 볼 수

없는 특징이다. 이런 제도들은 사범학교를 통한 교원 양성이 지니는 국가주의적 성격을 잘 표상한다.[138]

한국의 교원양성체제는 이 같은 일본 사범학교를 본받아서 출발하였다. 한국 최초의 근대적 교원양성학교는 1895년 설립된 한성사범학교이다. 한국 최초의 근대적 초등교원양성기관이라는 점에서 그 의의가 크다. 그러나 당시 근대적인 소학교가 많지 않아 교원 양성 또한 활발히 이루어지지 못했다. 한성사범학교는 1906년 일제 통감부가 설치된 후에 폐교되었다.[139] 현재 교육대학교의 전신이라고 할 수 있는 관립사범학교는 1921년 경성사범학교가 그 시초이다. 1929년에는 평양사범학교와 대구사범학교가 설립되었다. 이후 잠시 소강상태에 있다가 1935년 경성여자사범학교를 시작으로 1944년까지 13개의 관립사범학교가 전국 주요 도시에 설립된다. 이 시기 사범학교가 많이 설립된 것은 1937년 중일전쟁이 발발하는 등 일본의 침략 전쟁이 본격화하는 정세와 관련이 있다. 즉, 황국신민화 교육을 철저히 실시하여 식민지 민중을 병력과 노동력으로 동원하려는 의도가 있었다. 이를 위해 일제는 공립초등학교 수를 급격히 늘리는 한편 그 교육을 담당하는 교원 양성을 위해 사범학교도 확대하였다. 사범학교 교육의 초점이 철저히 황국신민을 기르는 데 맞추어졌음은 그 당시 사범학교 교육 내용을 검토해 보면 명확히 확인할 수 있다.[140]

불철저한 역사 청산의 의도하지 않은 결과

일제 강점기에 틀이 갖추어진 사범학교는 해방 후에도 초등교원 양성체제의 근간이 되어 1960년대까지 이어진다. 사범학교가 황국 신민을 위한 동화교육을 담당할 교원을 양성하는 목적에 충실하게 운영되었다는 점에서 해방 후 대한민국이라는 신생국의 교사양성체제로서 사범학교가 적합한지에 대한 철저한 검토가 수반되어야 마땅했다. 그러나 해방 이후 정국이 혼미한 가운데 식민지 청산 문제는 유야무야되었다. 사범학교 체제에 대한 근본적인 반성이나 성찰도 일어나지 못했다.

현재의 교육대학교라는 목적형 양성 체제는 이런 불철저한 역사 청산의 산물이라고 해도 과한 해석은 아니다. 이는 전후 일본에서 이루어진 교원양성제도 개혁과 비교해 보면 더 분명해진다. 일본은 1945년 2차 세계대전의 패배를 계기로 하여 교원양성제도를 개혁한다. 그 가장 중요한 골자는 사범학교의 폐지이다. 즉, 중등교육 수준에서 교사를 양성하는 사범대학을 폐지하는 대신에 대학 수준에서 교원을 양성하는 획기적인 변화가 일어나게 된다. 여기서 대학이란 당시 국가의 요구에 부응하는 제국 대학을 모델로 하는 것이 아니라 종합적인 시민 형성의 장이자 그에 관한 연구의 장인 전후 새로운 학교교육법에 의한 새로운 대학을 말한다. 또 교사 교육을 사범학교의 독점에서 해방하여 자격증이 정하는 소정의 이수 조건을 만족시킬 수 있는 일반 대학에도 폭넓게 개방하였다. 이런 개방제는 종래의 사범학교가 독점적이고 폐쇄적인 특성으로 인해서 개방적이고 민주적인 교사를 양성하는 데 부적합하다는 비판에 기반하고 있다. 교원 양성이 교원 양성이라는 단일 목적을 가진 대학만이 아니라 모든 일반 대학에서 실시되어야 한다는 '개방제'의 아이디어에는 교사는 교직에 필요한 지식뿐 아니라 일반적이고 높은 수준의 교양을 지닌 교양인이어야 한다는 이념이 존재한다. 또 교사 교육을 특정한 기관이 책임지는 것이 아니라 대학 전체가 그 기능과 책임을 공유한다는 이념적 특성도 존재한다.[141]

그러나 일본에서 이루어진 사범학교에 대한 이러한 반성은 한국에서는 일어나지 않았다. 해방 후 일본인 교사가 빠져나가고 1950년에는 한국전쟁이 발발하여 한국은 극심한 교사 부족 현상에 시달렸다. 이런 상황에서 교사 교육의 전문성이나 적합한 교원양성체제에 대한 고민을 할 겨를이 없었다. 강습과, 속성과, 임시양성소 등 단기교원양성과정을 통해서 교사를 속성으로 배출해야 하는 형편에 사범학교 체제 자체의 적합성을 검토하는 것은 사치스러운 일이었다. 교원 수급 사정이 어느 정도 개선되어 임시양성소가 폐지되고 초등 교원 양성이 전문 양성 과정인 사범학교로 일원화된 것은 1958년에 이르러서이다.[142] 물론 이후에도 한국 정부는 때때로 단기교원양성과정을 부활시켜서 교사 교육의 질을 관리하기보다는 양적 공급에 치중하는 우를 범하곤 했다.

고등학교 수준이던 사범학교를 대학 수준으로 승격시킨 것은 박정희 정권 때이다. 박정희 정권은 1961년 교육에 대한 임시특례

법을 제정하여 사범학교를 2년제 교육대학 체제로 승격 개편하였다.[143] 그 후 교육대학이 현재와 같은 4년제 대학으로 개편된 때는 1980년대이다. 당시 전두환 정권은 초등교원양성체제의 세계적 추세와 교육계 내외의 주장을 반영하여 교육대학을 4년제로 개편하였다. 그 결과 1981년에서 1984년 사이에 전국 11개 교육대학이 모두 4년제로 개편되었다.[144] 흥미로운 것은 2년제, 4년제로의 개편이 모두 군사정권 초기에 이루어졌다는 사실이다. 군사정권의 정당성을 확보하기 위한 일련의 조치 중 일부로 교원양성체제의 개편도 검토된 것이 아닌가 한다. 이렇게 정치적 필요에 따른 개편의 성격이 강했기 때문에 초등교원양성체제의 개편은 심도 있는 연구와 실험 없이 졸속으로 추진되었다는 비판을 받는다. 현재의 4년제 대학 체제로 전환된 1980년대의 개편도 4개월 남짓의 짧은 연구를 통해 교육과정의 기본 틀이 구상되었다. 이 과정에 교육대학교 교육과정은 초등 교원 양성에 걸맞은 체제를 갖추지 못하고 사범대학의 학과에 준하는 심화 전공의 체제를 갖게 되었다. 앞의 일본의 전후 교원양성체제 개혁과 비교하여 볼 때 한국의 교원양성체제 개편은 상대적으로 체계적 논의 없이 이루어졌다. 군사정권의 정치적 필요와 결합하여 임기응변적으로 이루어진 측면도 강하다.

앞에서도 언급했듯이 초등 교원 양성이 현재의 폐쇄형 교원양성체제 형태로 존속할 수 있었던 것은 식민 시기 사범교육 체제에 대한 불철저한 반성의 결과라고 할 수 있다. 개방형으로 나아간

중등교원양성체제와 비교하여 이런 불철저한 역사 청산으로 인해 결과적으로 비교적 안정적으로 운영되는 초등교원양성체제가 가능하게 되었다는 것은 역사의 아이러니가 아닌가 한다. 이런 단일 양성 체제를 유지한 결과 초등 교원 양성은 중등 교원 양성과 같이 극심한 수급 조절 실패로 인한 홍역을 겪지 않고 있다. 교육대학교가 교육부와 협의하여 매년 정원을 일정하게 조정하여 졸업생의 임용률을 적정 수준에서 조절함으로써 예산 투자의 효율성도 높이고 인력 낭비와 사회 문제로의 비화를 예방하고 있는 것이다. 또, 목적형 대학의 체제를 유지함으로써 교원 양성과 관련된 연구와 실천도 중등 교원 양성보다 상대적으로 우위에 있다. 교과교육학과 교육학을 전공하는 학자들이 중등교원양성기관에 비해서 훨씬 많기 때문에 교원 교육에 대해서 함께 연구하고 고민할 수 있는 문화적 풍토도 중등에 비해서 우위에 있다.

작은 것이 아름답다고 할 수 있는가?

위에서 설명했듯이 교육대학교는 사범대학이나 일반 대학의 교직과정과 같은 중등교원양성체제에 비해서는 여러 가지 장점을 지니고 있다. 그러나 교육대학교는 규모의 영세성이라는 숙명적인 문제를 지니고 있다. 참고로 필자가 근무하고 있는 청주교육대학교는 교수 70여 명에 한 학년 학부 학생 수도 300여 명밖에 되지 않는다. 물론, 규모가 작은 것이 반드시 나쁜 것은 아니다. 작은 규모의 대학은 많은 장점도 발휘할 수 있다. 이 정도 규모이면 학교 교수들이 모두 서로 알고 지낸다. 따라서 대규모 대학에서 볼 수 있는 개인주의적 교수 문화가 상대적으로 덜하다. 여러 전공을 넘어서 함께 연구하고 협력할 수 있는 분위기가 형성될 수 있다. 학내 구성원의 의견 수렴이나 의사 결정도 비교적 쉽게 이루어지며 이로 인해 불필요한 행정적인 낭비를 줄일 수 있다. 교수와 학생들의 관계도 대규모 대학에 비해서 상대적으로 친밀하다. 학내 구성원들이 마음을 모으면 교육과정이나 대학 운영도 쉽게 개선할 수 있다. 그런데 지금 언급한 것들은 모두 하나의 가능성 차원이다. 잘못 운영될 경우 장점이 단점으로 바뀔 수 있다. 예컨대, 작은 공동체 내 구성원들이 한 번 반목하면 수습하기가 더 어렵다. 전국의 교육대학교들은 작은 것의 아름다움을 구현하는 대학 문화를 형성하고 유지하고 발전시켜 가고 있을까? 잘 모르겠다. 교육대학교 문화에 대한 체계적이고 객관적인 연구가 필요하다는 언급 정도로 이 문제는 넘어가고자 한다.

교사 교육의 내실화라는 관점에서도 작은 대학은 여러 가지 약점을 지닐 수 있다. 교사에게 필요한 교육을 단순화하여 '일반교양', '전공 영역에 대한 지식', '교육 실천에 필요한 지식'의 세 영역으로 편의상 나누어 보자. 이 중 현재의 교육대학교 체제가 상대적으로 충실하게 교수할 수 있는 영역은 '교육 실천에 필요한 지식'이다. 이 영역에 관련되는 교육학자나 교과교육학자를 중등교원양성기관에 비해 상대적으로 많이 확보하고 있기 때문이다. 이는 사범대학과 비교해 보아도 확연하다. 교육대학교 학생들은 광의의 교육학 관련 과목에 훨씬 많이 노출되며 교육대학교의 문화적 특성상 '교사 되기'에 대한 고민도 더 많이 한다. 이런 요소는 교육대학교 체제가 제공하는 매우 중요한 강점이다. 그러나 교육대학교는 규모의 영세성으로 인해서 '일반교양'과 '전공 영역'에 대해 풍부한 교육 프로그램을 제공하는 것이 상당히 어렵다. 이 점은 교육대학교 교육과정의 아킬레스건이다.

실제 교원양성교육 프로그램에 대한 연구들도 교육대학교 프로그램에 여러 가지 문제가 있음을 지적하고 있다. 교육대학교를 실제로 경험한 당사자들의 입장을 보여 주는 연구를 두 가지만 소개해 보겠다. 우선 약간 오래된 연구를 예로 들겠다. 약 20년 전 광주교육대학교 박남기 교수는 〈교대생이 바라본 초등교원양성교육의 문제점과 개선 방향〉이라는 연구를 수행하였다.[145] 이 연구는 교대생 스스로가 바라본 초등교원양성교육의 문제점, 문제의 발생원인, 바람직한 개선 방안에 대해 질적 연구와 양적 연구를 병행하여 조사하였다. 여덟 개 교육대학교 400명을 대상으로 설문 조사를 수행한 이 연구에는 교대생이 생각하는 교육과정의 문제가 잘 드러나 있다. 당시 재학생이 지적한 교양과정의 문제점은 "선택의 범위가 좁다", "교대 교육과정으로서의 특성이 불분명하다", "다가오는 미래에 대처할 과목이 부족하다" 등이다. 교직과정의 문제점으로는 "현장과의 연계성 및 실용성이 낮다", "몇 년 동안 같은 교재와 같은 교수 방법으로 진행된다", "과목 간의 중복이 많다"는 것이었다. 심화과정의 경우, "깊이가 없고 중복이 많다", "현장과의 연계성이 부족하다", "학과를 초월하여 배우고 싶은 내용을 선택할 수 없다" 등이 문제로 부각되었다. 선택의 기회가 다양하게 주어지지 않고 현장과의 연계성이 떨어지며 과목 간의 중복이 많다는 것이 공통된 지적 사항이었다.

다른 연구는 이유경·김재웅의 〈초등 교사의 전문성과 교육대학 프로그램의 관계〉라는 논문이다.[146] 서울에 근무하는 현직 초등학교 교사 8명 — 경력 2년에서 22년 차 교사이며 출신 교육대학교는 다양하다 — 을 대상으로 현재 수행하는 교사로서 업무에 비추어서 과거 자신들이 경험한 교육대학교 프로그램이 어떤 영향을 주었는지를 심층 면담 형식으로 분석한 연구이다. 교사들은 교직 수행을 위해서는 학생 교육 이외에도 행정, 상담, 인간관계, 지역사회 봉사 등 여러 영역의 전문성이 요구된다고 인식하고 있었다. 교육대학교 프로그램은 실습을 제외하고는 이러한 전문성을 기르는 데 별로 도움이 되지 않는다는 것이 이들의 평가이다.

이 외에도 많은 연구들이 교육대학교 프로그램의 문제를 유사하게 지적하고 있다. 이런 문제 중 일부는 규모의 영세성에서 직접 파생되는 것들이다. 그러나 교육대학교가 작은 대학의 강점을 살려서 좋은 교육 프로그램을 개발하는 데 충분히 노력하지 않아서 생겨나는 문제도 적지 않다. 예컨대, '과목 간의 중복'이나 '현장 적합성의 문제'는 교육대학교 교수진들의 노력으로 충분히 극복할 수 있는 사안임에도 계속 해결되지 않고 있다. 과연 작은 것이 아름답다고 할 수 있을까?

초등교원양성대학 개혁을 위한 몇 가지 아이디어

앞에서 거론한 문제들이 영세한 교육대학교 체제 내에서는 해결되기 어렵다고 보는 사람들은 교육대학교가 인근 거점 국립대학교에 통합되어야 한다고 주장한다. 그러나 나는 교육대학교를 거점 국립대학교에 통합하는 방안에 찬성하지 않는다. 이것이 교사교육을 내실화하는 데 기여할 수 있다고 생각하지 않기 때문이다. 제주교육대학교의 통합 사례는 이를 실증적으로 보여 준다. 제주교육대학교는 2008년에 국립 제주대학교에 통합되었다. 그러나 통합으로 인한 시너지 효과는 별로 나타나지 않고 있다고 판단된다. 종합대학교의 입장에서 보면 초등 교원 양성은 대학의 정책 우선순위에서 크게 중요하지 않은 사안이다. 따라서 별도의 독립 기관으로 존재할 때에 비해 지원은 줄어들 수밖에 없다. 그렇다고 학생들이 교양 영역이나 전공 영역에서 과거에 비해 풍부한 교육과정을 제공받는 것도 아니다. 이런 현상은 다른 교육대학교가 거점 국립대학교에 통합되어도 유사하게 나타날 가능성이 높다.

그렇다면 교육대학교의 장점도 살리면서 영세성으로 인한 문제를 해결할 수 있는 방법은 없을까? 나아가서 교육대학교가 초등교육의 발전에 중추적인 기여를 할 수 있는 방안은 없을까? 이와 관련하여 몇 가지 아이디어를 나누어 보고자 한다.

첫째, 대학 체제와 관련하여 전국의 교육대학교를 하나로 합쳐서 연합 대학을 만드는 방안이다. 인근 국립대학교와의 통합이 별 효과가 없음을 감안할 때 전국의 교육대학교를 하나로 합쳐서 연합 대학을 설립하는 것이 유용한 대안이 될 수 있다. 연합 대학이란 현재 지역 교육대학교 캠퍼스를 유지하는 상태에서 단일 총장 하에 각 대학의 대표자로 구성되는 이사회를 통해서 중요 의사 결정을 하는 대학의 형태이다. '단일 대학 멀티 캠퍼스' 개념으로 생각하면 된다. 현재 10개 교육대학교를 통합할 경우, 교수 약 1,000명, 학생 수 약 2만 명에 달하는 규모를 갖게 된다. 사실 이 연합 대학 안은 나 혼자의 생각이 아니다. 2005년 전국교육대학교총장협의회가 주최하고 교육대학교발전연구위원회가 주관한 〈교육대학교 구조개혁방안(시안)〉 공청회에서 발표된 안이다. 이 보고서는 교육대학교의 발전 방안으로 "전국의 11개 교육대학교를 하나의 대학교로 통합 네트워크화하여 인적 자원과 물적 자원을 효율적으로 통합 관리하는 체제를 구축함으로써 교육과 연구 역량을 제고하고 행정의 효율성도 극대화하는 새로운 다캠퍼스형 대학 형태"인 '한국교육종합대학교(가칭)'를 제안한 적이 있다.[147]

이 안은 현재의 교육대학교들을 통합 네트워크화하여 인적·물적 자원을 통합 관리함으로써 교육 활동과 연구 활동, 학사 행정과 학생 행정, 재무 및 시설 관리 등에서 개별 대학의 자율성과 통합의 시너지 효과가 조화를 이루면서 상호 유기적인 발전을 꾀할 수 있는 모델이다. 대학 의사 결정의 경우 일상적인 의사 결정은 각 캠퍼스 담당 부총장과 전체 총장이 참여하는 이사회에서 결정하고, 더 중요한 결정은 이사회 구성원에 더하여 추천 인사나 외부 인사가 결합하는 평의회나 교수 총회에서 결정하는 형식이다. 이런 연합 대학 방식은 한국에서 한 번도 시도된 적이 없는 방식으로 캠퍼스를 합치지 않는 통합이 무슨 시너지 효과가 있는지 회의적으로 평가하는 사람도 있을 것이다. 그러나 전국 교육대학교를 행정적으로 하나로 통합하면 교육과 연구에서 큰 시너지 효과를 기대할 수 있다. 공동 연구를 통해서 표준화된 프로그램을 운영하면서도 각 캠퍼스의 특성에 따라서 다양한 거점 연구소와 교육 기관을 나름의 사정에 맞게 발전시켜 가면서 표준화에 대한 요구와 다양성이라는 장점을 동시에 충족시킬 수 있을 것으로 기대된다.

예컨대, 교육의 경우 전국 교육대학교의 교수진을 하나의 인재 풀로 유기적으로 결합하여 공동 강좌를 개발하면 약점으로 지적되던 교양 영역이나 전공 내용 영역 교육과정의 문제를 개선하고 질 높은 교육을 제공할 수 있다. '거꾸로교실'과 같은 공동 수업 플랫폼을 만들어 공유하면 강의의 형태도 상당한 정도로 변화시킬 수 있다. 연구 영역의 경우에도 규모가 작아서 내실 있는 연구 수행이 어려운 각 대학의 부설연구소를 통폐합하여 연합 대학 하에 특성화된 다양한 연구소를 설치하여 연구 역량을 획기적으로 개선할 수 있다. 이런 연구소들은 개별 교수 혹은 단일 교육대학교 수준에서 수행하기 어려운 초등교육에 대한 장기적이고 대규모의 연구를 가능하게 해 줄 것이다. 연합 대학 체제가 지니는 또 다른 효과는 교육대학교의 사회적 교섭력을 증가시킬 수 있다는 점이다. 초등 교원 양성 및 초등교육에 대한 연구와 실천을 전적으로 담당하는 단일 대학교는 역량을 잘 발휘할 경우 기업, 사회, 정부로부터 많은 지원을 얻어 낼 수 있다. 나아가서 이런 연합 대학 방안은 진보 진영에서 주장하는 국립대학 평준화와 공동 학위제와 같은 아이디어를 작은 규모에서 실험해 보면서 그 장단점과 장기적인 효과를 검토해 볼 수 있는 실험적 의미도 있다고 생각한다.

둘째로 교육대학교의 기능을 예비 교사 양성이라는 좁은 역할에 한정하지 않고 교원 양성과 재교육을 담당하도록 기능 확대를 하는 것이다. 교사와 교원은 법적으로 구분되는 개념이다. 〈초·중등교육법〉 제19조에는 교원의 종류로 교장, 교감, 수석교사, 교사의 네 가지로 구분하고 있다. 즉, 교사는 교원의 한 종류이다. 교육대학교는 다양한 교원 중에서 주로 예비 교사 양성에 초점을 두어 왔다. 물론, 1990년대 중반에 전국 교육대학교에 특수 대학원으로 석사과정이 설치되고, 최근 서울교육대학교와 경인교육대학교에 박사과정이 설치됨으로써 현직 교원에 대한 교육 기능도 확대되는 추세이기는 하다. 그러나 여전히 예비 교사 교육을 제외한 다른 교원에 대한 교육과 연구 기능은 비중이 적은 편이다. 나는 교육대학교가 〈초·중등교육법〉상의 교원 전체를 대상으로 교육 프로그램을 제공하는 명실상부한 교원 교육 기관이 되어야 한다고 생각한다. 교원의 생애사적 발달 단계 전체를 시야에 두고 교육 관련 연구를 수행하고 이에 필요한 인력도 보강하면 교육대학교의 규모도 어느 정도 적정화할 수 있다. 또 교원 전체를 대상으로 연구와 교육 활동을 수행하면 예비 교사 교육도 더욱 내실화시킬 수 있다.

그런데 방금 언급한 두 가지는 정책적 지원이 수반되어야 하는 다소 중장기적인 개선 방안이다. 그렇다면 당장에 교육대학교 구성원들이 힘을 모아서 할 수 있는 일들은 없을까? 물론 있다. 교육대학교의 교육 프로그램과 관련하여 지속적으로 제기되는 문제부터 내부적 역량을 모아서 해결하는 일이다. 왜 교육대학교 교육과정에 대한 동일한 불만이 몇십 년 동안 계속될까? 예컨대, 과목 간의 중복, 현장 적합성의 부족, 실습 프로그램의 부실, 부설학교의 기능 약화 등은 하루 이틀 지적되어 온 문제가 아니다. 이런 문제들이 계속 해결되지 않는 것은 외부 지원 부족이기보다는 내부 구성원의 태만 때문일 가능성이 크다. 교육과정 문제만 해도 그렇다. 개별 교수들은 작은 기득권에 안주하여 교육과정 개선에 소극적이거나 논의 자체를 꺼린다. 물론, 교육대학교 내에는 개별적으로 열심히 연구하는 훌륭한 교수들이 적지 않다. 그러나 집단적 차원에서 보면 교육대학교 교육에 대해서 제기되는 지속적인 문제들을 해결할 협력적 문화가 충분히 발달되어 있지 못하다.

교육대학교 구성원들은 낡은 문화를 청산하고 끊임없이 자기 혁신이 가능한 새로운 대학 공동체를 만들어 내야 한다. 오늘날 바람직한 교사의 모델로 반성적 실천가가 중요하게 부각되고 있다. 바람직한 학교의 모델로는 개인주의를 넘어서서 모두가 함께 배우는 전문적 학습 공동체가 강조되고 있다. 이런 교원을 길러 내야 하는 교육대학교 스스로가 반성적 실천성에 기반하지도 않고 협력적 교육 공동체나 연구 공동체도 아니라면 교육대학교는 예비 교사와 현장 교사들에게 무엇을 가르칠 수 있겠는가?

중등교원양성교육의 개혁은 가능할까?

교원양성기관은 좋은 교사를 양성해야 한다. 한국의 교원양성기관은 그런 역할을 못 하고 있다. 특히 중등교원양성기관은 매우 심각한 상황에 있다. 혹평을 하자면 교사를 양성하는 기관이라고 보기 어려울 지경이다. 앞의 글에서 초등 교원 양성에 대한 이야기를 했다면 여기서는 중등 교원 양성에 대한 문제를 중심으로 이야기를 해 보겠다. 많은 사람들이 교원양성기관의 여러 문제점을 알고 계속해서 논의도 하고 있다. 그러나 문제는 쉽사리 개선되지 않고 있다. 문제의 뿌리가 깊을 뿐 아니라 구조적 요인과 문화적 요인이 함께 작용하고 있기 때문이다. 중등교원양성기관의 몇 가지 심각한 문제를 중심으로 우리 교사 교육의 현주소를 진단해 보고자 한다.

초기 조건, 공급 위주의 교원 양성 정책

다른 분야와 마찬가지로 우리 공교육도 압축 성장을 하였다. 해방 이후 맨땅에서 출발해서 70여 년 만에 세계 최고 수준의 대학 진학률을 자랑하게 되었으니 공교육의 팽창 속도를 미루어 짐작할 수 있다. 그런데 공교육의 빠른 양적 팽창은 우리 교육의 초기에 대규모 교원 부족 사태를 야기하였다. 그래서 정부는 해방 이후 공교육의 팽창에 대응하여 교사 공급을 확대하는 데 주력할 수밖에 없었다. 임시교원양성소를 통해 교사 자격증을 주거나 일반 대학의 졸업자에게 교원자격증을 남발하는 방식으로 부족한 교원을 충당하였다. 이런 초기 조건으로 인해서 한국의 교원 양성 과정은 출발부터 삐걱거릴 수밖에 없었다. 그 결과 양적 성장에 걸맞은 질적 수준이 담보되지 못했다.

공급 위주의 교원 양성 정책을 요구받은 초기 조건으로 인해서 중등교원양성과정은 통일되지 못하고 다양한 경로로 교사를 배출하는 개방형 체제가 되었다. 교원 양성을 전문적으로 담당하는 사범대학에 더하여 일반 대학 교육학과, 교직과정, 교육대학원 석사 과정 등 여러 경로를 통해서 교사들이 양성되게 된 것이다. 경로의 다양성 자체가 나쁜 것은 아니다. 문제는 이렇게 다양한 경로로 교원을 양성하는 동안에 교원양성기관이 어떠해야 하며 어떤 교사를 양성해야 하는지에 대해 치열한 논의를 하고 그에 터한 내실 있는 실행을 할 기회를 놓쳐 버렸다는 데 있다.

그 결과 중등교원양성기관의 정체성과 전문성 문제는 건국 초기부터 제기되어 오늘날까지 계속되고 있다. 가장 체계적으로 교사를 양성하는 사범대학의 경우도 예외는 아니다. 어쩌면 사범대학의 부실은 더 심각할지도 모른다.

사범대학의 전문성에 대한 의구심을 드러내는 오래된 일화를 하나 소개해 보겠다. 1950년대의 일이다. 당시 정부는 부족한 중등교원을 충당하기 위해서 임시교원양성소나 일반 대학의 교직과정을 활용하였다. 그 과정에서 교원 공급이 크게 확대되자 교원양성체제를 조정해야 할 필요성이 제기되었다. 동시에 사대 중심의 교원 양성이냐 일반 대학 중심의 교원 양성이냐에 대한 논쟁이 가열되었다. 그런 상황 속에서 1956년 당시 문교부 자문기구인 교육특별심의회가 중등 교원 임시양성소의 단계적 폐지 및 고등학교 교원의 경우 일반 대학 졸업자에게 정교사 자격증을 부여하지 말 것을 문교부에 건의한다. 이를 받아들여 문교부는 1957년부터 문리과에 설치하는 교직과정의 인가를 제한하는 한편 고등학교 교원은 사범대학 졸업자를 우선 채용하라는 내용의 통첩을 전국 시·도교육위원회와 고등학교에 내려보낸다. 아직 산업화가 본 궤도에 오르기 이전이라 다른 일자리가 부족하여 많은 대학 졸업자들이 초·중등학교에서 교편을 잡는 것이 당시의 상황이었으므로 문교부의 조치는 문리과대학에 큰 위협으로 작용하였다. 이에 문리과대학들은 전국 문리과대학장회의를 개최하여 사범대학 졸업자 우선 채용 제도는 기회균등의 원칙에 위배된다면서 이를 정치 문제화하였다. 당시 문리과대학은 문리과대학과 사범대학의 교육과정은 별 차이가 없다고 하면서 사범대학교 무용론을 주장하였다.[148] 60년도 더 이전의 사범대학의 역사를 보여 주는 한 장면이다. 이런 과거를 언급하는 것은 당시 문리과대학에서 사범대학의 교육과정이 문리과대학과 별 차이가 없다며 사범대학 무용론을 주장했던 비판이 아직도 유효하기 때문이다.

학문적 패러다임 위주의 교사 교육 프로그램

조금 더 후대로 내려와 보자. 교육학자 박상완은 박사학위 논문에서 서울대학교를 사례로 교사 교육 패러다임을 분석하였다.[149] 이를 위해 1975~1989년 사이의 서울대학교 사범대학 교육에 대한 각종 자료를 분석하였다. 분석 결과에 의하면 서울대학교의 교사 교육 패러다임은 학문적 패러다임의 성격을 띠고 있다. 이 말은 무슨 뜻일까? 저자의 말을 쉽게 옮겨 보자면 "학문 분야를 깊게 연구하기만 하면 그것이 곧 가르치는 일에 전이될 수 있다"고 가정하는 것이 학문적 패러다임이다. 예를 들자면 고등학교 생물 교사가 되려면 생물학에 대한 내용학적 지식과 그것을 연구하는 방법만 잘 알면 된다는 것이다. 생물의 교과적 의미, 생물 현상에 대한 학생들의 흥미, 적성 및 발달 단계, 생물 교과의 교육과정과 교수 방법 등을 공부하는 것은 그다지 중요하게 생각되지 않는다. 이런 학문적 패러다임이 서울대학교뿐 아니라 많은 사범대학의 교수 문화를 지배하다 보니 우리나라의 교원양성기관들은 직업교육으로서 교사 교육의 특수성과 전문성을 담보할 수 있는 교육과정과 교과목을 거의 개발해 내지 못했다.

교과의 배경이 되는 학문만 잘 알면 잘 가르칠 수 있다는 생각은 낭만적 발상이다. 물론 교과의 배경이 되는 내용을 잘 알지 못하면 가르칠 수 없다. 그러나 그것은 좋은 교사가 되기 위해서 필요한 많은 지식 중 하나일 뿐이다. 교사들은 학문이 교과로 변환되는 과정에 관여하는 다양한 교육적 고려들을 이해해야 한다. 교과가 조직되고 배열되는 방식인 교육과정에 대한 지식도 필요하다. 학생들이 교과 지식과 조우하면서 어떤 학습 과정을 경험하는지 파악하고 학생의 학습을 촉진할 수 있는 능력이 있어야 한다. 교과 내용을 잘 가르칠 수 있는 다양한 교수 방법을 익히고 실천할 수 있어야 한다. 나아가서 교수-학습 상황을 관찰하여 문제를 진단하고 개선할 수 있는 연구자로서의 역량도 갖추어야 한다. 그러나 불행히도 한국의 교원양성기관은 이런 교사 교육에 필요한 교육과정과 교과목을 개발하는 데 오랫동안 별 관심이 없었다.

교원양성대학의 특수한 교수 문화

그 이유는 한국 교원양성대학의 독특한 교수 문화에서 연유한다. 사범대학을 중심으로 설명해 보겠다. 교원양성대학에는 내용학 전공자, 교육학 전공자, 교과교육 전공자라는 세 가지 다른 교수 집단이 존재한다. 이 중에서 오랫동안 큰 비중을 차지하였던 집단은 소위 순수 학문을 한 내용학 전공자들이다. 이들은 건국 초기 교사 교육 관련 학위자가 거의 부재한 상황에서 일반 학문 전공자로서 사범대학에 자리를 잡았다. 예컨대, 물리학을 전공하고 사범대학 물리교육과 교수가 되거나 정치학을 전공하고 사범대학 사회교육과 교수가 되었다. 따라서 이들의 학문적 정향은 순수 학문에 있을 수밖에 없다. 당연히 대부분의 내용학 전공자들이 교사 교육이나 학교 현장 실천에는 거의 관심을 두지 않았다.

그 결과 사범대학과 일반 대학에서 배우는 내용에 별 차이가 없게 되었으며, 교원양성교육의 특수성을 담보하는 것은 20학점 내외의 교육학 과목에 한정되었다. 시대에 따라서 다소 달라지기는 하지만 대학 졸업에 필요한 학점은 대략 140학점 정도이다. 대부분의 교과목을 일반 대학과 똑같은 내용으로 배우고, 20학점 정도만 교육 관련 과목을 수강하는 것으로는 교사 전문성을 획득하는 데 부족할 수밖에 없다. 설상가상으로 교육학 관련 과목의 운영도 많은 문제를 지니고 있었다. 교육학 과목들은 교육학 전공자들이 담당한다. 그런데 이들이 가르치는 내용은 대부분 이론 지향적이었다. 즉, 실천적 교육학이 아니라 사변적이거나 과학적인 교육학을 가르치는 데 치중하였다. 또 많은 과목들이 우리 교육 현실을 가르치기보다는 미국의 교육학을 수입하여 가르치기에 바빴다. 그 결과 교육학 과목 또한 교원양성교육에 값하는 내실을 갖추지 못하였다. 교직 과목이 도움이 되었는지를 묻는 조사에 현장 교사들이 반복해서 별로 도움이 되지 않았다고 응답하고 있는 것도 이런 연유 때문이다.

한편, 내용학자와 교육학자로 구성되어 있던 교원양성기관에 새롭게 등장한 연구자 집단은 교과교육학자들이다. 교과교육 전공 박사학위가 최초로 개설된 것은 1983년 서울대학교에서이다. 따라서 이 분야 학자들이 본격적으로 교원양성대학에 진출한 지 20여 년 정도가 되었다. 내용학이 순수 학문을 주로 다루고 교육학이 특정한 교과와 연결되지 않는 교육 일반을 많이 다루는 데 비하여 교과교육은 특정한 교과가 교수되는 현상을 주로 다룬다. 예컨대, 국어교육학은 국어 교과 현상을 연구하고 연구 결과를 국어교육에 활용하는 데 직접 관련되는 학문이다. 따라서 교과교육학은 특성상 직업으로서 교사 교육에 더 직접 관련을 맺는 학문 영역이라고 할 수 있다. 나는 지난 20여 년 간 교과교육학이 교사 교육의 전문성과 특수성을 신장하는 데 여러 면에서 새롭게 기여하였다고 본다. 교과교육학이 어떤 기여를 하였으며 앞으로 어떤 방향으로 나아가야 하는지는 이 글에서 다루기 어려운 주제이므로 다시 본 글의 직접적인 주제로 돌아가 보자.

앞에서 나는 사범대학을 위시한 교원양성기관의 교수 문화가 좋은 교사 교육 프로그램을 생산하는 것을 어렵게 하고 있다고 말했다. 그 책임의 상당 부분이 교육 문제에 별 관심이 없는 다수 내용학 전공자들에게 있다고도 했다. 이런 나의 주장이 교원양성대학에서 내용학 전공자가 불필요하다는 주장으로 이해되지 않기를 바란다. 좋은 교사를 양성하기 위해서는 서로 다른 세 영역 전공자들의 상호 이해와 협력이 중요하다. 어느 한쪽이 결여되어서는 좋은 교사를 양성하기가 불가능하기 때문이다. 따라서 내용학 전공자, 교육학자, 교과교육학자들은 좋은 교사를 양성하겠다는 동일한 목적의식하에 질 높은 교원 양성 프로그램을 기획하고 실행하는 데 머리를 맞댈 필요가 있다. 그러나 불행하게도 이런 협력적 교수 문화는 생성되지 않고 있다. 대개의 경우 세 영역 전공자들은 서로에 대해서 무관심하거나 때로 적대적이다. 그리고 교사 교육 개혁에 대한 논의가 전개될 때마다 지혜를 모으기보다는 반목하는 경우가 많다. 결과적으로 한국의 교원양성대학은 그 설립 목적에 값하는 내실 있는 교원 양성 프로그램을 개발하고 발전시키는 데 실패하고 있다.

교사 교육과 관련한 연구를 하나만 더 살펴보자. 교육학자 조경원은 2004년에 〈중등교원양성교육의 비판적 검토〉라는 논문을 통해 중등교원양성교육의 문제점을 검토하였다.[150] 여기서 거론된 문제는 중등교원양성과정의 난립과 교사자격증 소지자의 과잉 배출, 교원양성교육 프로그램의 전문성 결여 및 내적 통합성 부족, 교육 현장과의 연계성 부족, 교과교육학 교수의 부족과 교수진의 학교 현장에 대한 관심 부재, 중등 교사 수급과 양성 체제 간의 불일치, 교육실습의 문제 등이다. 모두 새로운 문제들이 아니라 지속적으로 제기되어 오던 문제들이다. 예컨대, 교육실습이 부실하게 운영된다는 것은 오랫동안 반복적으로 지적된 문제이다. 그러나 변화가 거의 없다. 우리나라의 교육실습은 대학의 관여가 거의 없는 상태에서 현장에 일임하는 위탁형 실습이다. 실습 기간도 변화가 거의 없다. 더구나 다수의 교원양성대학이 안정적으로 실습을 할 수 있는 실습 학교도 제대로 확보하고 있지 못하다. 외국의 교육실습 제도 운영과는 달라도 한참 다르다.

교사 교육 개혁이 국가적 의제가 되어야

이렇게 만성적인 문제가 개선되지 못하는 가운데 최근 교원 수급의 불균형 심화로 인해 상황은 더 악화되고 있다. 학령인구 감소로 교사 수요가 줄어들면서 중등 교원은 만성적인 초과 공급 상태에 놓이게 되었다. 교과에 따라서 임용 시험 경쟁률이 수십 대 일을 기록하기도 한다. 이런 상황 자체가 교사 교육의 내실화를 어렵게 만드는 또 다른 요인으로 작용하고 있다. 임용 사정이 비교적 낫다고 하는 국립 사범대학 졸업자들도 대부분 교사가 되기 어려운 상황에서 어떻게 마냥 교사 교육을 강조할 수 있겠는가? 교사가 되는 것이 불투명한 대다수의 학생에게 너희들은 앞으로 교사가 될 사람이라면서 좋은 교사에게 필요한 여러 이론과 실천을 요구한다고 생각해 보라! 무슨 현실성이 있겠는가? 교원양성대학은 좋은 교사 교육 프로그램을 만들기보다는 한 명이라도 더 합격시키기 위해서 임용 시험을 대비시키는 입시 교육 기관으로 전락할 수밖에 없다. 거기에 더하여 예비 교사들도 그들 나름으로 치열한 경쟁을 통과하기 위해서 노량진 등 고시 학원에서 밤을 지새

운다. 공교육 기관에 종사할 교사들이 사교육 학원을 통해서 배출되는 웃지 못할 현상이 발생하고 있는 것이다. 물론 이렇게 몇 년씩 재수 삼수를 하면서 임용 시험에 합격했다고 좋은 교사가 되는 것은 아니다. 수업 실기 능력을 강화하는 등 임용 시험의 내용이 다소 개선되었지만 양성과 분리된 임용 제도의 변화만으로는 좋은 교원을 확보하는 데 한계가 있다. 더구나 높은 경쟁률 때문에 선발을 위해서 억지로 비교육적 문제라도 출제해야 하는 상황이 아닌가?

구조적인 초과 공급 상태와 학문 지향적인 패러다임의 교수 문화가 맞물리는 가운데 중등교원양성기관은 표류 상태에 있다. 그리고 이런 교사 교육의 현실은 세계 교사 교육의 최근 동향과 비교해 볼 때 뒤떨어져도 한참 뒤떨어져 있다. 예컨대, 최근 높은 교육적 성취로 세계의 주목을 받고 있는 핀란드의 경우 교사 교육 프로그램도 좋은 평가를 받고 있다. 5년제 석사과정으로 되어 있는 핀란드의 교사 교육 프로그램은 이론과 실천이 잘 결합되어 있으며 현장 학교와 연결된 내실 있는 교육실습을 운영하고 있다. 학습 속도나 적성, 문화적 배경이 상이한 학습자를 지원하는 능력 및 동료 교사와 다른 이해 관계자들과 협동하는 역량도 매우 중시하고 있다. 또, 교사가 스스로 교육 실천을 연구하고 개선하는 연구 능력을 지니도록 교육하고 있다.[151]

핀란드뿐만이 아니다. 내가 실제로 관찰한 미국 캘리포니아 주립 대학의 하나인 산타바바라 대학 UC Santa Barbara 의 교사 양성 프로그램도 우리와 너무 달랐다. 지면 관계상 핵심적인 내용만 간략히 소개하겠다. 이 대학의 교사 양성 프로그램은 학부를 졸업한 학생들이 입학하여 1년 동안 — 정확히 말하면 13개월 동안 — 교사 교육 프로그램을 이수하고 교사 자격증을 받아서 나가는 대학원 과정 프로그램이다. 이 13개월 동안 정말 빡빡하게 프로그램이 돌아간다. 예비 교사들은 거의 1년 내내 약 3개월 단위로 여러 가지 조건의 학교를 옮겨 가며 교육실습을 해야 한다. 그리고 저녁 시간이나 금요일과 같은 주말에 전체적으로 모여서 대학원 강좌를 통해서 서로의 경험을 공유하고 교육실습 내용을 관련 이론과 연결시켜 성찰한다. '계획 - 실행 - 반성'이라는 실행 연구action research와 같은 성격의 프로그램이 1년 내내 돌아가는 셈이다. 그래서 실습뿐 아니라 대학의 수업 전반이 현장과 매우 밀접하게 연결되어 있고 실용적이다. 이를 통해 단순히 당장 써먹을 교수 기법을 배우는 것을 넘어 자신들의 교수 행위를 타자의 경험과 교육학 이론에 비추어 끊임없이 성찰하는 전문적 역량을 길러 주는 데 중점을 두고 있다.

이들의 프로그램을 관찰하는 과정에서 내게 또 하나 매우 인상적이었던 것은 우리나라에는 존재하지 않는 슈퍼바이저supervisor 제도이다. 이들은 주로 이 대학 출신의 교직 경력자, 대학원 박사과정 이수자, 퇴임 교장 등으로 구성되어 있으며, 이 대학에 고용되어 최소 두 명에서 많으면 여덟 명 정도의 예비 교사들을 1년 동안 책임지고 돌보며 그 성장을 관리한다. 예컨대, 교육실습이 이루어지는 동안에 슈퍼바이저들은 주기적으로 실습 현장을 방문하여 교생들의 수업 실천을 관찰하고 현장 지도 교사와 이야기를 나누며 다양한 협조 채널을 가동하여 교생들의 강점과 약점을 파악하여 피드백을 제공한다. 나는 이 대학에 머무는 동안에 이들과 많은 대화를 나누면서 이들의 직업 정신과 전문성에 놀라곤 했다. 어쨌거나 이런 슈퍼바이저들의 거의 일대일에 가까운 섬세한 지도를 받으면서 이 대학의 예비 교사들은 1년이라는 긴 기간 동안 이론과 현장 실천이 결합된 교사 교육 프로그램을 경험하고 능력 있는 교사로 준비되어 현장에 나가는 것이다. 그리고 현장에 취직할 때 주로 활용되는 중요한 자료 중에 하나는 그 1년 동안의 자신의 경험과 성장을 기록한 포트폴리오 파일이다. 물론, 기본적으로 교사가 되기 위해서는 캘리포니아에서 부과하는 자격시험도 통과해야 한다.

이 대학 프로그램을 관찰하면서 솔직히 부럽다는 생각을 많이 했다. 앞에서도 말했지만 우리나라 중등교원양성과정은 겨우 4주의 교육실습 프로그램을 이수하고 교사가 되어 나가는 시스템이다. 그리고 몇 년씩 낙방을 해 가며 준비하는 교원 임용 시험도 교사의 실질적 현장 능력을 측정하는 데는 많은 한계를 지니고 있다. 우리 교사 교육이 고질적인 관성을 벗어나서 구조적인 문제와 문화적 문제를 해결하고 21세기의 학습 사회에 필요한 질 높은 교원을 양성해 낼 수 있을까? 나는 쉽지 않다고 본다. 단기적인 처방이 아닌 중장기적인 안목을 지니고 교사 교육의 개혁 방향을 마련할 필요가 있다.[152] 아울러 그 방향으로 나아가기 위한 신중하면서도 지속적인 노력이 경주되어야 할 것이다. 그러기 위해서는 교사 교육의 고질적인 문제를 교육계뿐 아니라 우리 사회 전체가 좀 더 심각하게 받아들여야 한다. 공교육이 정말 중요하다고 생각한다면 교사 교육 개혁은 방기해서는 안 되는 화두이다. 나는 교사 교육 기관의 개혁과 혁신 문제가 국민 모두가 관심을 지니는 국가적 의제가 되어야 할 정도로 심각하게 지체되어 있다고 생각한다. 외국의 교사 교육의 변화 경향에 대한 보다 심층적인 연구와 함께 우리의 실정에 맞는 새로운 교사 교육 프로그램을 발전시켜 나가야 할 절실한 필요성이 있다.

4부

교육운동과
교원단체

배움의 공동체 운동의 확산을 어떻게 보아야 할까?

최근 몇 년 동안에 수업 개선과 혁신에 대한 다양한 움직임들이 나타나고 있다. 사토 마나부가 주창한 배움의 공동체 운동도 그중 하나이다. 사토 마나부는 전 일본 도쿄대 교수로 일본뿐 아니라 수많은 나라의 학교와 교실을 발로 뛰면서 관찰해 온 실천 지향적 연구자이다. 사토 마나부는 자신의 관찰 결과를 바탕으로 배움의 공동체를 일본 공교육 문제를 해결하기 위한 대안적 학교 모델로 제시하였다.

그가 주장하는 바를 핵심만 간략히 요약해 보겠다. 그는 "학교라는 장소가 사람들이 공동으로 서로 배우고 성장하며 연대하는 공공적인 공간으로 재구축"되어야 한다고 보았다. 그는 모든 학생에게 배움이 일어나도록 해야 하며 누구도 교실에서 소외되지 않도록 해야 한다고 주장한다. 학생뿐 아니라 교사들도 함께 성장하는 장소가 되어야 하며 학부모와 시민들도 교육 활동에 참가함으로써 스스로 성장을 경험할 수 있어야 한다고 보았다. 교실수업 개혁과 관련하여서는 구성주의적 학습론에 기반하여 배움을 중심으로 한 수업을 역설하였다. 배움이란 사물이나 사람을 매개로 한 활동을 통해서 의미와 관계를 구성하는 것을 의미한다. 배움은 일종의 대화적 실천이며 여기에는 대상과의 만남과 대화, 타자와의 만남과 대화, 자기와의 만남과 대화라는 세 가지 차원이 존재한다. 그리고 활동적인 배움, 협동적인 배움, 표현적인 배움이 각각의 차원에 대응된다. 교사들은 전통적인 지식과 기능의 습득을 넘어서서 새로운 배움이 가능하도록 교실수업을 혁신해야 한다. 이를 위해 교사들은 수업 공개를 일상화해야 하며 전문적 연구 조직을 만들어서 수업을 함께 연구하고 성찰해야 한다.

사토 마나부의 이론과 실천은 일본을 넘어서 한국에도 상당한 영향을 미치고 있다. 《수업이 바뀌면 학교가 바뀐다》[153], 《배움으로부터 도주하는 아이들》[154], 《교사의 도전》[155], 《학교의 도전》[156], 《교육개혁을 디자인한다》[157] 등 그의 여러 책들이 번역되었으며, 《수업이 바뀌면 학교가 바뀐다》는 한동안 베스트셀러 목록에 오르기도 하였다. 사토 마나부의 제자 손우정 교수가 쓴 《배움의 공동체》[158]라는 책도 한국에서 실천되고 있는 배움의 공동체 운동을 소개하고 전파하는 데 중요한 역할을 하고 있다. 배움의 공동체 운동은 교실과 학교 변화를 추구하는 많은 학교에 소개되어 한국의 학교 변화에 중요한 영향력을 발휘하고 있다.

왜 핀란드가 아니라 일본인가

나는 배움의 공동체가 한국에 확산되는 현상에서 무엇을 배우고 무엇을 비판해야 할지를 냉정한 입장에서 살펴볼 필요가 있다고 본다. 내가 제기하고 싶은 첫 번째 질문은 왜 일본인가 하는 것이다. 일류병과 입시 지옥, 관료주의적 학교 문화, 획일적인 학교 건물 구조, 교복 문화와 용의 복장 단속, 애국 조회와 각종 집단 의례 등 무심코 반복되는 우리 교육의 일상 속에는 일본 식민지 지배가 남겨 놓은 유산들이 많이 존재한다. 오랫동안 많은 사람들은 한국 교육의 여러 병폐들이 이 같은 식민지 교육의 잔재를 충분히 일소하지 못해서 발생한다고 생각해 왔다. 청산되어야 할 과거라는 생각 때문에 일본 교육은 적어도 표면적으로는 모방의 대상이기보다는 극복의 대상이었다. 음성적으로 일본 교육을 참조하는 경우는 있었으나 공개적으로 일본 교육을 한국 교육을 개혁하기 위한 하나의 대안으로 고려한 예는 거의 전무하다. 이 점에서 배움의 공동체 운동은 일본 교육을 공개적으로 따라 배우는 해방 이후 최초의 사례인 셈이다. 청산 못 한 식민지 잔재로 인해 여전히 고통받고 있는 상황에서 한국 공교육을 개선하기 위한 중요한 운동의 이론적·실천적 자양분을 다시 일본의 공교육 개혁 모델로부터 배우고 있는 이 역설적 상황에 대해 여러분은 어떻게 생각하는가? 물론 국수주의적 입장을 취할 필요는 전혀 없다. 우리 교육을 개선하기 위해 필요하고 적절한 것이면 누구에게라도 배워야 하지 않겠는가? 이 점과 관련하여 다시 진지하게 자문해 보자. 무엇이 교사들로 하여금 배움의 공동체에 빠져들게 하는가? 왜 한국의 교육학은 현장 개선을 위한 영향력 있는 이론과 실천을 잘 배태해 내지 못하는가? 우리의 실천 프로그램에는 무엇이 결여되어 있는 것일까? 한국의 교육학자와 현장 실천가들은 그동안 무엇을 해 온 것일까? 앞으로도 학교 개혁을 위해서 부단한 노력을 해야 하는 한국의 교육계가 배움의 공동체 확산에서 무엇을 배울 수 있을까?

 이런 질문에 대해서 간접적인 답을 얻기 위해서 나는 "왜 핀란드가 아니고 일본일까"라는 가정적인 질문을 제기해 보고자 한다. 최근 몇 년 동안에 핀란드 교육에 대해서 일었던 열기를 생각해 보면 여러분들은 이 질문의 배경을 이해할 수 있을 것이다. 우리는 오랫동안 우리 교육을 개선하기 위한 아이디어를 미국이나 유럽에서 얻어 왔다. 특히 최근에는 핀란드 모델이 대단히 많은 사람들의 관심을 끌었다. 지난 몇 년 동안 발행된 책을 검색해 보면 핀란드 교육 관련 도서들이 일본뿐 아니라 다른 나라 교육을 소개하는 도서를 압도한다. 뿐만 아니라 교육운동가나 교육학자들이 핀란드를 방문하는 것이 하나의 유행처럼 되지 않았던가? PISA에서 높은 성취도를 올리면서도 경쟁이 아니라 협력을 통해서 학습하고 입시 지옥도 존재하지 않는 핀란드 교육에서 많은 사람들이 우리 교육에 대한 가슴 설레는 대안을 꿈꾸지 않았던가? 그런데 흥미로운 점은 핀란드 교육에 대한 저간의 대단한 열기에도 불구하고 학교 현장의 구체적 실천 수준으로 내려가면 핀란드 교육을 모방하는 사례를 찾기가 매우 어렵다는 점이다. 이것은 내 개인적인 판단만은 아니다. 교사들에게 "학교 현장의 변화된 구체적 실천 중에서 핀란드 교육의 영향이라고 생각되는 것"이 있는지 질문해 보았을 때 교사들의 반응도 마찬가지였다. 핀란드 교육은 한국의 교육에 대한 대안적 이미지로 소비되고 있기는 하지만 아직 구체적인 실천에까지 영향을 미치지는 못하고 있다.

이에 비해 일본의 배움의 공동체는 전국적으로 영향을 미치고 있다. 그 이유가 무엇일까? 나는 두 나라의 공교육이 처해 있는 위기 상황의 유사성이 그 한 원인이라고 생각한다. 입시 위주의 경쟁 구조, 붕괴되어 가는 교실, 무기력한 학습자들, 고립적인 교사 문화, 관료화된 교육행정 등 한국과 일본의 교육 현실은 비교교육학적 시각에서 보면 쌍둥이처럼 유사하다. 따라서 일본의 교육 현실을 날카롭게 진단하고 개선책을 논하는 사토 마나부의 책들을 읽어 보면 마치 한국의 교육 문제를 다루고 있다는 착각이 들 정도이다.[159] 이런 상황적 유사성이 배움의 공동체 운동이 확산될 수 있었던 조건을 창출하였다고 나는 본다. 일본의 문제를 해결하는 데 실질적인 영향력을 미치고 있는 실천이라면 우리에게도 유용하겠다는 생각! 이것은 그다지 무리한 생각이 아니다. 이에 비해 핀란드나 북유럽 나라들은 이상적인 모델로 우리 교육에 대한 새로운 상상력을 자극하기는 하지만 막상 도입하려고 하면 우리와 그 나라들 사이에 존재하는 제도적·문화적 차이 때문에 받아들이기가 쉽지만은 않다. 결국 일본 모델의 도입은 일본과 우리의 상황적 유사성에 크게 의존하고 있는 셈이다.

왜 배움의 공동체인가

그러나 양국의 상황적 유사성이 왜 배움의 공동체 운동이 확산되는가에 대한 아주 구체적인 답은 아니다. 이제 왜 일본인가가 아니고 왜 배움의 공동체인가로 좁혀서 논의를 해 보자. 나는 배움의 공동체의 확산에는 약간의 우연성과 함께 그럴 만한 상당한 필연성도 존재한다고 본다. 우선, 우연성에 대해서 말해 보겠다. 배움의 공동체가 도입되어 순조롭게 확산될 수 있었던 초기 조건에는 약간의 우연성이 개입하였다고 본다. 이는 배움의 공동체 운동이 경기도의 혁신학교운동과 결합하였다는 데서 찾을 수 있다. 한국 교육학이 수업과 학교 개선을 위한 실천적 프로그램 — 여기서 실천 프로그램은 하나의 완결된 활동 체계 activity system 를 의미한다 — 을 거의 생산해 내지 못하고 있는 공백 상태에서 경기도교육청은 학교 개혁의 방향 설정과 관련하여 경기도 내의 몇몇 선도 학교들의 경험에 크게 의존한 것으로 보인다. 경기도 내의 선도 학교 중에서 중등학교 개혁에 중요한 모델을 제공한 학교는 이우학교였다. 이우학교는 도시형 대안학교로 출발하여 현재는 한국 공교육의 변화를 선도하는 중요한 학교로 자리매김하고 있다. 짧은 역사를 지녔지만 이우학교는 본받을 만한 실천을 만들어 가고 있다. 그런데 이우학교는 학교 자체의 수업 혁신을 모색하는 과정에서 일본의 배움의 공동체 모델을 적용하여 수업과 교사 문화를 혁신하였다. 배움의 공동체를 통한 이우학교의 수업과 교사 문화 혁신 사례가 경기도교육청 수업 개선 운동에 매우 중요한 참고 자료가 된 것이다. 교육청은 이우학교를 비롯한 몇몇 선도 학교의 학교 개혁 사례에 기반하여 배움의 공동체를 통한 수업과 교사 문화, 단위 학교 문화의 변화의 가능성을 확인하였다.

그 결과 경기도교육청의 배움 중심 수업이라는 말에는 사토 마나부의 배움의 공동체의 그림자가 강하게 묻어난다. 다소 재개념화되기는 하였으나 경기도의 중등학교에서 수업과 학교 문화가 실제로 어떻게 변화해 가는지 들여다보면 사토 마나부의 틀을 거의 그대로 답습하는 경우도 적지 않다. 경기도의 공식적인(?) 후원을 받으면서 배움의 공동체는 선도 학교의 경험에 머물지 않고 장곡중학교와 같은 새로운 성공 모델을 계속 만들어 내고 있다.[160] 그리고 혁신학교의 일정한 성공과 함께 다른 지역에도 영향을 미치고 있다. 경기도교육청의 혁신학교운동과의 다소 우연한 결합을 통해 일본식 학교 개혁 운동은 한국 공교육 혁신 운동의 중요한 모델로 재생산되게 된 것이다. 한 가지 사족을 달자면 중등학교에 비해서 초등학교는 배움의 공동체 수업의 영향이 상대적으로 덜하다. 초등학교의 경우 남한산초등학교를 비롯한 작은 학교 살리기 운동의 경험이 중요한 실천적 자원으로 활용되었으며 이 점에서 배움의 공동체에 의존한 중등의 경험과는 다소 상이한 양상이라고 할 수 있다.

우연한 결합에 따른 확산의 시너지 효과를 누리기도 하였지만 한국의 많은 학교에서 이 모델을 받아들이는 데는 배움의 공동체가 지니는 장점도 크게 작용했다고 나는 판단한다. 이 장점은 한국의 교육학계와 교육 현장이 앞으로 연구하고 배워야 할 점이기도 하다. 특히 모방과 확산을 유발할 수 있는 혁신 프로그램이 어떠해야 하는가와 관련하여 사토 마나부의 모델은 우리에게 유용한 교훈을 준다. 혁신 프로그램은 우선 기존의 관습이나 관행을 대체할 수 있는 명료한 비전을 제시할 수 있어야 한다. 동시에 그 비전을 실현할 수 있는 구체적인 실천 프로그램을 구비하고 있어야 한다. 그리고 실천 프로그램은 수용과 전파가 용이할 정도로 구체적이고 간편해야 한다. 이 점에서 배움의 공동체 모델은 다른 대안들에 비해서 훨씬 높은 점수를 받을 만하다. 새로운 교육이 지향하는 명료한 이상, 포괄적 개혁 청사진, 지향해야 할 학교상, 바람직한 교사 문화, 좋은 수업에 대한 정의, 학습자의 배움에 대한 강조, 수업 실천의 구체적인 방법, 수업 실행 후 반성의 절차 등 배움의 공동체는 운동을 위한 포괄적인 패키지를 제공해 준다. 최근 주목을 받고 있는 엥게스트룀Engeström의 활동 이론activity theory을 원용하자면 배움의 공동체는 목표, 목표를 통해 추구하는 결과, 행위자, 도구, 규칙, 공동체, 역할의 분할 등 새로운 학교를 만드는 데 필요한 활동의 각 요소들을 잘 구비하고 있는 일종의 매뉴얼화된 실천 프로그램을 갖추고 있는 셈이다.[161] 좀 쉽게 설명해 보자면 학교 변화의 전체 상에 대한 추상적인 이미지부터 교실을 관찰하는 체크리스트와 수업 관찰과 대화의 구체적인 지침까지 잘 구비하고 있는 것이다. 한국은 이에 비견할 만한 개혁적 교육 실천 프로그램을 갖추고 있지 못하다고 나는 판단한다. 한국의 교육학은 그동안 수업이나 학교의 패러다임이 바뀌어야 한다는 이론적인 이야기를 많이 해 왔지만 그것을 현장 교실과 학교의 일상적인 실천으로 연결시킬 수 있는 활동 체계 내지 실천적 프로그램으로 정교화해 내지 못했다. 나는 배움의 공동체가 이론과 실천이 결합된 완결된 프로그램의 형태를 갖추게 된 데는 현장을 밀착 관찰하면서 교육 문제를 진단하고 그 해결책을 모색해 온 사토 마나부의 실천 지향적 노력이 크게 작용했다고 본다. 현장과 함께 호흡하는 교육학자들이 지금보다 획기적으로 늘어나지 않는다면 한국 교육계는 우리의 현실을 개선하기 위해서 외국의 이론과 실천에 기대야 하는 상황을 앞으로도 당분간은 크게 벗어나지 못할지도 모른다.

배움의 공동체 운동에 대한 비판적 검토

이제 비판적인 논의로 들어가기 위해서 배움의 공동체 모델에 내포되어 있는 바람직한 수업과 그 수업을 성찰하는 방식으로 관심을 옮겨 보자. 책을 통해서 접하는 이론적 차원에서 나는 사토 마나부가 상정하고 있는 바람직한 학교와 수업 실천의 상에 대해서 반대하지 않는다. 아니 적극 동의하는 편이다. 사실 사토 마나부의 주장은 그의 독특한 이론이라기보다는 지난 몇십 년 동안의 세계 교육학계의 논의를 잘 정리하고 체계화한 하나의 사례라고 보는 것이 옳다. 교사가 수업을 함께 연구해야 한다는 주장은 일본의 수업 연구 전통에 더하여 연구자로서의 교사, 실행 연구, 교사 전문 학습 공동체 등 교사의 새로운 역할에 대한 최근의 경향을 반영한 것이다. 그의 좋은 수업에 대한 관념 또한 구성주의, 협동학습, 활동 이론, 비고츠키의 교육심리학 등 여러 교육학의 성과에 빚지고 있다. 수업을 관찰할 때 교사의 가르치는 행위보다 학생의 배움에 더 집중하는 것 또한 교수보다 학습이 더 강조되는 세계 교육학의 흐름과 맥을 같이한다. 그런 점에서 그의 이론과 실천은 일본의 문학적 맥락을 넘어서는 보편성도 상당히 지니고 있다. 앞에서도 이야기했지만 그의 장점은 추상적인 수준의 논의에 그치지 않고 단위 학교와 교실의 구체적인 실천 지침까지 제공하고 있다는 점이다.

  이런 사토 마나부의 모델을 실천하는 학교 현장을 관찰하면서 나는 때로 감동적이라고 생각할 때도 있었다. 교사들이 학생 하나하나의 학습을 관찰하고 사후 협의회에서 학생 개개인의 이름을 호명해 가면서 수업의 의미를 논할 때 특히 그랬다. 언제 한국의 교육 현장이 개별 학생들의 배움을 이 정도로 중요하게 생각했던 적이 있었던가? 학생들은 언제나 익명의 대중이 아니었던가? 그리고 우리의 관심은 온통 공부 잘하는 소수에 집중되어 있지 않았던가? 누구도 소외받지 않고 학습에 참여해야 한다는 어쩌면 당연한 명제를 사토 마나부는 손에 잡히는 실천으로 만들어 냈다. 오랫동안 수업 연구를 해 온 현장 연구자들조차도 사토 마나부식 수업 실천이나 관찰에서 충격을 받았다고 고백하는 것을 보면 최소한 이 점에서는 우리는 그에게 빚을 진 셈이다. 물론, 한국 교육학에서 배움학, 배움 중심, 교육주의, 아이의 눈으로 수업 보기 등 수업 관찰에 대한 대안적 논의나 실천들이 없었던 것은 아니다. 그러나 이런 논의들이 현장 교사들이 일상에서 손쉽고 보편적으로 활용할 수 있는 형태로 충분히 전환되지는 못했다고 본다. 내가 관심을 두고 연구해 온 수업 비평의 경우도 일반적인 교사들이 따라 하기에는 다소 어렵고 복잡하다. 즉, 그간의 우리의 논의와 실천은 이론 수준에 그치거나, 현장 실천을 지향하는 경우에도 어렵고 복잡한 절차라서 따르기가 쉽지 않았던 셈이다.

그러나 하나의 문화를 넘어서는 이식과 전파가 항상 그러하듯이 사토 마나부의 모델을 따를 때 생겨나는 위험성에 대해서도 비판적으로 성찰할 필요가 있다. 가장 큰 위험은 좋은 수업 실천과 그것을 성찰하는 방식을 획일화하는 것이다. 사토 마나부의 모델은 매우 세세한 차원의 지침들을 제공한다. 예컨대, 교실 좌석을 'ㄷ'자로 배치하는 것, 도약 과제를 제시하는 것, '연결 짓기'와 '되돌리기' 등과 같은 행동의 규범을 따라야 한다. 수업을 관찰하고 성찰할 때도 이런 지침에 근거하여 논의를 해야 한다. 나는 배움의 공동체 수업협의회를 관찰하면서 교사의 수업 행위나 교과 내용에 대한 이야기를 하는 것이 금기시되는 것도 자주 관찰할 수 있었다. 오직 학생들에게 어떤 배움이 일어났는지를 말해야 한다는 것이다. 이렇게 통일된 지침을 일률적으로 적용하는 것은 배움의 공동체 운동을 하나의 도그마로 만들 위험성을 내포한다. 더욱이 일본의 공교육 개선이라고 하는 문화적 맥락에서 도출된 실천을 맹목적으로 따라 하는 것은 가깝고도 먼 나라의 유사성에만 주목하는 것이지 차이에 대해서는 눈을 감는 태도이다.

일본과 우리나라는 들여다보면 볼수록 다른 점도 많다. 좋은 수업 실천을 위해서는 이런 차이에도 주목할 수 있어야 한다. 예컨대, 일본의 교실수업을 여러 번 관찰하면서 나는 기본적인 훈육의 방식과 태도가 한국과 다르다는 느낌을 많이 받았다. 동시에 교사들의 수업협의회를 보면서도 우리보다는 상당히 전통을 존중하고 권위자의 의견을 많이 따른다는 느낌을 받았다. 배움의 공동체 운동이 통일적으로 실천되는 배경에는 이 짧은 글 속에는 다 표현해 낼 수 없는 일본적인 문화 전통이 깊게 관련되어 있다. 그 점에서 사토 마나부를 도식적으로 따르는 것은 경계할 필요가 있다. 좋은 수업은 하나의 전형으로 획일화될 수 없다. 인류의 지적 전통이 풍부하고 다양한 만큼 그것을 경험하기 위한 수업 방식도 풍부하고 다양할 수밖에 없다. 동시에 수업을 성찰하는 방식도 획일화될 수 없다. 수업을 보는 눈이 얼마나 다양하고 풍부할 수 있는가는 수업 비평가의 개인적 경험으로 매번 확인하는 바이다.

배움의 공동체가 주는 이중적 과제

나는 배움의 공동체 모델의 확산이 한국 교육계에 다소 상반되어 보이는 이중적 과제를 던져 준다고 보았다. 첫째는 우리 교육 현실에 맞는 체계화된 실천 프로그램을 만들어 내는 일이다. 앞에서 언급했듯이 하나의 완결성이 높은 활동 체계를 구안해 내야 한다. 무엇이 좋은 학교이고 좋은 수업이며 그것을 구현하기 위해서는 어떻게 해야 하고 교사들은 무엇을 해야 하는지에 대한 이론과 실천이 잘 결합된 프로그램이 있으면 좋겠다. 탄탄한 이론적 논의를 배경으로 하되 교사들이 따라 할 수 있을 정도의 손쉽고 확산이 쉬운 실천 프로그램 말이다. 특히 혁신을 전파하고 확산하기 위해서는 이런 실천 프로그램이 많이 생산될 필요가 있다. 어떻게 개별 교사나 소수 집단의 시행착오와 성찰에만 교육 개혁을 위탁할 수 있겠는가? 요리책을 예로 들어 보자. 매뉴얼을 따라가면 누구나 제법 괜찮은 요리를 만들 수 있다. 이처럼 한국의 교육계도 사토 마나부의 예에서 보듯이 현장 개선을 위한 이론과 실천이 결합된 좋은 프로그램을 많이 생산할 필요가 있다.

매뉴얼화된 좋은 실천 프로그램들이 부족하다는 것은 한국 교육계의 집단적 역량 부족을 드러낸다. 거시적 차원에서 볼 때 어떤 직업의 전문성은 개별 교사의 탁월한 능력이 아니라 그 집단에 공유되고 있는 지식, 제도, 문화 등을 총칭한다. 예컨대, 몸이 아파서 병원을 방문하는 경우를 상정해 보자. 가는 병원마다 병에 대한 진단과 처방이 다르다면 환자가 누구의 말을 따르겠는가? 의사 집단이 하나의 전문 직종으로 존중받을 수 있는 것은 몇몇 명의^{名醫}의 탁월한 개인기 때문이 아니라 그 집단이 공유하고 있는 지식과 실천의 총체성에 대한 대중의 신뢰 때문이다. 매뉴얼화된 실천 프로그램을 다수 생산하는 문제도 이러한 공유되는 문화로서의 집단적 역량과 관계한다. 예컨대, 좋은교사 수업코칭연구소의 김태현 교사가 집필한 《교사, 수업에서 나를 만나다》에는 한국의 현실을 반영한 좋은 수업 관찰 방법들이 많이 구안되어 있다.[162] 작은 예이기는 하지만 이런 실천 프로그램들이 많이 생산될 필요가 있다.

둘째는 그런 프로그램을 창의적으로 실천할 각성된 교사들이다. 일류 요리사들은 요리책의 지침에 구속되지 않는다. 그들은 매뉴얼을 넘어서서 창의적 작품을 만들어 간다. 교사의 실천도 마찬가지이다. 아무리 좋은 프로그램도 그것을 기계적으로 적용하는 것으로 바람직한 교육 실천을 할 수는 없다. 개개 교실과 학교는 나름의 고유성을 지니고 있으며 그 고유성에 값하는 실천을 요청한다. 따라서 교사들은 모방자를 넘어서 창의적 실천가이어야 한다. 교사들은 증거에 기반하여 기존 이론이나 실천을 재검토할 수 있어야 하며 자신의 교실과 학교에 맞는 고유한 실천을 창안해 낼 수 있는 기획자들이어야 한다. 이런 성찰적 실천가들의 노력에 의해서 과거의 지혜가 축적되어 하나의 전통으로 자리 잡은 기존의 매뉴얼화된 프로그램은 다시 검토되고 갱신되며 시대에 맞게 재탄생한다. 그리고 그런 순환 과정에 참여하는 가운데 교육을 담당하는 교원들의 집합적 역량 또한 끊임없이 개선되어 간다. 마치 사토 마나부의 실천이 일본의 오랜 '수업 연구Lesson study'의 전통을 계승하고 있으면서도 그것을 비판적으로 극복한 것과 마찬가지로!

배움의 공동체 모델의 확산은 우리에게 이렇게 상반된 두 가지 과제를 요구하고 있다. 전자가 혁신의 초기 단계에 많이 요구되는 것이라면 후자는 일종의 범용 프로그램인 혁신 모델을 개별 교실과 학급에 적합하게 재생산하는 데 더 관련된다. 그러나 긴 역사를 놓고 보면 양자는 상호 성장을 가능하게 하는 순환 고리 속에 위치한다. 최근 몇 년 간 일어나고 있는 혁신학교를 비롯한 다양한 혁신의 실험들이 이런 순환 고리를 활성화함으로써 타자에 대한 모방을 넘어서 한국의 고유한 이론과 실천을 조탁해 내는 귀중한 계기가 되기를 희망한다.

혁신학교는 일반화될 수 있을까?

지난 몇 년 동안 소위 혁신학교를 통해 이루어진 학교의 변화는 해방 이후 한국 공교육 개혁을 위한 노력 중에서 가장 주목할 만하다. 몇몇 선도적인 혁신학교에서 일어난 변화는 실로 괄목할 만한 것이다. 이들 학교에서는 교육과정, 수업, 평가에서 적지 않은 변화가 나타났으며, 수업과 교육 활동을 내실화하기 위한 교사 학습 공동체가 활발하게 활동하고 있고 학교의 의사 결정 과정도 상당한 정도로 민주화되었다. 그리고 학교가 학부모와 지역사회와 매우 밀접하게 상호작용을 하고 있는 점도 달라진 점이다. 이런 선도 학교들의 경험은 이미 많은 글이나 단행본의 형태로 출판되어 다른 학교에 영향을 미치고 있다. 한국의 학교 개혁의 역사에서 이런 전례를 찾아보기는 어렵다. 그러나 몇몇 선도 학교가 아니라 혁신학교 전체로 확대해서 보면 학교 혁신은 안정적인 궤도에 진입했다기보다는 아직도 현재 진행형이다. 한국의 공립학교 전체 숫자로 확대한다면 일부 혁신학교의 성공은 아직도 찻잔 속의 태풍 수준이다.

과거 학교 개혁 방식의 문제점

한국의 학교 개혁의 역사를 돌아보면 학교를 변화시키는 것은 매우 어려운 일임을 직감할 수 있다. 수없이 많은 개혁 조치들이 시행되었지만 많은 사람들이 학교는 별로 변한 것이 없다고 느낀다. 그 근본 원인 중 하나는 학교가 교사들에게 자율성을 거의 부여하지 않는 관료적 통제 구조에 놓여 있었기 때문이다. 자율적으로 무엇인가를 시도하는 것이 허락되지 않는 조직에서 스스로 혁신이 일어나기는 불가능하다. 아니 더 정확히 말하면 중앙정부는 오랫동안 단위 학교 구성원들이 자발적으로 혁신을 창조해 내는 것을 원하지 않았다고 보는 것이 더 옳을 것이다.

중앙정부가 추구한 학교 개혁이나 혁신은 아래로부터의 자발성을 유도하는 방식이 아니라 거의 대부분 "위에서 아래로" 강제하는 방식이었다. 그것은 대부분 승진 점수와 연계된 연구학교나 실험학교를 통해서 추진되고 일반화되었다. 그러다 보니 승진에 관심을 지닌 교사들만 열정적으로 참여함으로써 혁신을 위한 동기 자체가 왜곡되는 경우가 많았고 일반 교사들의 자발적 동력에 의존하는 것이 불가능하였다. 학교 변화의 방향조차도 일관성이 없이 정권이나 관료의 입맛이나 취향에 따라 자주 바뀌는 것이 문제를 더욱 악화시켰다. 이런 기존의 개혁이나 혁신 추진 방식은 성공할 수가 없었다. 그리고 많은 교사들을 복지부동하게 하거나 냉소주의자로 만들었다. 교사들은 새로운 정책이 내려올 때마다 '몇 년 지나면 사라질 정책이 또 하나 시행되는구나' 하고 관성적으로 반응했다. 서류상으로 따라 하는 시늉만 하는 비자발적인 주체들이 된 것이다. 이런 상황이 반복되다 보니 학교 현장에서는 혁신을 위한 계기를 만들어 내기도, 이를 전파하고 일반화하기도 어려운 문화가 고착되고 말았다.

경기도의 혁신학교 추진 과정

그런 관행에 비추어 볼 때 경기도의 혁신학교 추진 과정은 초기 혁신이 어떻게 시발될 수 있는지에 대한 새로운 가능성을 제시했다고 평가할 수 있겠다. 도교육청은 무엇보다도 현장의 자발성에 기반하여 혁신학교운동을 추진하려고 노력하였다. 이를 위해서 기존의 학교 변화가 추진되는 경로를 따르지 않았다. 즉 승진 점수와 연계된 연구학교나 실험학교의 형태로 혁신을 추구하지 않았다. 대신에 학교가 원하는 교육 프로그램을 운영하거나 필요한 여건을 마련할 수 있도록 재정을 지원하는 방식을 택했다. 더 중요한 것은 학교 내부 의사를 존중하기 위해서 혁신학교를 신청할 때 학교 구성원의 다수가 동의해야 신청할 수 있도록 했다. 이로 인해서 학교의 변화를 진정으로 원하는 교사들이 뜻을 모아 머리를 맞대고 함께 노력할 수 있는 여건들이 조성되었다. 여기에 더하여 경기도는 혁신학교라는 말이 등장하기 훨씬 이전부터 남한산초등학교나 이우학교와 같이 학교 구성원 전체가 함께 노력하여 단위 학교 변화에 대한 일정한 경험과 성과를 축적한 선도 학교들을 관내에 확보하고 있는 이점을 활용할 수 있었다. 이런 선도 학교들은 학교 변화의 이론뿐 아니라 실질적 경험을 제공해 주었다. 그것은 혁신을 추구하는 다른 학교들이 참조하고 때로 비판적으로 넘어설 수 있는 모델의 역할을 하였다. 그 결과 아주 짧은 기간에 조현초등학교, 보평초등학교, 장곡중학교, 덕양중학교, 홍덕고등학교 등 성공적인 단위 학교 모델들이 계속해서 생겨날 수 있었다.

경기도교육청은 아래부터의 자발성을 조직해 내는 것에 더하여 교원 업무 경감을 위해 노력하고 NTTP 연수[163]를 포함한 혁신학교 전문 교사나 관리자를 체계적으로 양성하는 다단계 연수 프로그램을 조직하여 운영하는 등 가능한 지원을 제공하는 활동을 하였다. 여기에 더하여 혁신학교가 새로운 교육에 대한 가능성을 보이자 기존 학교교육에 대한 염증을 느낀 중산층 이상의 학부모들이 혁신학교 주변으로 모여드는 곳도 생겨났다. 이런 곳들은 학교와 지역 사회가 연계되는 프로그램을 운영하기가 용이한 이점을 누릴 수 있었다. 이러한 여러 가지 사정들이 경기도에서 다른 지역

보다 빨리 학교 혁신이 가능하게 된 조건들이 되었다.

학교 혁신이 현장에서 자발적으로 일어나는 것을 기대하지 않았거나 혹은 기대하였다고 하더라도 거의 불가능하였던 과거의 경험에 비추어 볼 때 경기도의 혁신학교운동은 초기 학교 혁신을 조직해 내는 훌륭한 선례를 만들었다고 할 수 있다. 경기도 혁신학교운동은 아래로부터의 자발성과 교육청의 리더십이 잘 결합되는 것이 혁신의 시작을 가능하게 하는 조건임을 보여 주었다.

혁신학교는 일반화될 가치가 있는가?

혁신학교는 일반화되어야 한다는 주장을 하면서 우리 공교육 개혁에서 혁신학교운동이 지닌 가치를 언급하지 않고 넘어갈 수가 없어서 이 부분에 대해 짧게나마 이야기하고자 한다. 나는 〈혁신학교, 한국 학교 변화의 희망이 되기를 희망하며〉라는 글에서 혁신학교운동의 의미를 위로부터 강요되는 운동이 아니라 교원의 자발성에 터하여 진행되는 운동, 전국적으로 일사분란하게 진행되는 운동이 아니라 지방자치제도라는 조건 속에서 지역 차원에서 전개되는 운동, 교실이나 교수 방법을 바꾸려는 운동이 아니라 단위학교 문화를 바꾸려는 운동이라는 점에서 이전의 운동과 다르다고 말했다.[164]

한국에서 이루어진 공교육 개혁의 긴 역사를 보면 이 세 가지 차이점은 결코 작은 것이 아니다. 앞에서도 말했듯이 한국의 학교 개혁이나 혁신은 언제나 위에서부터 아래로 공문과 지시로 전달되는 하향식 개혁이었다. 이 점에서 교사들의 자발성에 터한 아래로부터의 혁신 가능성을 확인하는 것만으로도 큰 역사적 의미를 지닌다. 더구나 단위 학교 문화라는 일상적 실천을 바꾸어 내는 운동이 아닌가? 나는 이런 운동은 정말 어려운 운동이라고 생각한다. 과거 초창기 전교조 운동은 정말로 엄혹한 정치적 상황 속에서 전개되었다. 학교에서 쫓겨나고 인신의 구속을 각오해야 하는 운동이 어찌 어렵지 않았겠는가? 그러나 독재적인 정부를 향한 저항적 교육운동은 어떤 의미에서 보면 단위 학교 문화를 바꾸는 운동보다 쉬운 측면도 있다. 대의명분에서 선과 악이 분명하고 운동에 참여하는 사람들이 비교적 같은 가치를 공유하는 가치 공동체이기 때문이다. 고되고 힘들기는 했겠지만 동지간의 연대도 쉽게 확인할 수 있고 운동의 방향에 대한 확신도 훨씬 더 선명했다.

그러나 현재의 혁신학교운동과 같은 단위 학교의 일상적 실천을 바꾸는 운동은 지향하는 대의명분의 선명성이나 합의 가능성도 훨씬 약하고 구성원의 동질성도 확보되지 않는다. 그래서 나는 "단위 학교의 일상적 실천을 바꾸는 운동은 이질적인 동시에 매우 유동적인 학교 구성원들과 함께 협력하면서 새로운 실천을 가꾸어 가는 운동"이라고 말한 바가 있다.[165] 바로 이 점이 매우 중요하다. 우리의 일상은 이런 이질적인 타자에 대한 이해와 협력이 없이는 변화될 수가 없다. 학교 단위의 문화를 바꾸는 혁신학교운동은 어떤 의미에서 한국 교사들이 단위 학교 차원의 일상적 조건 속에서 학교에서 발생하는 많은 문제를 스스로 해결해 가면서 더 나은 교육을 향해 가는 자율적인 공동체의 역량을 처음으로 대규모로 실험하고 있는 최초의 계기인 셈이다.

이게 얼마나 중요한가? 우리는 무슨 교육 문제가 터질 때마다 중앙정부에서 총대를 메고 소위 전문가를 모아서 수없이 많은 조치들을 조악하게 만들어서 전국 학교에 일률적으로 배포하고 시행하게 하는 낡은 전통에 포획되어 있지 않았던가? 그래서 사건이 하나 터질 때마다 생겨난 대책위원회만 해도 수십 개인 것이 현실이 아닌가? 혁신학교운동은 그런 관습화된 학교 문제 해결의 고리를 끊고 학생, 교원, 학부모를 포함하여 단위 학교의 구성원들을 자치적 문제 해결의 주체로 세워 가는 운동이다. 내가 혁신학교운동에 가장 중요하게 부여하는 의미가 바로 이것이다.

모든 실천 운동이 그러하듯이 혁신학교운동도 하나의 긴 과정이다. 그래서 지금 성과를 논하는 것은 너무 성급하다. 성과를 급하게 논하는 것은 "우물가에서 숭늉 찾는" 옛 속담 같은 상황에 다름 아니다. 성공한 몇몇 혁신학교를 예외로 하면 — 아니 이들 학교조차도 때로는 — 대부분의 혁신학교 내부는 눈부신 성과로 인해 축제 분위기이기보다는 자율을 향해 몸부림치는 다양한 불협화음들로 시끄러운 것이 현실이다. 한 인문계 혁신고등학교를 사례 연구로 참여 관찰한 유경훈의 박사 논문에 의하면 이 학교 구성원들 간에는 혁신의 방향을 둘러싸고 다양한 갈등이 표출되고 상처와 갈등이 생겨나며, 동시에 이런 상처를 치유하고 봉합하면서 앞으로 나아가려는 일상적 실천들이 간단間斷없이 전개되고 있다. 유경훈은 그 혁신학교의 운영 과정을 '의도했던 작용의 모습과 의도하지 않았던 반작용'이 갈등하고 공존하는 특징을 가지고 있다고 진단한다. 여러분들도 한번 상상해 보라. 대학 입시를 앞두고 있는 인문계 고등학교에서 학교 혁신이 전개되어 가는 과정에서 나타날 수많은 갈등과 의사 결정 과정의 지난함을! 그리고 단위 학교 내 각각의 구성원들이 어떤 방식으로 적응하고 갈등하고 융합하고 공존해 갈지를! 유경훈은 자신의 논문에서 그 갈등과 공존의 양상을 교육 목표 면에서 '전인적 교육'과 '입시 교육', 교사의 역할과 관련하여 '헌신'과 '희생', 교사에게 부여된 권한과 관련하여 '자율'과 '사유화', 학교 공동체의 주체들 간에는 '참여'와 '회피'라는 네 가지 대립적 이미지로 형상화하고 있다.[166]

이 표제어들만 들여다보아도 그 학교의 모습이 어느 정도 그려지지 않는가? 기존의 입시 교육을 넘어서서 전인 교육을 지향하는 구성원이 있는가 하면 그래도 입시는 현실임을 힘주어 강조하는 교사들의 핏대 올리는 목소리도 들리지 않는가? 퇴근 시간쯤 우습게 여기며 혁신의 에너지로 무장하여 학생을 돌보는 교사가 있는가 하면 그 모든 것이 노동자로서 교사를 착취하는 나쁜 관습이라고 투덜거리며 탈주를 감행하는 교사의 모습도 보인다. 교장이 권위주의적 리더십을 내려놓고 수평적인 의사 결정을 강조하면서 생겨난 공간을 자율로 채우려는 교사가 있는 반면 그런 수평적 리더십으로 인해서 생겨난 느슨함을 사적 이익을 위해서 활용하는 교사들도 있다. 그리고 학교를 공동체로 상정하고 참여를 독려하는 혁신 주체들 한편에는 이런저런 이유를 들어서 이에 소극적으로 대응하며 미꾸라지처럼 빠져나가는 학교 구성원들도 틀림없이 있을 것이다.

그러나 이 모든 것이 피할 수 없는 우리의 일상이며 우리의 실천이다. 그리고 이 대목에서 나는 교육학자로서 한 가지 편견을 지니고 있음을 고백하지 않을 수 없다. 즉, 학습은 창발적이며 자기조직화하는 구조를 가지고 있으며, 인간은 학습하는 동물이라는 점을 나는 믿는다. 자율적인 공동체 내의 이런 실험들은 학습하는 존재로서 학교 구성원 개개인들을 변화시키는 기회를 제공하여 종국적으로 지금보다 더 나은 학교들을 탄생시켜 갈 것이다. 그리고 그 과정에서 새로운 학교들이 생겨날 것이다. 내가 어린 시절에 경험했듯이 우등생들을 위해서 배타적 차별을 마구 해 대는 그런 학교가 아닌 모두를 함께 보듬고 더불어 성장하는 새로운 형태의 학교들 말이다. 그리고 중산층 이상의 욕망 충족을 위한 변형된 입시 학교가 아니라 돌봄과 복지의 공적 이상에 정말로 충실한 학교들이 우후죽순처럼 생겨나고 확산될 것으로 나는 믿는다. 나는 교육학자로서 내 이런 몽상과 편견이 실현되리라 꿈꾼다.

혁신학교 일반화의 걸림돌과 당면 과제

혁신학교의 자율적 실천의 경험을 일반 학교에까지 일반화해 가는 것이 가능할까? 몇몇 학교의 의미 있는 실천을 관 주도로 성급하게 보급하려고 했다가 실패한 열린교육운동의 경험을 돌아볼 때 혁신학교운동은 그 성공 여부에 있어서 중요한 기로에 있다. 현재 혁신학교운동은 기존의 소위 성공한 혁신학교들이 단위 학교 차원에서 그 전통과 생명력을 유지하도록 해야 하는 동시에 이를 다른 학교에 전파해야 하는 이중의 과제를 안고 있다. 이는 쉽지 않은 일이다. 우선 기존 단위 학교들의 성과를 유지하는 것도 쉽지 않다. 이는 공립학교의 독특한 순환 전보 구조 때문에 생겨난다. 대부분의 학교 교직원들은 4~5년에 한 번씩 다른 학교로 이동한다. 따라서 일 년에 적어도 20퍼센트의 교직원이 교체되는 대단히 불안정한 조직이 학교이다. 쉽게 말하면 5년 후면 구성원들 대부분이 현재 학교에 존재하지 않는다. 따라서 성공한 학교들의 성과들도 언제 신기루처럼 사라질지 모른다. 단위 학교로서는 핵심 멤버들이 다른 학교로 가지 않기를 희망한다. 그러나 잘 훈련된 핵심 인력인 교장과 교사들이 한 학교에 머물러 있으면 그 학교의 생명력은 유지될지 모르지만 다른 학교로의 확산은 어려워지게 된다. 여기에 딜레마가 존재한다.

이런 딜레마를 해결하기 위해서는 교사 일반이 혁신학교운동이 좋고 따라 할 만한 것이라고 생각하고 실천에 참여하도록 해야 한다. 모방하고 싶은 문화적 '밈'이 작동해야 하는 것이다. 이를 위해서는 현재의 혁신학교 내에서 개혁에 소극적인 교사들이 혁신학교를 어떻게 생각하고 있는지를 분석해 볼 필요가 있다. 나아가서 혁신학교운동 바깥에 있는 일반 교사들이 혁신학교를 어떻게 생각하는지도 조사하여 이들이 혁신학교운동을 실천하는 데 참여하는 것을 저해시키는 요인이 무엇인지를 체계적으로 분석하여 확산을 방해하는 걸림돌들을 제거하려는 노력이 필요하다.

나는 교사나 교장 — 나아가서 일반 시민들 — 이 혁신학교운동에 소극적이 되거나 적대감을 가질 수 있는 요인이 몇 가지 있다고 본다. 그중에 두 가지만 이 글에서 언급하겠다. 첫째는 혁신학교운동을 추진하는 과정에서 생겨나는 갈등 문제이다. 이러한 갈등이 잘 해결되거나 관리되지 않을 경우 사람들은 혁신학교에 등을 돌리기가 쉽다. 학교 혁신은 기존 관행을 끊임없이 새롭게 하는 과정이며 갈등이나 충돌을 동반할 수밖에 없다. 이 과정에서 추진하는 측과 관망하는 사람들 간에 민주적으로 문제가 해결되지 않을 경우 적대감이 형성되기 쉽다.

나는 혁신학교 현장을 돌아보는 동안에 혁신학교를 둘러싸고 네 가지 유형의 갈등이 존재함을 목격하였다. 첫째는 중앙정부와 도교육청 간의 갈등이다. 혁신학교 초기에 보수적인 중앙정부와 소위 진보 교육감의 아이콘인 김상곤 교육감 사이에 혁신학교 정책뿐 아니라 다양한 교육 정책을 두고 사사건건 대립하는 통에 현장에서 큰 혼란을 겪은 것을 기억해 보라. 진보 교육감들이 대거 당선된 현재는 이런 갈등이 다소 소강상태이긴 하지만 갈등은 언제나 재현될 가능성이 있다. 이런 행정기관 간의 대립 가능성만으로도 교사들은 혁신에 소극적이거나 저항하기 쉽게 된다. 장기적으로 교육 자치를 포함한 모든 자치가 지금보다 강화되고 지역민들이 스스로의 삶을 결정하는 자치적 역량이 강화되는 속에서 이런 갈등은 해소되어야 할 것이다. 동시에 각급 학교는 스스로의 삶을 결정하는 자치 역량을 훈련하고 내면화하는 장의 역할을 수행해야 한다.

둘째는 혁신을 추진하는 교사들과 단위 학교 교장 간의 갈등이다. 혁신학교가 추구하는 단위 학교의 민주성은 많은 경우 교장의 기존 권위와의 충돌을 야기할 수밖에 없다. 그 결과 다수의 교장들은 아직까지 혁신학교운동에 대해서 소극적이거나 적대적인 태도를 견지하고 있다. 민주적이고 협력적이고 변혁적인 리더십을 지닌 교장을 어떻게 많이 확보하는가는 혁신학교운동뿐 아니라 앞으로 한국 학교의 변화를 위해서 정말 중요한 문제이다. 어쨌든 단위 학교 차원에서 보면 혁신을 추구하는 교사와 소극적인 교장이 만나는 경우가 현재로는 더 많은 상황이다. 이런 현실 속에서 혁신을 추구하는 교사들이 교장과 우호적인 협력 관계를 유지하기 위해 많이 노력할 필요가 있다. 교육청이나 중앙정부 차원에서도 시대에 맞는 리더십을 지닌 교장을 양성하고 재교육하는 데 힘을 써야 할 것이다.

세 번째 유형의 갈등은 교사 간 갈등이다. 그 갈등 양상도 다양할 수 있다. 혁신을 추구하는 교사와 그렇지 않은 교사 간의 갈등뿐 아니라 때로는 혁신을 추구하는 교사들 간의 갈등도 생겨난다. 혁신의 방향과 노선을 둘러싸고 갈등이 심해져서 한 학교에서 서로 인사도 나누지 않는 사이가 되는 경우도 관찰한 바가 있다. 많은 경우 상대방을 인정하지 않고 성급하거나 독단적으로 일을 추진하기 때문에 생겨나는 문제이다. 좀 느리게 가더라도 차이와 다양성을 통해서 배우는 문화를 만들어 가야 한다.

네 번째 유형의 갈등은 학교와 학부모 사이의 갈등이다. 학부모들은 다양한 욕망을 지니고 혁신학교운동을 바라보고 있다. 이런 다양한 욕망들이 혁신학교가 추진하는 이상과 충돌할 수 있다. 특히 기존의 입시 지향을 지닌 학부모들은 혁신학교운동에 대해서 관성적으로 불만을 지니는 경우들이 많다. 공부 안 시키는 학교라는 이미지를 은연중에 갖게 되는 것이다. 이런 학부모의 기존 관념들로 인해서 특히 고등학교 차원에서는 혁신학교운동을 추진하기가 대단히 어렵다. 학부모들이 새로운 학교를 이해할 수 있도록 다양한 프로그램들이 개발되어 제공될 필요가 있다.

혁신학교가 일반화되어 학교 혁신으로 이어지기 위해서는 학교 혁신 과정에서 생겨나는 다양한 갈등들을 좀 더 체계적으로 수집해서 과학적으로 연구하고 이에 대한 대안들을 마련하는 것이 절실히 요청된다.

학교 구성원들이 혁신학교운동에 소극적이거나 적대감을 지닐 수 있는 두 번째 큰 요인은 노동 강도가 증가하지 않을까 하는 두려움이다. 많은 교사들이 혁신학교운동을 꺼리는 이유는 혁신학교에 가면 밤이 늦도록 학교에 남아서 함께 토론하고 교재 연구도 새롭게 해야 한다는 소문 때문이다. 이와 관련하여 혁신학교가 교사 업무의 양과 질을 어떻게 변화시키는지 좀 더 체계적으로 연구할 필요가 있다. 나는 혁신학교운동의 초기에는 기존의 관행을 제거하고 새로운 실천을 하기 위해서 더 많은 노력이 소요될 수밖에 없다고 생각한다. 그리고 많은 경우 초기 혁신학교에서 이런 노동량의 증가는 별 문제가 되지 않는다. 새로운 교육을 실천하고 싶은 욕망을 지닌 교사들이 다수 모여 있기 때문이다. 그러나 이런 아름다운 욕망의 아우라를 일반 학교 전체에도 기대하는 것은 다소 무리이다. 따라서 장기적으로 혁신은 교사의 노동 강도를 크게 증가시키지 않는 상태에서 추진될 필요가 있다. 이를 위해서는 교사들이 비교육적인 잡무에서 해방되어서 수업과 상담과 같은 좀 더 본질적인 일에 집중하도록 업무 재구조화가 이루어져야 한다. 이 점에서도 경기도는 상당히 모범적인 전례를 만들어 가고 있다고 하겠다. 여기에 더하여 혁신학교의 초기 경험들을 집단이 공유하는 지식으로 전화시키기 위해서 실천적 지식을 매뉴얼화하는 작업이 많이 필요하다. 혁신에 대한 코드화된 지식coded knowledge을 많이 가지고 있으면 시행착오와 혼란을 상당한 정도로 줄일 수 있기 때문이다.

혁신의 확산이 가능한 조건들을 생각해 보아야

혁신을 경험적으로 연구한 과학자 에버릿 로저스Everett M. Rogers에 따르면 혁신에는 다섯 가지 속성이 있다.[167] 첫 번째는 그 혁신의 산물이 현존 제품이나 아이디어보다 이점을 제공해야 한다. 둘째, 혁신은 아무리 참신하더라도 여전히 현존 가치 체계 및 사회 규범과 양립해야 한다. 셋째, 혁신의 복잡성은 다른 사람들에게 수용되는 정도를 결정한다. 즉, 혁신의 내용이 복잡할수록 그것에 대한 수용 정도는 낮아진다. 넷째, 혁신은 시험할 수 있어야 한다. 그래야 잠재적인 이용자들이 별 무리 없이 아이디어를 시험할 수 있다. 다섯째, 혁신의 결과는 다른 사람들에게 가시적이어야 한다. 즉, 혁신 결과물의 잠재적 이용자들이 그 결과물을 시험하지 않더라도 혁신의 상대적 이점들을 판단할 수 있어야 한다. 이런 원리들은 혁신학교의 확산을 염두에 둘 때도 심사숙고해 보아야 할 중요한 원칙이라고 하겠다.

  로저스는 혁신의 확산에 대해서 경험적으로 연구하면서 새로운 아이디어가 확산되는 과정은 거의 S자 곡선의 모양을 보인다는 것을 발견하였다. 혁신 주기 초반에는 아주 적은 사람들만이 그 아이디어나 기술을 수용하다가 시간이 흐르면서 점점 더 많은 사람들이 수용하게 되어 성장률이 증가하고 수용이 가속화되어 마침내 모두가 혁신을 일상으로 받아들이는 지점으로 이행한다는 것이다. 로저스는 혁신을 빨리 받아들이고 늦게 받아들이는 수용자 군들을 표준 성격과 통계에서 얻은 단서를 바탕으로 혁신자(2.5%), 조기 수용자(13.5%), 초기 다수 수용자(34%), 후기 다수 수용자(34%), 지각 수용자(16%)로 나누었다. 아마도 현재 한국의 혁신학교는 조기 수용자 수준까지 확산되고 있는 상태가 아닌가 한다.

이 수준을 넘어서서 학교 일반의 보편적인 문화로 정착되기 위해서는 다수 교장과 교사와 교육 관련자들이 혁신이 모방할 만하다고 생각할 수 있어야 한다. 이를 위해 로저스가 말한 이점, 양립 가능성, 단순성, 시험 가능성, 가시성이라고 하는 혁신의 속성들을 지금까지 진행된 혁신학교운동에 대입해서 곰곰이 분석해 보고 확산을 위한 노력의 방향을 재점검할 필요가 있다.

어떤가? 당신의 혁신학교는 다른 사람이 모방해도 좋을 정도로 매력적인가? 이 질문에 긍정적으로 답할 수 있을 때 혁신학교에서 학교 혁신으로의 일반화는 성공할 수 있을 것이다.

한국교총은 낡은 이미지를 청산할 수 있을까?

 교육운동과 관련하여 한국교원단체총연합회(한국교총)를 다루는 것이 적절하지 않다고 생각하는 독자들도 적지 않을 것이다. 한국교총이 교육운동단체인가 하는 의구심 때문일 것이다. 그러나 한국교총이 교육 현안과 정책 결정에 매우 큰 영향을 미치는 단체인 것은 부인하기 어렵다. 2006년에 발표된 김덕근의 논문에 의하면 "한국교총은 60년에 가까운 역사, 18만 명에 달하는 회원 수, 연간 세출 예산 80억 원이 넘는 거대 조직으로 현재 한국 최대의 단일 이익집단"이다.[168]

 한국교총이 교육 문제나 교육 정책에서 어떤 입장을 취하는가는 교육에 대한 공적 의사 결정 과정에서 매우 중요한 변수로 작용한다. 따라서 전교조와 마찬가지로 한국교총도 단순히 교원의 이익을 대변하는 이익집단을 넘어서서 공공성에 터한 교육운동 단체로서 제대로 된 역할을 수행해야 할 책무가 있다. 현재의 한국교총이 그런 역할을 하고 있는지에 대해 의구심을 지니고 있는 사람들이 많다. 한국교총은 우리 사회의 교육적 쟁점과 관련하여 개혁적이기보다는 보수적인 입장을 주로 견지해 왔다. 적극적인 변화와 개혁을 모색하기보다는 기득권에 안주하는 집단이라는 인상을 크게 불식시키지 못하고 있다. 더욱이 한국교총은 전교조와 사안마다 대립하면서 교단의 갈등과 분열을 증폭시키는 한 축을 담당하고 있다. 이러한 대립은 두 단체의 정치적 입장, 가치관, 교육적 지향의 차이점 때문에 얼마간 불가피한 것이기도 하다. 그러나 교육계의 갈등이 사회 전체의 갈등으로 확대재생산되는 경향까지 보이고 있는 오늘날, 한국교총은 전교조와 더불어 갈등과 대립의 교육 문화를 치유하고 개선하는 데 노력해야 한다. 한국교총이 기득권 수호 집단이라는 낡은 이미지를 벗고 우리 교육 문제를 해결하고 교단의 갈등도 치유하는 새로운 역할을 수행할 수 있을까?

대한교육연합회, 유일한 교원단체!

1999년 〈교원의 노동조합설립 및 운영 등에 관한 법률(교원노조법)〉이 제정되어 교원노조가 합법화되기 전까지 한국교총은 한국의 유일한 교원단체였다. 한국교총의 역사는 1947년 11월 23일 출범한 조선교육연합회에서 시작되었다. 조선교육연합회는 미군정의 주도적 역할하에 미국의 전국교육연합회National Education Association를 모델로 삼아 설립되었다. 조선교육연합회는 1948년 정부 수립 후에 대한교육연합회(대한교련)로 명칭을 바꾸었다.[169] 1999년 이전까지 다른 공무원들에게 어떤 형태이든 조직의 결성 자체가 허용되지 않았던 것과 비교하여 대한교련의 탄생은 이례적인 사례였다. 그러나 교원단체로 일찍 출범했으나 이익집단으로서의 기능은 미미했다. 정부 정책 결정에 관여할 수 있는 장치도 충분히 보장되지 않았다. 일반 사회단체와 마찬가지로 정부에 정책을 건의하고 로비 활동을 하는 것이 거의 유일한 정책 참여 수단이었다.[170]

유일한 교원단체로서 존재하는 기간 동안 대한교련은 교원의 사회경제적 지위 개선을 위해 나름의 역할을 수행하였다. 《새교육》 발간, 현장연구대회 개최, 교육 자료전 개최, 교육신문 발간, 교원 직무연수 활동 등 교원의 전문성을 신장하기 위한 노력도 경주되었다. 그러나 교원들의 권익 신장을 넘어서서 지시와 감독 중심의 비민주적인 교육행정과 학교 운영을 해소하는 데는 별다른 관심을 기울이지 않았다.[171] 권위주의 정권이 붕괴되고 우리 사회에 민주화가 진전되기까지 대한교련은 정부의 정책 방향에 충실하게 부응하는 어용 단체의 수준을 크게 벗어나지 못했다.[172] 대한교련과 이를 이어받은 한국교총의 역대 회장 중 많은 이들이 임기 후 국무총리, 부총리, 문교부장관 등 정부의 요직으로 발탁되거나 국회의

원을 역임하였다는 사실은 이 단체의 관변 단체적 성격을 보여 주는 한 지표이다.[173]

1980년대 말까지 대한교련과 정부와의 관계는 정부가 유일한 교원단체인 대한교련에 일정한 기득권과 특혜를 제공하는 대가로 교원단체의 이익 표출 행위, 권익 신장, 정치 참여 활동 등이 일정한 범위에서 통제되는 일종의 국가조합주의 state corporatism 와 유사하다. 일례로 대한교련은 오랫동안 현장연구대회를 독점적으로 운영했다. 현장연구대회 입상은 교장, 교감 등 관리자로 승진하는 데 필요한 가산점을 얻는 데 상당히 중요하다. 대한교련은 현장연구대회를 독점 운영함으로써 교직 사회에서 막강한 영향력을 행사할 수 있었다. 교육 정책 결정 과정에서도 대한교련은 정부의 정책을 비판하고 견제하기보다는 홍보하고 옹호하는 역할을 주로 수행하였다. 대한교련이 교육 정책 결정 과정에서 하위 정부 내지 철의 삼각(교육부 - 국회 교육위원회 - 대한교련)의 한 축으로서 역할과 사명을 감당하였다는 주장도 있다.[174] 또 교장, 교감 등 관리직이 전체 회원 중에서 적지 않은 비중을 차지하는 상황에서 대한교련은 평교사의 의견보다는 관리직의 의견이 더 많이 반영되는 보수적인 집단으로 주로 행동하였다. 이러한 보수성으로 인해서 대한교련은 민주화의 이행기인 1980년대 중반의 사회 움직임에 전혀 부응하지 못했다. 1987년 결성된 전교협이 대한교련 회비 납부 거부와 대한교련 탈퇴를 교육운동의 하나로 추진하였다는 사실은 그 당시 대한교련이 기득권에 안주하는 관변 단체의 기능에 충실하였음을 보여 주는 사례의 하나라고 할 수 있다.

교원단체의 이원화와 제도적 문제

유일한 교원단체로서 대한교련의 지위는 교직 사회 내부로부터 도전에 직면한다. 1980년대 후반 일군의 교사들은 큰 희생을 감수하면서 교육 민주화와 사회 민주화를 위해서 전교조를 결성하였다. 그로 인해 1,500명이 넘는 교사들이 교단에서 쫓겨났다. 참교육을 내세운 전교조 교사들의 헌신과 희생은 국민들의 폭넓은 지지를 받았다. 이러한 새로운 교육운동 세력의 등장은 보수적 기득권에 만족하던 대한교련에게 큰 위협으로 작용하였다. 이런 분위기 속에서 1989년 대한교련은 '한국교원단체총연합회'로 명칭을 변경하고 1991년에는 정부와의 교섭을 통해서 〈교원지위향상을 위한 특별법(교원지위법)〉을 제정함으로써 교섭·협의권을 지닌 교원단체로 탈바꿈하게 된다.[175] 이 법의 제정으로 일부 노무 종사자를 제외하고는 불허되었던 '교섭'을 통한 정치 참여가 공공 부문에 처음 도입되었다. 전교조의 등장은 대한교련이 정부와의 교섭에서 반사이익을 얻을 수 있는 기회로 작용하였던 셈이다. 전교조의 가열찬 투쟁이 없었으면 한국교총이 교섭권을 지닌 교원단체의 지위를 그렇게 쉽게 얻지는 못했을 것이다. 새로운 교섭·협의권을 활용하여 한국교총은 종래와 달리 정부와 좀 더 수평적인 수준에서 교원 지위 향상이나 전문성 신장과 관련된 교섭을 진행할 수 있게 되었다. 교섭·협의권이 〈노동조합법〉이 아니라 교육 관련 특별법에 의거함으로써 교섭 대상에 교원의 전문성 신장에 관한 부분이 포함되는 등 교직의 특수성을 반영한 것도 평가할 만하다.[176]

그러나 한국교총의 유일한 독점적 위치는 오래가지 못했다. 전교조 교사들은 많은 해직자가 생겨난 이후에도 줄기차게 교육민주화운동을 위한 노력을 전개하였다. 교원노조를 합법화하기 위한 투쟁도 지속하였다. 국제사회의 압력도 계속되었다. 1994년 ILO는 전교조를 인정할 것을 촉구하는 결의문을 채택하였다. 1995년에는 UN 경제사회이사회 산하 경제·사회·문화권리위원회가 교원의 단결권을 즉각 인정하라는 권고안을 채택하였다. 1996년 우리나라가 OECD 회원국으로 가입하면서는 회원국 수준에 걸맞은 교원의 단결권 보장을 권고받았다.[177]

이러한 국제사회의 압력과 전교조를 비롯한 시민사회의 노력에도 불구하고 교원노조의 합법화는 대량 해직이 있은 지 10년 만인 1999년에야 비로소 성취되었다. 당시 김대중 정부는 교원단체의 이원화 방안을 통해서 교원노조를 합법화하였다. 즉, 〈교원지위법〉에 의거하여 교섭·협의권을 행사하는 교원단체인 한국교총과 달리 전교조의 경우 노동 관계 특별법의 형태로 교원노조를 허용하였다. 그 결과 서로 다른 법에 의해서 규율되는 두 개의 큰 교원단체가 병존하게 되었다. 당시 정부가 이런 정책을 마련한 데는 임금 근로 조건 등 교원의 사회적·경제적 지위 향상에 관한 사항은 교원노조와 교섭을 통해서 해결하고 교육 정책과 관련된 사항은 전

문직 교원단체와의 협의를 통해서 해결하겠다는 생각이 깔려 있었다.[178]

이러한 생각을 반영하여 정부는 〈교육기본법〉에 의한 교원단체의 교섭권을 삭제하려고 새로운 법률안을 만들려고 하였다. 그러나 이런 정부의 방침은 한국교총이 지니고 있는 기존의 권한을 박탈하는 것으로 해석되어 강력한 반발을 야기하였다. 결국 교섭을 교원노조로 단일화하려는 정부의 의도는 실패하였으며, 각각의 법률에 따라 각각 교섭하는 이중적 교섭 구조가 탄생하였다.[179]

교원노조의 인정은 노동관계에 관한 국제사회의 보편적 규범을 도입하고, 교원의 단결권을 바탕으로 한 단체교섭 창구를 마련하였으며, 성직자관, 전문직관, 노동자관, 공직자관 등 교직에 대한 다양한 관점을 반영하는 법적 기틀이 마련되었다는 점에서 의의가 있다.[180] 그러나 교원단체의 이원화 정책은 여러 문제점을 처음부터 안고 출발한 제도라고 할 수 있다. 정부가 동일한 사안에 대해서 각각의 단체와 중복하여 교섭을 함으로써 행정력의 낭비를 초래한다. 또 교원단체들은 유리한 협상을 끌어내기 위해서 소모적인 교섭 과정을 겪게 되고 때로는 실리보다는 명분이 앞서는 협약을 맺게 되는 결과를 낳는다.[181] 교원단체 이원화 정책은 교원단체 상호 간, 정부와 교원단체 간의 갈등과 혼란을 야기할 위험성을 근원적으로 잉태하고 있었다.

한국교총과 전교조의 갈등과 대립

교원단체의 이원화 정책 시행 이후 우려했던 문제들은 현실로 나타났다. 교육계의 현안과 관련하여 두 단체가 동일한 목소리를 내는 경우는 거의 없었다. NEIS^{National Education Information System: 교육행정정보시스템} 정책, 일제고사, 사립학교법 개정, 교장선출보직제 요구, 자립형 사립학교 정책, 교육감 선출 방식 등 거의 대부분의 사안에 대해서 두 단체는 다른 목소리를 냈다. 전교조가 선명성을 내세워 투쟁을 하면 한국교총은 그에 반대하는 것이 전형적인 양태였다. 때로는 각 단체가 취하고 있는 원래 입장과 관계없이 상대 단체가 어떤 입장을 취하느냐에 따라서 무조건 반대하는 목소리를 내는 경우도 생겨났다. 지난날 교육계의 대표적인 갈등 사례 중 하나였던 NEIS 정책이 그런 예이다. NEIS 시행과 관련하여 한국교총은 전교조를 견제하기 위해서 자신들이 원래 지녔던 목표를 변경하기까지 하였다.[182]

이런 대립이 계속되는 가운데 교육계의 갈등 상황은 정치권이나 사회시민단체까지 가세하여 서로 다른 진영으로 나뉘어서 사안마다 충돌하는 상황이 계속되고 있다. 교육감 직선제 이후에는 전교조나 진보 진영이 한 축을 형성하고 한국교총과 보수 진영이 다른 축을 형성하여 경쟁하면서 대립의 양상이 더 확대되고 조직화되는 경향을 보이고 있다. 전교조 위원장이나 한국교총 회장 출신이 직접 선거에 뛰어들면서 교육감 선거는 전형적으로 진보와 보수의 대결이라는 양상을 띠었다. 양쪽은 다른 진영이 당선되어서는 절대 안 된다는 입장을 견지하고 선거운동에 임했다. 이것은 선거 전략에서 합종연횡을 통한 보수 단일 후보 혹은 진보 단일 후보를 추대하는 방식으로 나타났다. 이 과정에 정당, 언론, 시민사회 단체가 직간접적으로 가세함으로써 교육계는 말 그대로 보수와 진보의 이념 대결의 장이 되다시피 하고 있다. 2014년 6월 지방선거에서 소위 진보 진영 후보가 교육감으로 많이 당선되자 한국교총은 교육감 직선제를 폐지하는 헌법 소원을 추진하는 등 교육계 갈등의 골은 더 깊어지는 양상을 보여 주고 있다. 전교조 합법화가 논의되던 1998년경 월간 《사회평론 길》과의 인터뷰에서 당시 전교조 위원장이었던 김귀식은 다음과 같이 말하였다.

"전교조에서 지난 2월 9일 기자회견을 열고 제안한 게 있어요. 교총에 같이 일하자, 공동 사업을 하자고 한 것이죠. 같이 할 게 많습니다. 교사 처우 개선이라든지, 학습법 개발이라든가, 청소년 문제라든가, 모든 것을 같이 해야 해요. 전교조 혼자서 하면 절대로 안 됩니다. 교총도 교육을 위해 존재하는 단체고, 전교조도 교육을 위해 존재하는 단체입니다. 공동 목표가 있는 거예요. 왜 이걸 따로따로 합니까, 공동의 자리에서, 공동의 토론으로, 공동의 결론을 내서 공동의 실천을 하겠다, 이런 겁니다. 정말로 교육에 관심과 열의가 있으면 거부할 수가 없는 겁니다."[183]

한국교총과의 협력적 관계에 대한 희망을 피력한 언급이다. 그러나 합법화된 후 15년이 지난 지금 한국교총과 전교조의 "동반자" 관계는 단순한 희망 사항에 그치고 말았다. 전교조의 급진성과 한국교총의 보수성, 거기에 더하여 불완전한 단체교섭 관련 법조문이 현재의 바람직하지 못한 갈등 양상을 지속시키고 있다.

한국교총은 낡은 보수 집단의 이미지를 청산할 수 있을까

1999년 〈교원노조법〉에 의해서 전교조가 합법화되었을 때 한국교총은 이를 위기로 받아들였다. 그러나 15년이 지난 현재 시점에서 보면 한국교총은 그다지 큰 손해를 본 것 같지 않다. 전교조는 선명한 투쟁으로 국민의 지지를 많이 잃었다. 반면 한국교총은 전교조에 반대하는 입장만 취해서 현상 유지는 하는, 어떻게 보면 크게 손해 보지 않는 장사를 해 온 셈이다. 그러나 한국교총은 새로운 시대에 맞는 교원단체로서 자기 혁신을 할 기회를 결과적으로 놓치고 말았다. 전교조에 대한 안티테제로서만 행동해도 보수층으로부터 박수를 받는 상황 속에서 안락한 방어 전략에 안주한 것이다. 한국교총은 우리 교육에서 정말 개혁이 필요한 사안에 대해서도 기득권에 안주하거나 반대하는 입장을 취하고 있다. 예컨대, 교장 승진 제도는 거의 대부분의 교육학자들이 문제점을 인식하고 개선이 필요하다고 생각하는 사안이다. 그러나 회원 중에서 적지 않은 비율이 교장, 교감과 같은 관리직으로 구성되어 있는 한국교총은 이 문제에 대해 전향적인 태도를 보여 주지 못하고 있다. 다원화되기는 하였지만 한국교총이 주관하는 현장연구대회의 가산점 또한 승진에 중요한 역할을 여전히 수행하고 있다.

혁신학교의 경우도 마찬가지이다. 관료적이고 경직된 학교 문화의 변화와 관련하여 최근 몇 년 동안에 다수의 혁신학교가 이룬 성취는 괄목할 만한 것이다. 혁신학교운동은 위기에 처한 한국 공교육을 구할 수 있는 중요한 계기를 제공하고 있다. 그런데 한국교총은 혁신학교운동이 진보 교육감이나 전교조 교사들이 주도권을 쥐고 진행하는 사업이라는 점 때문에 소극적으로 반응하거나 관심을 두지 않는다. 혹은 심한 경우 적극적으로 방해하는 입장을 견지하고 있다. 보수 세력의 지지로 당선되었던 문용린 전 서울시 교육감은 학지 시절에 혁신학교에 대해 우호적인 입장이었다. 그러나 당선 후에는 혁신학교에 대해서 대단히 소극적으로 반응하였다. 한국교총을 위시한 보수 세력의 입장을 염두에 두어야 했기 때문인 것으로 보인다.

이런 한두 가지 사안만 보아도 한국교총이 기득권을 수호하는 보수 집단의 이미지를 벗기는 어려워 보인다. 한국교총은 스스로 안주하고 있는 기득권을 버릴 수 있을까? 한국의 교육 문제에 대한 더 공정하고 미래 지향적인 입장을 취할 수 있을까? 한국교총은 자신들의 조직적 성격을 "회원 간의 강력한 단결을 통해 교원의 사회적·경제적 지위 향상을 추구하는 이익단체의 성격과 교직의 전문성 확립을 추구하는 전문직 단체의 성격을 지니며 전문직 이익단체를 지향한다"라고 규정하고 있다.[184] 한국교총이 이익단체인 것은 확실하다. 그러나 교직의 전문성 확립을 추구하는 전문직 단체인지는 여전히 불분명하다.

한국교총과 전교조를 위시하여 우리 사회의 제반 정치사회 세력이 극심한 대립상을 극복할 수 있을까? 우선 양대 교원단체의 자기반성과 성찰이 필요해 보인다. 한국교총은 교직의 전문성 신장을 위해서 좀 더 객관적이고 투명한 노력을 해야 한다. 그것은 현재의 기득권을 일정 정도 내려놓는 것에서 시작되어야 한다. 한국교총 스스로가 교장 임용 제도와 같은 교원 승진 제도 및 학교 혁신 운동에 대한 혁신적이고 개혁적인 방안을 내놓아야 한다. 현장 개혁 운동과 관련하여서는 주장만 할 것이 아니라 실질적인 성과도 만들어 내야 한다. 가장 오랜 역사를 가지고 있고, 또 가장 많은 회원을 거느린 한국교총의 책무를 회장부터 일반 회원에 이르기까지 좀 무겁게 인식해야 한다.

나아가서 현재의 갈등 구조를 벗어나기 위해서는 게임의 규칙을 바꾸는 좀 더 근본적인 방안이 마련될 필요가 있다. 정부와 교원단체 간의 교섭 채널을 일원화하는 것이 하나의 대안이 될 수 있을 것이다. 교섭 창구를 일원화함으로써 교원단체들이 어떻게 해서든지 교육 문제나 사안에 대해서 합의를 도출하도록 제도적으로 강제할 필요가 있다.

마지막으로 좀 더 넓은 범위에서 교육 거버넌스를 새롭게 구성하려는 노력이 경주되어야 한다. 국민 모두를 대상으로 공공성에 기반한 교육 서비스를 제공하는 공교육의 특성을 고려할 때 교원의 지위 향상이나 전문성 신장에 대한 교섭은 정부와 교원단체만이 당사자가 아니다. 학부모, 시민단체, 정당이 함께 참여하는 좀 더 광의의 민주적이고 생산적인 교육 거버넌스에 대한 고민이 필요한 시점이다.

전교조는 아직도 우리 교육의 희망인가?

최근 30년의 교육운동은 전교조를 빼놓고는 말하기 어렵다. 그만큼 전교조는 우리 교육운동에서 확고한 지위와 지분을 차지하고 있었다. 1998년 김대중 정부에 의해 합법화되기 이전까지 전교조는 고난의 길을 걸었다. 그러나 합법화된 이후에 전교조는 단기간 내에 10만에 가까운 조합원을 보유한, 교육계뿐 아니라 우리 사회 전체의 강력한 운동 조직으로 급부상하였다. 그러나 그 다음이 문제였다. 전교조는 설립 초기에 견지하였던 도덕적 힘을 급격히 상실해 갔다. 이유가 어떻든 정부와 맞서서 과격한 투쟁을 일삼는 집단, 편협한 정치적 이해를 관철하기 위해서 활동하는 파당적인 집단으로 대중에게 비치기 시작하였다. 전교조의 가장 큰 지지

자였던 학부모와 학생들도 전교조를 외면하기 시작하였다. 선거에 전교조 전력을 지니고 출마를 하면 30퍼센트의 지지를 확보하기도 어려운 상황이 되었다.

왜 이렇게 되었을까? 윤지형이 쓴 《교사를 위한 변명 – 전교조, 그 스무 해의 비망록》에는 이런 문구가 나온다. "누구는 전교조 20년의 역사를 '국민의 지지를 만들어 간 10년, 국민으로부터 멀어져 간 10년'이라 하더군요. (……) 그 말을 달리 표현하면 전교조는 합법화가 되면서부터 국민에게서 멀어졌다는 거지요. (……) 문제는 '합법 전교조'가 이전과는 확연히 다른 사업 작풍과 행동 양식을 보여 주어야 했음에도 그렇지 못했다는 데 있겠지요."[185] 이 말을 곱씹어 보면 전교조는 합법화된 이후에도 합법화 이전의 사회와 교육에 대한 정세 판단을 새롭게 재구성하지 못하고 낡은 투쟁 방식에 빠져서 시대착오적인 교육운동을 계속한 것은 아닌가 하는 의구심이 든다.

이유 여하를 막론하고 전교조는 현재의 위기에 대해 냉철하게 분석하고 뼈아픈 성찰을 할 필요가 있다. 아직도 전교조가 희망이기를 원하는 많은 사람들의 열망을 전교조는 가슴 깊이 받아들여야 할 것이다. 이 글은 그런 점에서 전교조에 대해 어떤 비판들이 제기되는지를 살펴보고 필자 나름의 관점에서 애정 어린 제언을 하기 위한 목적으로 작성하였다.

전교조에 대한 우파의 공격

나는 이 글을 쓰기 위해서 전교조 관련 자료를 찾아보다가 안티 전교조와 관련하여 생각보다 많은 문헌들이 존재하는 것을 보고 놀랐다. 단행본만 몇 가지 열거해 보아도 다음과 같다. 《꼰빠이, 전교조》[186], 《전교조 없는 세상에 살고 싶다》[187], 《전교조에 告함》[188], 《전교조 이렇게 살았다》[189], 《전교조에게 빼앗긴 학창시절》[190] 등이다. 이 책들은 모두 현 시점에 서점에서 구입이 가능하다. 나는 이 책 중 몇 권을 구입해서 읽어 보면서 책의 논리 전개가 매우 조잡하다는 생각을 지울 수가 없었다. 그럼에도 불구하고 이 책들은 우파 성향의 사람들이 전교조를 어떻게 생각하고 있는지를 이해할 수 있는 자료로서는 의미가 있다고 본다. 이 책들과 여러 자료를 바탕으로 우파들이 전교조에 대해 주로 문제 삼는 지점을 세 가지로 정리해 보면 다음과 같다.

첫째, 이념 편향적인 정치 집단이라는 것이다. 전교조는 친북반미 성향을 지니고 있으며 다양한 정치 활동을 통해서 이런 좌편향적인 이념을 학생들에게 주입하려고 한다는 것이다. 조전혁·홍진표는 전교조가 학습 자료를 통해 "6.25 때 미국이 없었으면 통일될 수 있었다", "미국에 대한 테러 사건은 이라크인들의 정당한 항거다", "6.25 때 남한의 피해보다 북한의 피해가 더욱 컸고, 미군과 국군은 무고한 주민들을 학살했다"와 같은 내용을 전파함으로써 학생들을 의식화시키고 있다고 주장한다.[191] 교사들을 위한 각종 연수 자료들도 만들어서 조합원들을 교육하고 있는데, 단순한 반미·친북 성향을 넘어서 연방제 통일, 선군정치 옹호 등의 내용이 포함되어 있다는 것이다. 이념적인 문제와 별개로 전교조가 교육 단체이기보다는 그 자체로 정치 집단이라는 것도 중요한 비판 대상이다. 조전혁·홍진표는 "전교조는 '전교조 - 민주노총 - 민주노동당'으로 연결되는 정치 집단입니다. 바로 이러한 이유 때문에 전교조는 번번이 우리 헌법에서 명시하고 있는 '교육의 정치적 중립 의무'를 어기고 있습니다. 헌법적 의무를 어길 뿐 아니라 종종 헌법적 가치에 대해 도전하기도 합니다. 자유민주주의, 시장경제 등 대한민국의 정체성과 관련된 중요한 가치를 부정하기도 합니다. 과연 이런 집단으로부터 교육받은 우리의 어린아이들이 미래의 대한민국을 어떻게 만들어 나갈지를 생각해 보면 걱정을 넘어 겁나기까지 합니다"라고 비판하고 있다.[192]

둘째, 과격한 방식으로 투쟁하는 싸움꾼 집단이라는 주장이다. 전교조는 "조직의 단결력 강화와 위상 제고를 위해서 불법 행위를 강행"하며, "힘으로 밀어붙이면 무엇이든지 해결할 수 있다는 사고"를 지니고 있다는 것이다. 교사의 경우 일반 공무원과 같이 근무 중 직장 이탈을 할 수 없음에도 불구하고 정부에 대항하는 가장 강력한 수단으로 파업과 다름없는 연가 투쟁을 선택하고 있다는 점도 주된 비판 대상이다. 이들은 전교조가 연가 투쟁뿐 아니라 단체교섭이 제대로 풀리지 않거나 교육 정책을 저지하기 위해서 무단 점거와 불법 농성을 마다하지 않고, 교섭 범위가 포괄적인 점을 이용하여 무리한 단체교섭을 요구하며, 특히 학교장의 고유 권한과 학생 수업권을 침해하는 사항까지 무리하게 요구하고 있다고 꼬집는다.[193]

셋째, 학부모와 학생은 뒷전이고 교사의 교육권과 이익만을 추구하는 집단이라는 비판이다. 신중섭은 《전교조의 이념과 운동 비판》에서 "전교조가 교사와 학생, 학부모의 교육주권론을 표방하였지만 이는 교사의 주권론을 강조하기 위해 학생과 학부모를 들고나온 것에 불과하다. 왜냐하면 교사와 학생, 학부모의 이해관계가 항상 일치하는 것은 아니기 때문이다. (……) 실제로 전교조와 참교육학부모회는 교원 정년 단축 문제, 교원 평가, 교원 양성 정책, 7차 교육과정, 신자유주의 교육 정책 철폐 등과 같은 정책을 두고 입장을 달리하였다"라고 언급하고 있다.[194] 또, "전교조가 범하고 있는 가장 큰 문제는 교육 문제를 교육 공급자의 관점에서만 바라보고 현실적으로 교육의 수요자인 학생과 학부모의 입장을 대변하지 못한다는 것이다. 그들은 교육에 대한 학생과 학부모의 욕구를 부정적으로 평가하거나 완전히 무시하고 있다"라고 주장하면서 전교조가 교사의 교육권을 강화하는 것을 명목으로 학생과 학부모의 입장을 떠나서 자신들의 철학이나 이익을 관철하려고 하고 있다고 비판한다.[195] 또한 신중섭은 "전교조는 부패와 독재로 얼룩진 과거 주류 세력의 도덕적 결함을 자신들의 주장을 정당화하는 근거로 삼는다. 전교조는 국가가 강력하게 교육을 장악하고 있던 시절에 정부의 입장에 반대하면서 대안을 제시하였다. 그것은 고난을 자초하는 일이었다.

그럼에도 불구하고 전교조는 자기희생을 감수하면서까지 전교조 합법화 투쟁을 전개하여 왔다. 그러나 전교조가 권위주의적인 정권 아래에서 고난의 길을 걸어왔다는 것과 그들의 주장이 옳다는 것은 다른 문제이다. (……) 어떤 이론이 옳고 그름은 이론 자체에 의해 결정되는 것이지 그것을 주장하는 사람들이 정치적으로 탄압을 받았는가 받지 않았는가는 별개의 문제이다"라고 말하고 있다.[196]

이런 우파의 주장 중에는 현실을 왜곡하고 악의에 찬 선전을 하는 내용도 적지 않다. 그러나 전교조 조합원들이 새겨듣고 고민해야 할 주장도 적지 않다고 나는 생각한다. 전교조 운동의 정당성은 과거의 고난으로 자동적으로 주어지지 않는다. 때로 악의적 비판에도 귀를 기울이는 열린 조직 문화에서 운동의 참신성과 역동성은 새롭게 돋아날 수 있다고 나는 믿는다.

전교조 운동에 대한 내부 비판

전교조 운동에 대해서 내부에서는 어떤 비판이 존재할까? 운동 조직의 성격상 내부에서 제기되는 비판에 대한 공식 문건을 찾기는 그다지 쉽지 않다. 많지 않은 내부 비판 자료 중에서 권재원이 쓴 〈위기의 전교조와 그 희망의 싹〉이 가장 인상적이었다. 이 글은 《진보평론》의 전교조 20주년 특집에 실린 글이다. 권재원은 전교조 부대변인을 역임했던 핵심 활동가이다. 그는 자신의 경험에 근거하여 전교조 위기의 원인을 조목조목 기술하고 있다. 나는 그의 글이 논의 자체가 금기시되다시피 한 정파 대립 문제를 포함하여 전교조의 내부 문제를 상당히 근본적으로 비판하고 있다는 느낌을 받았다. 권재원은 전교조 위기의 원인을 [① 정파 엘리트주의와 조직 응집력 저하, ② 민주집중제에서 비롯된 조직의 비효율적 운영, ③ 대안 부재 - 낡은 운동권 이념의 그림자, ④ 교육 전문성의 부재 - 전교조 내의 계급 투쟁]의 네 가지로 정리하고 있다. 2009년에 작성된 글이지만 당시 저자가 언급한 문제가 현재의 전교조의 위기를 설명하는 데도 여전히 유효하다고 생각한다. 저자가 주장하는 핵심적인 내용을 필자 나름으로 요약하여 제시해 보겠다.[197]

첫째, '정파 엘리트주의와 조직 응집력 저하'의 문제이다. 전교조 내에는 '참실련(참교육실천연대)'과 '교찾사(교육노동운동의 전망을 찾는 사람들)'라는 두 개의 정파가 있다. 어떤 조직이나 내부 분파가 있는 경우가 적지 않으며, 다양한 분파의 존재가 조직의 건강한 생태계를 확보하는 데 순기능을 하는 경우도 많다. 그러나 전교조 내 양대 정파의 활동은 그와는 거리가 멀다. 전교조의 정파는 평조합원에게 그 존재 자체도 잘 알려져 있지 않은 비공개 결사체이다. 조직의 구성원도 비공개이고 조직 가입 통로도 비공개이며 유권자에 대한 책임도 지지 않는다. 그렇지만 실제로 전교조는 대의제 정당과 같은 책무성을 지지 않는 이 양대 정파에 의해서 운영된다. 전교조의 운영 방식은 사실상 1,000여 명 정도 되는 양대 정파 구성원들에 의해 이루어지는 과두정과 다름없다. 이런 현상이 10년 넘게 계속되자 전교조의 동원력은 이들 1,000여 명과 이들과 가까운 1,000명 정도 해서 2,000명이 한계가 되고 말았다.

둘째, '민주집중제에서 비롯된 조직의 비효율적 운영' 문제이다. 전교조는 민주집중제 — 프롤레타리아 독재를 전제로 마르크스-레닌주의 정당이 채택하는 조직 원칙에서 민주주의와 중앙집권제의 원칙을 일부 혼합한 제도 — 에 의해서 운영된다. 그런데 민주집중제에서 민주는 장식이며 실제는 집중에 있음은 구소련, 동유럽, 북한의 경우를 통해서 명백히 밝혀졌다. 전교조가 민주집중제에 입각한 규약을 작성한 시기가 동유럽이 무너진 이후라는 것을 감안한다면 애초에 전교조 운동이 시대에 뒤떨어진 채로 시작했음을 확인할 수 있다. 민주집중제를 채택함으로써 전교조의 의사 결정 과정은 비효율적으로 길어지고 관료제의 해악도 나타났다. 민주는 단지 위원장을 선거로 선출한다는 의미일 뿐이다. 그 밖의 권한은 위원장과 그가 임명하는 조합 관료들에게 집중되고 여기에 다시 민주의 외양을 갖추기 위한 각종 의결 기구와 절차들이 주렁주렁 달려 있어 의사 결정 과정은 길면서 정작 최종 결정된 내용은 집권 정파의 독단에 불과한 최악의 결과가 나타났다.

이 과정에서 철저하게 소외되는 사람들은 현장 활동가들(주로 분회장이나 지회장)이다. 이들은 저 정치적이고 지난한 의사 결정 과정에서 거의 소외되어 있으며, 결정된 사항을 공문으로 받아 실제 집행하기에 바쁘다. 어느 분회장은 전교조 본부와 지부에서 내려오는 공문이 교육청에서 내려오는 공문보다 더 많다고 불평을 터뜨리기도 한다.

셋째, 대안 제시의 부재이다. 2000년대 들어 다른 진보 운동 진영과 마찬가지로 전교조도 건전한 대안을 제시하지 못하고 있다. 환원론이라는 위험은 있지만 그 원인은 낡은 운동권 이념에서 찾을 수 있다. 1980년대의 운동권 이념들은 기본적으로 마르크스주의를 속류화하여 요약한 각종 소비에트 교과서들에 기반했다. 전교조는 구 사회주의권 몰락이 가시화되던 1989년에 설립되었다. 여러 좌파 이론가들이 회의와 당혹 속에서 자신들의 신념을 버리거나 수정해 갈 때 전교조 활동가들은 뒤늦게 어렵게 학습해 가며 조직을 세웠다. 어렵고 까다로운 마르크스주의보다 단순하고 감성적인 반미자주론, 그리고 세상을 단순하게 민중과 가진 자의 대립으로 보는 인민주의적 담론이 이들에게 특히 영향력을 발휘하였다.

반면에 활동가가 아닌 평조합원들은 애초에 그런 이념에 관심이 없었다. 그들은 대체로 교육이 뭔가 잘못되고 있다는 문제의식, 그리고 해직 교사들에 대한 부채 의식으로 가입한 교사들이다. 이리하여 전교조는 소수의 (간략화, 조야화된) 1980년대 이념을 간직한 활동가와 다수의 양심적인 소시민으로 구성된 매우 이질적인 집단이 되었다. 이런 조직에서 활발한 대안이 개발되기를 기대하기는 어렵다. 이것이 그 거대한 몸집에도 불구하고 정치력이 빈약한 원인이다.

넷째, 교육 전문성의 부재이다. 전교조처럼 구성원 전원이 전문직으로 이루어진 운동 조직은 찾기 어렵다. 그런데 전교조만큼 자기 전문 분야에서 권위를 인정받지 못하는 거대 조직도 찾기 어렵다. 전교조는 교육 분야에서 전문성을 전혀 인정받지 못하고 있으며, 스스로도 교육 분야에서 전문화될 의지가 없다. 전교조 활동가들의 상당수는 의식적, 무의식적으로 "교사처럼 보이고 생각하기"를 거부한다. 그들은 "노동자처럼 보이고 생각하기"를 원한다. 그들은 "지식은 모자라고, 이론이 없고, 교육학에 대해 아무것도 모르는 것"을 부끄러워하지 않는다. 그러나 "투쟁에 소극적이고, 노동자 문제, 통일 문제에 헌신하지 않는 것"은 부끄러워한다. 예를 들어 전교조 활동가인 어느 영어 교사는 미국인과 자유롭게 회화할 수 없음을 아무런 부끄러움 없이 자랑 삼아 말하면서 이랜드 투쟁에 나가서 '몸빵' 하지 못한 것에 대해서는 눈물을 흘리며 고백하는 모습을 보인다. 이런 엽기적인 풍경은 전교조의 지도급 교사들 사이에서는 보기 드문 일이 아니다.

전교조에는 두 가지 상이한 생산수단을 보유한 조합원들이 있다. 한 집단은 팔뚝질과 아스팔트 투쟁의 경험과 의지를 생산수단으로 보유하고 있다. 다른 집단은 교육학의 전문 지식과 수업 능력을 생산수단으로 보유하고 있다. 그런데 현재 권력을 쥐고 있는 집단은 아스팔트 투사들이다. 따라서 이들은 자신들의 존재 가치를 증명하는 유일한 장인 아스팔트 투쟁을 전교조의 중심 사업에서 밀어내는 것에 본능적으로 저항하는 성향을 보인다. 그 결과 전교조를 대표하는 활동가들은 전교조가 교육 전문성이 있음을 보여 주는 데 실패하고 말았다.

이상 권재원의 글을 필자 나름대로 요약해 보았다. 그의 글은 단순한 비판을 넘어서서 신랄한 풍자의 느낌마저 준다. 그리고 전교조의 내부 사정을 잘 모르는 사람들에게는 정말 전교조 내부가 그럴까 하는 의구심도 불러일으키게 한다. 그런데 나는 자료를 찾으면서 앞에서 언급한 우파의 비판이나 권재원과 같은 내부자의 비판에 대해서 전교조의 집행부가 공식적으로 반박하거나 혹은 해명하는 문헌 자료를 거의 찾을 수가 없었다. 내가 이 글을 쓰기 위해서 참고하는 자료들은 인터넷 서점에서 검색할 수 있는 출판된 책이거나 혹은 학술 전문 사이트에서 검색할 수 있는 학술 자료들이다. 쉽게 말하자면 내부와 외부 비판에 대해 대중적 차원이나 전문적인 차원에서 전교조가 공식 대응한 문헌을 찾을 수가 없다는 것이다. 이 현상은 무엇을 말하는 것일까? 전교조 집행부가 이런 비판들을 무시하거나 혹은 경청하고 있지 않다는 것을 방증하는 것이 아닌가 한다.

비판에 대해서 어떤 태도를 취하는가는 개인이나 집단의 도덕적 성숙을 반영하는 매우 의미 있는 지표이다. 악의에 찬 비판이든 애정 어린 비판이든 성숙한 개인이나 조직은 그 비판에 열려 있으며 비판자들과 대화하는 가운데 자신의 활동을 점검하고 끊임없이 성찰한다. 그러나 닫힌 조직은 외부의 비판에 귀를 막으며 자신이 옳다는 도덕적 신념에 따라서 거침없이 행동한다. 나는 전교조, 특히 전교조 상위 집행부가 현재 그런 시대착오적인 도덕적 우월감에 여전히 사로잡혀 있는 것은 아닌가 하는 우려가 든다.

전교조가 여전히 우리 교육의 희망이었으면 좋겠다

여전히 많은 사람들이 전교조가 우리 교육의 희망이기를 갈망한다. 전교조는 아직도 전교조가 희망이기를 열망하는 사람들에게 어떻게 화답하고 있으며 앞으로는 어떻게 화답해야 할까? 이와 관련하여 전교조는 우파의 이념 공세로 인해서 전교조의 충정 어린 활동이 잘 알려지지 않고 있다거나 혹은 자신들이 하고 있는 현재의 활동이 정당하다는 것을 논리적으로 설득하려고 노력하는 것 같다. 그러나 논리로 사람이 설득되거나 의견을 바꾸는 경우는 많지 않다. '전교조가 희망인가'라고 묻는 질문은 냉철하고 객관적인 판단자의 입장에서 제기하는 질문이 아니다. 인간은 감정과 정서에 따라 더 많이 움직인다. 때로 인간이 무엇인가를 지지하거나 옹호하는 것은 이성적 판단이나 합리적 선택의 결과가 아니다. 이 점은 전교조에 반대하는 사람들도 마찬가지일 것이다. 이런 측면에서 전교조 활동가들이 전교조의 투쟁 방향은 올바른 것인데 우파의 공격이나 우파 정부의 분리 정책으로 인해서 국민 다수가 일종의 세뇌를 당했다고 생각하는 것은 사태의 본질을 잘못 읽는 것이다.

이광석은 〈전교조 운동의 방향을 다시 생각한다〉라는 글에서 "그들은 왜 전교조를 지지했을까? 그들이 과연 교사도 노동자여야 마땅하다고 생각했기 때문일까? 전교조의 주장을 십분 이해하고 전적으로 동감했기 때문일까? 아마도 그렇지 않았을 것이다. 국민들은, 그리고 평범한 교사들은 전교조가 내건 주장보다 학교 현장에서 헌신하는 전교조 선생님들의 '참교육'에 대한 진정성을 읽었기 때문이 아닐까?"라고 질문한다.[198] 나는 이광석의 인식이 현실을 비교적 정확하게 반영하고 있다고 생각한다. 사람들은 거대한 명분과 이데올로기에 의해서 움직이지 않는다. 경쟁 교육의 폐해를 더 가열차게 알리고 신자유주의에 대한 투쟁을 강화하는 것으로 전교조에 대한 신뢰가 회복될 것이라고 생각하는 것은 지나치게 낭만적인 발상이다. 간단하게 말하자면 "내 자녀를 맡는 교사가 전교조 교사였으면 더 좋겠다"라고 사람들이 직관적이고 정서적으로 기꺼이 동의할 수 있게 만들지 못하면 전교조 운동은 위기의 나락에서 앞으로도 헤어 나오기 어려울 것이다.

전교조는 스스로가 인정하든 인정하지 않든 초심을 잃고 권력집단화되었다는 비판을 많이 받는다. 전교조의 선배 활동가들 중에도 이런 지적을 하는 사람들이 적지 않다. 도종환은 〈학생들을 위한 전교조로 다시 태어나길〉이라는 글에서 전교조의 권력화를 에둘러 비판하면서 다음과 같이 당부한다.

나만 옳다는 생각, 우리가 권력을 잡지 않으면 조직이 잘못되고 말 것이라는 생각, 우리만 정의라는 생각도 버려야 한다. 권력화할 수 있는 가능성은 누구에게나 있다. 전교조 간부들도 너무 오래 책임지는 자리에 있지 말고 언제든지 하방해야 한다. 낮은 자리에서 다시 검증 받아야 한다. 교사로서 부끄럽지 않아야 하고 겸손해야 하며, 아이들 때문에 내가 있는 것이라는 생각으로 돌아가야 한다. 교육운동도 결국은 아이들을 위해서 하는 것, 이 땅의 당당한 교사로서 부끄럽지 않게 살아가기 위해서 하는 것이기 때문이다.[199]

도종환이 이 글을 쓴 때가 2007년이다. 이명박과 박근혜 정부의 연이은 집권으로 유·무형의 탄압을 받아 온 전교조, 급기야는 법외 노조의 지위로 내몰리고 있는 2015년의 전교조에게 '전교조가 권력화'되어 있다는 말은 전혀 실감이 안 나는 주장일지도 모른다. 나는 국제 사회가 한결같이 비판의 목소리를 낸 박근혜 정부의 비상식적인 법외 노조화 조치가 헌법재판소의 올바른 판단에 의해서 바로잡힐 것으로 믿는다.

그러나 법외 노조화의 문제를 넘어서고 나아가서 한국 사회에 진보적 정권이 다시 들어서는 호시절이 돌아온다고 가정한다고 전교조의 대한 대내외의 따가운 시선이 자동으로 해결될까? 나는 그렇게 보지 않는다. 외부의 탄압보다 더 무서운 것은 내부의 동맥경화와 파당적 대립 구도이기 때문이다. 전교조가 법외 노조화 문제로 수세에 몰리게 된 시점에 홍세화는 〈전교조는 차별과 배제로부터 자유로운가〉라는 글에서 자신의 경험에 바탕하여 다음과 같이 적고 있다.

그런데 현장 중심성은 말뿐인 경우가 대부분이어서 전교조에서도 가장 중요한 분회나 지회 활동은 살아 숨 쉬지 못하고 있다는 게 솔직한 평가일 것이다. 언젠가 전교조 지회의 초청을 받아 지방에서 강연을 한 적이 있었는데 조합원의 절대 다수가 그 지역에 살지 않고 60킬로미터 떨어진 큰 도시에서 출퇴근을 하고 있었다. '민중의 집' 운동에 각별한 관심을 갖고 있던 나로서는 착잡한 심정을 가누기 어려웠다. 전교조와 공무원노조는 중앙 정치에 개입하고 발언하면서 제도를 바꾸는 일을 가장 큰 과제로 삼지만 그보다 더 중요한 게 있다. 나라의 전 지역에 조직을 갖출 수 있다는 점에서 지역이라는 현장 중심의 운동에서 엄청난 파급력을 가질 수 있는 조직이기 때문이다. 어쩌면 이 점을 '조·중·동'을 비롯하여 주류 집권 세력이 더 잘 알고 있는 게 아닐까 싶다. 전교조와 공무원노조에 대한 탄압의 고삐를 끊임없이 조이는 것은 물론 사회 구성원들이 이들에 부정적인 인식을 갖도록 심혈을 기울인다는 점에서 그렇다.[200]

시골 학교로 발령을 받았다고 모든 교사가 이사를 해야 한다는 뜻은 아닐 것이다. 그러나 적어도 전교조 분회원이 많은 학교가 그렇지 않은 학교보다 더 훌륭하고 참된 교육을 하고 있고, 그래서 학부모와 지역 사회의 지지를 받고 있다고 전교조는 자신 있게 말할 수 있을까? 이런 현장 중심 운동에서 실패하면 전교조의 미래는 밝아지기 어렵다. 위 인용문의 바로 앞부분에서 홍세화는 "잡초는 없앨 수는 없지만 뽑을 수는 있다"는 말을 통해 전교조의 운동 방식을 비판한다. 예컨대, 전교조를 비롯한 진보 세력은 홍세화의 지적대로 "잡초를 일거에 없애는 '멋진 궁리'를 하면서 일상 속에서 잡초를 뽑는 '하찮은 일'은 누구에겐가 맡겨 놓은 듯이 살아가고 있는 게 아닐까."[201] 정부를 대상으로 싸우는 일은 힘들지만 명분도 있고 폼도 나는 일이다. 그러나 현장의 일상을 바꾸는 일은 날품도 많이 들고 남이 잘 알아 주지도 않는다. 하지만 이런 현장 운동이 착근되지 못하는 한 진보 운동은 계속 헛바퀴를 돌고 우리의 일상은 크게 변화되지 못할 것이다.

지회와 분회 단위로 내려가면 전교조 운동의 기본 활동 공간은 아마도 단위 학교나 단위 학교 클러스트 정도가 될 것이다. 이 점에서 요즈음 전국적으로 진행되고 있는 혁신학교운동은 운동사적 관점에서도 저지 않은 의미를 지닌다. 거대한 구조의 변화를 통해서 일상을 바꾸는 방향이 아니라 단위 학교의 일상적 문화를 바꿈으로써 역으로 구조의 변화가 가능할 수도 있음을 혁신학교운동은 시사해 준다. 도올 김용옥이 《도올의 교육입국론》에서 기술한 다음과 같은 내용도 큰 맥락에서 보면 유사한 주장이 아닌가 한다.

"혁신학교"는 현재 우리 민족의 미래 운명을 결정할 희망의 요소를 다 갖추고 있다. 그러나 "혁신학교"가 "혁신학교"로 머무르면 안 된다. 혁신학교의 모습이 우리나라 중·고등학교 전체의 모습이 되어야 한다. 특목고·자사고는 점차적으로 폐지되는 방향에서 새로운 틀을 짜야 한다. 특목고·자사고의 자율적 특성이 오직 입시 교육의 강화를 위한 방편으로 악용되고 있다는 데 그 근본적 문제점이 있는 것이다. (……) 이러한 모든 논의는 대학 입시라는 막강한 벽을 놓고 생각하면 무기력한 공론처럼 들린다. 서울대학교가 엄존하는 한 중·고교 체제의 논의는 무의미하다는 것이다. 과연 그럴까? 만약 공교육 전체가 혁신학교가 되면 역으로 대학 입시가 저절로 중·고교의 요구에 의하여 규정되는 혁명적인 변화를 맞이하게 된다. 대학이 고교의 모습을 규정하는 것이 아니라 고교의 교육 체제가 대학의 정당한 모습을 요청하는 것이다.[202]

구조를 바꾸어야 일상을 바꿀 수 있다고 생각하는 기존 운동의 관성을 지닌 많은 활동가들은 김용옥의 생각이 무척 낭만적인 환상이라고 생각할지도 모른다. 그러나 지회나 분회 차원의 단위 학교 개혁 운동이 전국화되어 거대한 대학 입시의 방벽을 무너뜨리지 말라는 법이 어디 있는가? 혁신학교를 예로 든 것이지만 현장 중심성을 지닌 풀뿌리 운동의 성과와 확산이 없이는 우리 사회의 근본 개혁도 요원하다는 것이 나의 생각이다.

김용옥은 책의 마지막 부분에 우리에게 필요한 교육의 "혁신은 창조적 전진creative advance이다. 해체deformation, deconstruction가 아닌 형성formation, construction이다"라고 교육 담당자들에게 간곡히 부탁하고 있다.[203] 전교조 운동은 정부를 대상으로 한 선명한 투쟁의 관성을 넘어 교육 전문성에 기반한 현장 중심적 운동의 새로운 역사를 만들어 낼 수 있을까? 아니 적어도 양자에 비슷한 정도라도 가중치를 부여하는 방향으로 나아갈 수 있을까? 이미 그 방향으로 나아가고 있는데 현실을 모르는 지적을 한다고 나를 질책한다면 기분 나쁘지 않은 비난을 받는 셈이 될 것이다.

전교조는 조합원 스스로도 지적하는 "지겹도록 많은 '저지와 반대' 투쟁"[204]의 운동 방식을 넘어서서 창조적 전진과 형성의 교육운동사를 새롭게 써야 할 의무가 있다. 다시 묻는다. 전교조는 저항과 투쟁을 넘어서 창조적 전진과 형성의 새로운 교육운동사를 써낼 수 있을까? 거기에 전교조 나아가서 우리 교육의 희망이 상당 부분 달려 있다.

교육계는 보수와 진보의 대립을 넘어설 수 있을까?

　최근 몇 년 동안에 교육계에서 보수와 진보는 여러 이슈를 두고 대립했다. 고교 평준화, 무상보육과 무상급식, 학생인권조례, 일제고사 등이 뜨거운 쟁점이 되었다. 각각의 쟁점들에는 그 자체로 무시하기 어려운 가치들이 마주 서 있는 경우가 많다. 예컨대, 고교 평준화 문제는 학생이나 학부모의 학교 선택권과 충돌한다. 평준화를 옹호하는 사람들은 모든 학생이 평등하게 교육받을 권리와 협력적 가치를 중시한다. 이에 비해 학교 선택권을 옹호하는 사람들은 자유민주주의 국가에서 능력에 따라 자신이 원하는 학교를 선택하는 것은 너무나 당연한 권리이며 이는 침해받아서는 안 된다고 주장한다. 한동안 뜨거운 쟁점이 되었던 무상급식 문제의 경우 진보 진영은 보편 복지의 관점에서 적극적으로 옹호하는 입장이었으나 보수적 논객들은 "공짜 점심은 없다"는 경제 격언까지 동원하여 무상급식으로 상징되는 복지의 확대를 막고자 노력하였다. 인권 문제는 논란의 여지가 적은 사안일 것 같지만 학생인권 조례를 두고도 날 선 대립이 초래되었다. 진보 진영의 인사들은 학생인권 문제는 국제법이나 헌법에 의해서 보장되는 논란의 여지가 없는 권리이며 학교에서 학생인권이 충분히 보장받지 못하는 현실은 시대착오적이라고 보았다. 이에 비해 보수적인 입장을 취하는 사람들은 교육 기관의 목적상 학생인권 보호가 지상의 과제일 수는 없다고 주장한다. 올바른 교육을 위해서 때로 교육적 체벌은 허용되어야 하고 학생의 인권이 교사의 교육권을 침해하지 않도록 조정되어야 한다는 입장이다.

상호 협력적인 문화를 지닌 핀란드

어느 사회나 교육 문제를 둘러싸고 이런 논쟁들이 있기 마련이다. 그리고 이런 이슈를 두고 정치적 논쟁을 벌이는 것은 바람직하고 권장할 만한 것이다. 문제는 서로 대립되는 이슈에 대해 논쟁을 통해 합의를 도출해 내는 능력이 사회별로 천차만별이라는 것이다. 좋은 사회는 다양한 논쟁 과정을 거쳐서 비교적 다수가 동의하는 결론을 산출해 낼 수 있는 능력을 지니고 있다. 소위 북유럽의 국가들이 그런 나라들이다. 예컨대, 핀란드의 교육 시스템을 구축하고 오랫동안 교육 개혁을 진두지휘한 에르끼 아호$^{Erkki\,Aho}$는 우리나라의 교육부 장관에 해당하는 국가교육청장을 20년 동안이나 역임하였다. 정권이 바뀔 때마다 이전 정권의 흔적을 지우느라 여념이 없고 교육 정책도 조변석개로 바뀌는 우리나라에서는 꿈도 꿀 수 없는 일이다. 에르끼 아호는 교육청장으로 재임하는 동안 평등과 협력이 강조되는 핀란드 교육 시스템을 구축해 가는 과정에서 정당, 교사, 노조들을 적극적으로 설득하고 상호 협력하였다. 새로운 교육 제도에 관한 계획과 결정은 거의 모두 교육부, 시도협의회, 교원노조의 3자 합의를 통해 결정했다. 특히 교원노조가 교육과정 개편을 위시해 모든 현안에 적극적으로 참여해 토론하고 협력하도록 했다. 이런 협력 모델은 우리나라의 교육 정책 의사 결정 과정과는 달라도 너무나 다른 모델이다.[205] 부러운 생각이 들지 않는가? 어디 그것이 에르끼 아호라는 한 사람의 힘이겠는가? 그런 문화를 만들어 낸 핀란드 사회의 전체적인 역량이 아니겠는가? 우리 사회는 어떻게 대립을 넘어 이처럼 성숙한 합의를 도출할 수 있는 사회로 변해 갈 수 있을까?

사실 아주 높은 수준의 지적이고 문화적 역량을 지닌 사회가 아니면 합의와 협력의 문화를 만들기는 좀처럼 어렵다. 일반적으로 사람들은 자신과 유사한 가치관을 지닌 사람들과 어울린다. 그리고 서로 같은 생각을 주고받으면서 기존 생각을 계속 강화해 간다. 이렇게 유사한 생각을 하는 사람들 간에 상호작용이 계속되면 열린 사고는 점점 마비된다. 당연히 자기와 다른 생각을 하는 사람들은 무식하거나 잘못되었다고 간주하게 된다. 그리고 서로를 적대시하고 극과 극으로 나뉘어서 대립하게 된다. 왜 사람들은 자기와 다른 생각을 지닌 사람들을 적대시할까? 왜 서로의 다름을 존중하고 상대로부터 배우려고 하지 않을까?

도덕에 대한 여섯 가지 공통적 토대

《바른 마음》이란 책으로 일약 세계적 학자가 된 미국의 조너선 하이트Jonathan Haidt 교수는 왜 사람들이 끼리끼리 어울리며 자기와 생각이 다른 사람에게 적대적으로 행동하는지를 밝혀 보고자 하였다.[206] 그는 동료 크랙 죠셉과 함께 인류학 분야와 진화 심리학 분야의 문헌을 광범위하게 검토하여 모든 문화에 공통적으로 존재하는 도덕에 대한 다섯 가지 토대를 발견하였다. 고통에 대한 배려, 공정성과 상호 호혜성, 자신이 속한 집단에 대한 충성심, 권위에 대한 존경심, 순결성과 신성함이 그것이다. 나중에 하이트는 다섯 가지 원칙에 한 가지를 더하여 도덕성의 기반을 배려/피해, 자유/압제, 공평성/부정, 충성심/배신, 권위/전복, 고귀함/추함의 총 여섯 가지로 정리하였다. 하이트는 인간이 태어날 때 백지 상태로 태어나는 것이 아니라 이런 여섯 가지 도덕성의 초기 도안을 지니고 태어난다고 보았다. 그렇다면 도덕성에 대한 문화적 차이는 왜 발생하는가? 하이트는 오디오 이퀄라이저라는 비유를 통해서 이를 설명한다. 즉, 오디오 이퀄라이저로 주어진 채널을 적절히 조정하여 적합한 소리를 얻듯이 각각의 문화들도 인간의 마음에 원초적으로 존재하는 여섯 가지 채널을 각각의 방식으로 조정하여 나름의 독특한 도덕 관념을 만들어 낸다는 것이다.

하이트는 사람들이 이 도덕 채널을 어떻게 상이하게 조정하고 있는지를 확인하기 위해서 동료들과 온라인 설문지 www.YourMorals.org 를 만들어 방대한 사람들의 도덕성을 조사하였다. 그 결과 그는 정치적인 차원에서 좌파 성향과 우파 성향의 사람들 간에 흥미로운 차이를 발견하였다. 좌파는 도덕적 토대 중에서 고통에 대한 배려와 공정성에 주로 관심을 가지는 데 반하여 우파는 여기에 더하여 좌파가 별로 관심을 기울이지 않는 집단에 대한 충성심, 권위에 대한 숭상, 순수성도 매우 중시한다는 것이다.

따라서 같은 문화권 내에서 발생하는 도덕적 논쟁은 주로 고통에 대한 배려와 공정성보다는 집단 충성심, 권위와 복종, 그리고 순수성을 두고 일어난다. 진보적 성향을 띤 사람들은 집단에 대한 충성이나 권위에 대한 복종, 순수성의 추구와 같은 요소가 외국인 혐오증이나 권위주 혹은 청교도주의의 토대가 될지는 모르지만 어떻게 도덕의 토대가 될 수 있는지 의문을 제기할 수 있다. 이에 대해 하이트는 보수주의의 가장 위대한 통찰은 사회적 질서가 참으로 달성하기 어려운 과제임을 파악한 것이라고 말한다. 자유주의자는 약자와 억압받는 사람들의 해방을 중시하고 혼란을 감수하고라도 변화와 정의를 추구한다. 반면에 보수주의자들은 제도와 전통을 추구하고 하위 계층의 피해를 감수하더라도 질서를 원한다. 하이트는 자유주의자와 보수주의자들이 서로의 이런 차이가 사회의 변화와 안정성의 균형을 맞추는 데 함께 기여하고 있음을 인정해야 한다고 주장한다. 그런 생각이 공유될 때만 나는 옳고 상대방은 잘못되었다고 판단하는 도덕적 매트릭스에서 벗어날 수 있다는 것이다.

하이트의 여섯 가지 도덕성의 토대가 모든 문화권에 보편적으로 적용될지는 경험적인 연구가 더 많이 축적되어야 밝혀질 문제이다. 그리고 이 여섯 가지에 포함되지 않는 요소 중에 도덕적 가치 기준의 토대로 더 포함되어야 할 것들이 있는지도 철학적이고 경험적인 차원에서 더 논의되어야 할 것이다. 그런데 교육학자로서 나는 하이트가 이 연구를 하게 된 기본 동기에 마음이 끌린다. 그는 자신은 옳고 다른 사람은 잘못되었다고 생각하는 이 분열의 시대에 그것을 극복할 수 있는 길을 모색하고자 하였다. 그리고 서로 입장이 다른 사람들이 서로의 '옳음'에 대해서 이해하고 인정하고 타협하기를 희망하였다. 중요한 사회적 이슈마다 편을 갈라서 끝도 없이 대립하는 한국 사회의 현실을 볼 때 하이트와 같은 생각을 하는 실천가와 이론가들이 더 많아져야 한다. 그의 말대로 쟁점을 둘러싼 대립들은 옳고 그름 간의 대립이 아니다. 옳음과 옳음의 충돌로 인한 대립인 경우가 더 많다. 따라서 나의 옳음을 떠나서 상대방의 옳음에 귀를 기울일 수 있을 때 좀 더 나은 사회를 위한 협력의 틀을 만들 수 있다.

공존의 룰을 만들어 가야 할 한국의 진보와 보수

물론 조정하고 타협하려는 사람들은 쉽지 않은 길을 가야 한다. 우리 사회에는 아무리 이해하려고 해도 상대 진영이 돼먹지 않았다고 생각되는 상황들이 비일비재하다. 특히 진보의 입장에서 보면 보수의 부도덕성이나 천박함은 용인하기 어렵고 역겨운 경우가 많다. 아마 보수의 입장에서 볼 때도 진보운동을 하는 사람들이 이해되지 않는 장면이 많을 게다. 이런 상황에서 선명한 주장을 내세우면 내세울수록 지지 그룹으로부터 영웅적인 대접을 받는다. 오죽하면 '증오 상업주의'라는 말까지 생겨났겠는가? 증오를 상품화하면 자신에게 돌아오는 것이 더 많은 분열된 나라에서 우리는 살고 있다. 타협하거나 중도를 모색하면 기회주의자로 몰리기 십상이다. 그러나 이 도덕적 매트릭스의 폐쇄 구조에서 벗어나지 않으면 더 나은 사회를 기약하는 것은 불가능하다.

이 점에서 진보와 보수 간의 타협의 문화를 만들어 간 서구의 역사에서 배울 점이 적지 않다. 진보와 보수가 한 사회에서 공존하고 경쟁할 수 있는 것은 서구 민주주의 발전의 오랜 역사의 산물이기 때문이다. 상대방을 억압과 배제의 대상으로 보지 않고 공존하고 타협할 수 있는 대상으로 인정하게 된 그들의 지난한 역사적 경험을 우리는 깊이 연구하고 이로부터 교훈을 얻어야 한다. 특히, 광복 이후 지금까지 보수가 막강한 힘을 지니고 있는 우리나라의 경우 기득권자인 보수주의자들은 서구 보수주의로부터 배워야 한다. 이와 관련하여 철학자 홍윤기가 서구 보수주의에 대해서 다음과 같이 정리한 내용은 시사하는 바가 매우 크다.

> '보수주의'라는 표제어 아래 역사적으로 보수주의의 구체적 내용으로 적시된 것으로는 보수주의 발생 초기에 회고적인 전통주의를 축으로 하는 귀족주의 또는 반계몽주의적인 낭만주의에서 시작하여, 시간이 지나면서 애초에 그것이 적대시했던 자유주의가 보수주의의 내용으로 제기되는가 하면, 대외적으로는 자국의 기업과 자본가의 이익을 철저하게 대변하는 제국주의가 전면에 나서기도 하고, 사회주의적 발상의 상당 부분을 채용한 복지주의가 보수주의 정당 집권 아래 실시되었으며, (……) 서구 정치사의 경험만 놓고 보면 보수주의는 자신이 적으로 삼았던 모든 정치 이념과 정당의 정책을 순차적으로 받아들이면서 그 정치적·사회적 명맥을 유지했다. 보수주의는 그것이 애초에 군주주의나 귀족주의로 막고자 했던 부르주아 자유주의에서부터 그 이후의 사회주의나 시장 지상주의에 이르기까지 모든 변혁적 움직임을 어떤 형태로든 수용하였다. 그리고 이런 측면만 고려하자면, 보수주의가 역사적으로 보수(保守)해 온 것은 그 명칭 말고는 아무것도 없는 셈이 된다.[207]

좀 거칠게 정리해 보자면 18세기 계몽주의 이래 서구 정치는 현실의 모순을 공격하면서 전향적이거나 혁명적인 변화를 추구하는 진보에 대응하여 보수가 이에 저항하면서도 그 주장을 일정 정도 수용하면서 상호 공존을 모색하는 민주적 담론의 발전 과정 — 비록 그 과정이 항상 순조롭기만 한 것은 아니었지만 — 을 만들어 왔다. 많은 우여곡절이 있었지만 결과적으로 "모든 변혁적 움직임을 어떤 형태로든 수용"해 온 서구 보수의 모습을 한국의 보수에 기대하는 것은 지나친 요구일까?

물론 진보와 보수의 평화로운 공존을 통한 민주주의 성숙에 대한 책임은 보수에게만 있는 것은 아니다. 투쟁만 일삼는 일부 진보 진영의 태도 변화도 필요하다. 한국에서 보수와 진보가 타협 없는 대립을 계속하는 이유 가운데 하나는 각 진영이 나름의 성공에 대한 기억에 깊게 사로잡혀 있기 때문이다. 보수 진영은 미국과 함께 나라를 지켜 낸 한국전쟁에 대한 기억과 박정희 정권을 통해서 이루어 낸 유래 없는 경제 성장의 기억에 사로잡혀 있다. 반면에 진보 진영은 반독재 투쟁으로 성취한 민주화라는 성공의 기억에 여전히 사로잡혀 있다. 이 성공의 기억은 양쪽을 과거의 프레임에 가두는 강한 집단적 추억이다. 이에 대해 정치학자 김인영은 다음과 같이 평가하고 있다.

> 보수는 과거의 반공 프레임, 진보는 과거의 민주화 프레임에 아직도 얽매여 있음은 주지의 사실이다. 21세기에 아직도 20세기적 '반공'과 '민주화'인가라는 의문이다. 진보의 경우 1987년 민주화 이후 25년이 넘는데 아직도 권위주의 대 민주주의의 대결 프레임을 한국 사회의 주요한 갈등으로 보고 해결되어야 할 사안으로 몰두하는 것은 집

착에 가깝다. (······) 진보는 '민주화'만을, 보수는 '반공'만 외치고 있으니 '꼴통들'로 불릴 수밖에 없다. 민주화, 세계화, 정보화된 현실을 직시하는 보수와 진보가 되어야 한다는 것이다.[208]

보수와 진보가 과거의 프레임에 갇혀서 서로를 인정하지 않는 비타협적 정치를 한다는 데는 많은 사람이 동의할 것이다. 사회학자 송호근은 극한 이념 대립이 생산적으로 해소되지 않고는 한국 민주주의의 발전을 보장하기 어렵다고 보면서 "한국 정치에서 비생산적, 갈등 유발적 이념 대립을 생산적, 정책적인 영역으로 수용하려면 우선은 시민의식의 고양, 시민문화의 증진, 그리고 무엇보다 시민윤리의 함양이 절실한 시점이라는 것은 분명하다"라고 언급하고 있다.[209] 한국의 진보와 보수는 배타적 대립을 넘어 공존의 규칙을 만들어야 할 시대적 과제를 안고 있다.

교육, 국가 백년지대계가 가능하려면

교육적 이슈로 다시 좁혀 보자. 교육은 국가 백년지대계라는 낡은 상투어를 다시 떠올려 보라. 이 상투어에는 많은 진실이 들어 있다. 교육은 인간의 품성을 도야하는 일에 관여한다. 다른 말로 하면 우리의 습속을 형성하는 일을 담당한다. 송호근이 앞에서 지적한 시민의식의 고양, 시민문화의 증진, 시민윤리의 함양은 모두 습속의 형성과 관계된 사안들이다. 따라서 좋은 교육 없이 좋은 민주주의도 불가능하다.

  현재의 대립상을 넘어서기 위한 몇 가지 제안을 하는 것으로 글을 마무리하고자 한다. 우선, 높은 합의 문화를 바탕으로 교육적 쟁점들을 해결해 가는 다른 나라의 사례들을 광범위하게 연구할 필요가 있다. 지금처럼 조삼모사로 교육 정책이 바뀌어서는 교육을 통해서 바람직한 시민문화가 정착되는 것 자체가 불가능하다. 따라서 어떤 방향이 되었든지 교육 제도는 다른 제도에 비해서 상대적으로 안정적이고 일관성 있게 유지되어야 한다.

  앞에서 언급했듯이 핀란드는 정치권력과 관련 없이 교육부 장관이 안정적으로 오랫동안 행정을 담당하고 교육 개혁에 대한 중요한 의사 결정을 교육부, 시도협의회, 교원노조의 3자 합의를 통해서 해결하였던 전례를 갖고 있지 않은가? 이런 모범적 사례들을 심층적으로 연구해서 제도와 그것이 가능한 문화가 어떻게 창출될 수 있는지를 학습할 필요가 있다.

  둘째, 장기적으로 안정되게 운영될 필요가 있는 교육 정책과 방향에 대한 사회적 합의 기구를 만들 필요가 있다. 최근 몇 년 동안에 역사 교육과정과 교과서 문제 등 교육과정 관련 이슈가 첨예하게 정치 쟁점화되고 좌우 간의 대립이 심화되면서 국가교육과정위원회를 만들어서 사회적 합의에 기반을 두고 교육과정을 결정하자는 주장이 제기되었다. 이와 유사하게 교육 문제에 대한 사회적 합의 기구가 필요하다. 4~5년 단위의 정치권력의 교체와는 다소 독립적인 교육적 의사 결정 기구 설립을 적극 검토해 보았으면 한다.

셋째, 교육적 의제 설정과 여론 형성에 중요한 역할을 하는 교육운동단체들이 타협과 합의의 문화를 만드는 데 함께 노력해야 할 것이다. 나는 양대 거대 교원단체인 한국교총과 전교조가 특정한 이슈에 대해서 한목소리를 내는 경우를 본 적이 거의 없다. 여기에 더하여 교육시민단체도 진보와 보수로 나뉘어서 사안마다 다른 목소리를 내고 있다. 민주적 공론장의 작동 원리를 볼 때 이런 현상은 자연스러운 정치 과정의 일부이다. 그러나 나는 교육운동단체에게는 이런 일반적인 정치적 공론 형성의 역할을 넘어서서 한가지 중요한 의무가 더 있다고 본다. 자신들의 주장과 행동의 교육적 파급 효과를 고려하는 일이다. 교육운동단체는 그 활동도 교육적이어야 한다면 이는 너무 과한 주장일까? 합의와 타협의 문화를 만듦으로써 우리 사회의 후세대들이 성숙한 민주주의가 어떻게 작동되는지를 교육운동단체를 통해 배울 수 있기를 희망한다.

마지막으로 나는 교육 현장에서 다양성을 존중하고 타협과 합의의 문화를 교육하는 데 좀 더 많은 시간과 노력을 기울여야 한다고 생각한다. 교육은 궁극적으로 인간의 변화를 통해서 현재를 개선하고 미래에 대한 새로운 꿈을 꾸는 활동이다. 그 점에서 자라나는 세대가 타자의 다양한 목소리에 귀를 기울일 수 있는, 우리 세대보다 나은 시민들로 자라나게 해야 한다. 다음 세대를 우리 시대의 도그마로 의식화할 생각을 버려라. 그리고 그들이 우리보다 넓은 마음으로 다양한 타자와 더불어 자신들의 세계를 스스로 개척해 가게 하라.

에필로그

앞에서 20가지 주제를 통해 우리 교육의 여러 모습을 살펴보았다. 앞으로 우리 교육은 지금보다 개선될 수 있을까? 나는 우리 교육의 미래에 대한 지나친 낙관주의도 지나친 비관주의도 바람직하지 않다고 본다. 70여 년 전에 "그라운드 제로"의 위치에서 출발하여 세계 최고 수준의 대학 진학률에 도달한 오늘날의 한국 교육에는 명과 암이 동시에 존재한다. 우리 교육에는 자랑할 만한 요소도 적지 않다. 그러나 모두가 바라건대 우리 교육이 지금보다 더 나아져야 하는 것도 사실이다. 무엇보다도 우리 학생들이 좀 덜 고통스럽게 학교를 다녔으면 좋겠다. 그리고 지구촌을 품을 수 있는 넓은 가슴을 지닌 시민으로 자라났으면 좋겠다. 우리 교육 생태계가 그런 젊은이들을 길러 낼 수 있는 풍성한 대지이자 태양이기를 희망한다. 책을 마무리하면서 우리 교육에서 개선되기를 바라는 사안 몇 가지를 언급해 보겠다. 현장 지향적인 연구자로 살아오면서 필요하다고 느끼는 주제들이다. 이 중에 많은 내용은 이 책의 앞부분에서 이미 언급한 것이기도 하다. 다른 학자들이나 실천가들도 종종 언급하는 주제이기도 하다. 정리하는 의미에서 다시 모아 보았다. 나열되는 내용들은 중요성을 기반으로 해서 순서를 정한 것은 아니다. 그래서 순번을 정하지 않았다.

좋은 교육 이념을 만들 필요가 있다.
교육은 지식이나 정보의 전달을 넘어서 가장 근본적으로는 사람들의 습속 형성에 관여한다. 습속 형성으로서의 교육의 기능은 공교육을 넘어서 우리 삶의 전체 경험과 관련된다. 더 나은 사회를 만들기 위해서는 습속의 형성에 관여하는 이런 교육의 전체 국면을 끊임없이 성찰할 필요가 있다. 자기의 이기심을 적절히 통제하고 공익에 대한 관심을 지니며 타인을 배려하고 공동체를 고려하는 시민 윤리를 지닌 인간은 그냥 길러지지 않기 때문이다. 그것은 오랜 기간 유·무형의 교육 경험을 통해서 길러져야 할 마음의 습관에 가깝다.
이와 관련하여 개인이나 가문의 성공이라는 좁은 의미의 세속주의 내지 물신주의라는, 우리 교육을 실질적으로 지배하고 있는 행동 원리를 바꿀 필요가 있다. 세계 최고의 교육열을 자랑한다는 국가에서 우리의 교육 이념이 무엇인지에 대한 인식도 합의도 불분명하다는 것이 왠지 좀 이상하지 않은가? 이제는 비틀거리고 길을 헤맬 때 방향을 가늠할 수 있는 제대로 된 이정표 하나쯤 있어야 하지 않을까? 한국 사람들의 마음의 습속을 형성하는 공공 철학이자 지표로서 좋은 교육 이념이 하나 있으면 정말 좋겠다. 앞에서 언급했듯이 홍익인간도 나쁘지 않다. 다른 대안도 있을 수 있다. 중요한 건 장식적인 의미의 교육 이념이 아니라 우리 교육을 실질적으로 규율할 수 있는 힘이 있는 교육 이념이 되어야 한다는 점이다. 집단적 기억과 합의가 담긴 멋있는 교육 이념을 제정할 수 있는 방법은 없을까?

교육 정책 결정에 대한 사회적 합의 기구가 필요하다.
2014년 지방선거를 통해서 열세 명의 소위 진보 교육감이 당선된 것은 고무적인 일이다. 그러나 장기적으로 볼 때 4년에 한 번씩 교육감이 교체될 때마다 지역 교육 정책의 중요 방향이 변화하는 것은 지속 가능한 체계라고 하기 어렵다. 지역뿐 아니라 국가 차원에서도 마찬가지이다. 국사 교과서를 둘러싸고 벌어지는 혼란상을 보라. 대학 입시 정책은 또 어떤가? 이처럼 어느 정권이 집권하는가에 따라서 조변석개와 같이 교육 정책의 근간이 흔들려서는 안정적인 교육의 발전을 기약하기 어렵다. 이와 관련하여 20년이 넘도록 한 사람이 교육부 장관의 자리를 지키며 안정적으로 교육 개혁을 이끌었던 핀란드와 같은 모델이 어떻게 가능할까에 많은 사람들이 관심을 가지고 있다. '국가교육위원회'나 '국가계획위원회'와 같은 구상이 그런 것이다. 대학 제도, 고등학교 평준화, 국가 교육과정, 교육 복지 등 적어도 몇몇 중요 사안에 대해서는 정권 차원을 넘어서는 사회적 합의 기구의 의사 결정을 통해 교육의 자주성, 중립성, 안정성, 지속성이 담보될 수 있기를 희망한다. 물론 국민의 대표 기구인 국회가 제 기능을 하면 가장 좋을 것이다. 그러나 현재와 같이 정당이 당파적 논리에 휘둘리는 상황에서는 좀 더 중립적이고 전문적인 사회적 합의 기구에 대한 연구가 심도 있게 될 필요가 있다.

대학 학벌 체제의 완화와 함께 고등학교 평준화가 강화되어야 한다.

우리나라처럼 특정 대학을 정점으로 서열화되어 있는 대학 체제가 존재하는 나라는 드물다. 이것이 일본 제국주의 지배가 남긴 달갑지 않은 유산이라는 점도 주지의 사실이다. 대학 학벌 구조가 청소년들의 공부와 삶에 미치는 부정적인 영향은 말로 다 표현하기 어려울 정도이다. 이 때문에 학벌 철폐 문제는 오래전부터 우리 사회의 중요한 화두가 되어 왔다. 진보 진영을 중심으로 '대학 통합 네트워크' 방안 등 여러 가지 제안들이 이미 나와 있다. 그러나 이런 대안들이 사회적 공론으로 전면적으로 부상하지는 못하고 있다. 모두가 학벌 구조의 폐해를 공감하는데도 왜 사회적 동력이 생겨나지 않을까? 학벌 체제가 우리의 습속에 깊게 뿌리박혀 있어서 다른 대안으로 나아가는 것에 대한 무의식적 두려움이 강하기 때문이 아닌가 한다. 따라서 학벌 체제의 완전 철폐와 같은 급진적인 방안보다는 '국립대학교 공동 학위제'와 같은 다소 접근 가능한 방안에서부터 출발하는 것이 어떨까 한다. 이 논의에서도 서울대학교의 기득권이 걸림돌이 된다면 1차적으로는 서울대학교 — 현재 서울대학교는 법인화되어 일반 국립대학교와는 입법적 지위가 달라져 있기도 하다 — 를 제외한 나머지 국립대학교의 네트워크화를 먼저 진행하고 서울대학교 문제는 장기적으로 고려하는 것도 한 방안이 될 것이다. 그리고 사립대학의 문제도 공공성을 강화하는 방향으로 나아가야 한다. 학벌 문제에 대한 사회적 공감을 넓혀 가면서 한발씩 점진적으로 접근해 나가는 방안이 현실적이라고 본다.

다음으로 고등학교 평준화 문제이다. 이 문제는 오래되면서도 새로운 문제이다. 박정희 대통령은 1974년 서울, 부산을 시작으로 연이어 중요 도시에 대한 평준화를 단행하였다. 그로부터 40여 년이 경과한 지금 고등학교 평준화는 거의 해체되고 껍데기만 남은 상태가 되었다. 특히 이명박 정부의 '고교 다양화 300 프로젝트'는 기존의 고등학교 평준화 기조를 근본적으로 흔들어 놓았다. 현재 특목고, 자율형 사립고, 자립형 사립고, 자율형 공립고 등 학생 선발권을 가지는 고등학교들은 전체 고등학교의 20퍼센트가 넘는 수준이다. 여기에 기존의 비평준화 지역 고등학교까지 포함하면 고등학교 평준화는 거의 잠식된 수준이다. 고등학교가 보통교육, 보편 교육의 성격을 띠고 있는 지금, 고등학교 평준화의 붕괴는 청소년들에게 대학 학벌 체제 못지않은 심각한 재앙이다. 다양한 적성과 흥미를 지닌 학생들이 함께 공부할 수 있는 학습 생태계가 복원될 수 있도록 고등학교 평준화 문제에 대한 사회적 합의와 특단의 조치가 이루어져야 한다.

혁신학교의 성과를 바탕으로 학교 혁신을 전국화해야 한다.
최근 몇 년 동안에 일어난 혁신학교운동은 한국적 현실에서 공교육 개혁에 대한 희망을 주었다. 혁신학교는 교육과정 혁신, 수업 혁신, 생활 지도 혁신, 평가 혁신, 학교 운영 혁신 등을 통해서 낡은 교육 관행을 짧은 시간에 바꾸어 놓았다. 학생, 교원, 학부모가 학교교육과 학교 경영에 함께 참여하는 경험을 통해서 학교가 민주적 교육 공동체이자 생활 공동체로서 기능하기 시작했다. 자율적인 학교 경영에의 참여, 교육 활동 중심의 학교 문화 정착, 학습 공동체를 통한 동료성 회복 등으로 혁신학교 교사들은 교직 사회의 오랜 무기력증에서 탈피하여 새로운 활력을 회복해 가고 있다. 혁신학교에 다니는 학생들이 학교에 다니는 것을 지겹거나 고통스러워하지 않고 즐거워하며 좋아하게 되었다는 사실은 무엇보다 중요하다. 게다가 많은 연구들이 혁신학교에서 왕따나 학교폭력과 같은 학생 생활의 고질적인 문제가 현격하게 감소하고 있다고 보고하고 있다.
물론 혁신학교의 실험은 아직도 미완성이다. 혁신학교 추진을 둘러싸고 학교 구성원 간에 다양한 갈등이 존재한다. 성공의 경험을 과장하고 획일화하여 전파하려는 혁신학교도 일부 발견된다. 학교 주변의 아파트 값이 상승하는 등 혁신학교가 중산층의 욕망을 반영하는 출구에 불과하다는 비판도 존재한다. 이런 문제들은 계속 개선해 가야 한다. 그러나 한국 공교육이 처한 위기의 심각성에 비추어 볼 때 짧은 기간 동안 혁신학교들이 축적해 가고 있는 성과는 적지 않은 의미를 지닌다. 무엇보다도 학교 구성원 스스로가 단위 학교의 문제를 스스로 해결할 수 있다는 자신감을 갖게 된 것은 엄청난 자산이다. 이렇게 오랜만에 찾아온 단위 학교 중심의 공교육 개혁 기회를 놓쳐서는 결코 안 된다. 이 문제에 있어서는 진보와 보수의 좁은 시야를 벗어나야 한다. 모두가 힘을 모아 혁신학교의 성과를 한국 학교의 일반적인 문화로 전국화할 수 있도록 노력해야 한다.

교장 승진 제도와 함께 교원 승진 구조 전체를 개편해야 한다.
교사에서 교장으로 나아가는 일원적인 현행 승진 구조에 문제가 있다는 데는 모두가 동의한다. 일종의 사회적 합의가 도출되어 있는 상태라고까지 할 수 있다. 그럼에도 불구하고 교장 임용 및 승진 제도의 개혁은 지지부진하다. 여러 가지 이해관계와 기득권이 맞물려 있기 때문이다. 서로 다른 방안을 내놓고 대립하고 있는 양대 교원단체인 전교조와 한국교총도 논의의 진전을 어렵게 하는 요인 중 하나이다.
나는 앞에서 교장 임용과 승진 문제를 교사의 승진 구조와 별개로 다루기보다는 전체 교원 승진 구조 개편이라는 보다 큰 틀에서 함께 다루어야 한다고 주장했다. 교직 사회에 체계적인 승진 구조를 도입하는 것 자체를 신자유주의적 통제의 강화로 보고 원론적으로 반대하는 입장도 있다. 주장하는 내용에 일리가 없지는 않다. 그러나 인류 역사 이래 평가 시스템이 어떤 형태로든 작동하지 않는 사회는 존재해 본 적이 없다. 문제는 평가나 승진 시스템 도입 그 자체에 대한 찬반이 아니라 어떤 평가와 승진 시스템이 우리 사회에 더 합리적이고 바람직한가를 따져 보는 것이다. 가르치는 전문성이 존중받고 격려받을 수 있는 교사 평가 혹은 승진 시스템이 필요하다. 교장과 같은 행정직의 경우는 민주적이고 합리적이며 학습 친화적인 학교 운영이 가능한 리더십이 발굴되고 장려될 수 있는 임용 및 승진 시스템이어야 한다. 이와 관련하여 싱가포르 모델처럼 교사, 장학사, 관리직으로 별개의 트랙을 분리하는 교원 승진 시스템을 검토해 볼 필요가 있다. 물론 가르치는 교원이 관리직보다 존중되는 학교를 만들기 위해서는 제도 개선뿐 아니라 일상의 문화가 함께 바뀌어야 한다. 한국의 많은 교사들의 장래 목표가 교장으로 승진하는 것인 데 비하여 미국 교사들은 대개 교장이 되는 데 관심이 없다는 것은 제도뿐 아니라 학교 일상 문화가 상당히 다르다는 것을 의미한다.

교육학의 현장 지향성이 강화되어야 한다.

한국에서 근대 교육학이 시작된 지는 그다지 오래되지 않았다. 2013년에 한국교육학회 60주년 기념행사가 있었으니 이에 미루어 교육학의 역사를 가늠해 볼 수 있을 것이다. 그 짧은 기간 동안에 한국의 다른 모든 분야가 그러하듯이 교육학은 외국의 이론과 실천을 숨 가쁘게 흡수하는 압축적 근대화를 넘어서 한국의 현실에 맞는 자생적 교육학을 고민하는 단계를 향해 나아가고 있다. 그러나 교육학의 균형 있는 발전을 가로막는 문화적 요인들이 여전히 많이 존재한다. 우선 교육학 내 분과 학문 간의 단절이 너무 심하다. 특히 소위 '교육학'과 '교과교육학' 간의 단절 내지 반목은 한국 교육학의 순조로운 발전을 가로막는 큰 장애 요인이 되고 있다. 여기에 더하여 학계와 현장 간의 단절이 심하다. 교육학 분야 학술대회에 대학원생이 아닌 현장 교사들이 참여하는 경우는 드물다. 반대로 현장 교사들의 연구 모임에 주기적으로 관여하는 대학 연구자 집단도 매우 한정되어 있다. 그러다 보니 이론과 현장이 따로 노는 현상이 좀처럼 극복되지 않고 있다. 여기에 더하여 정부 정책에 부응하는 관변 교육학에 비해 현실의 문제를 냉철히 지적하고 대안을 모색하는 비판 교육학은 너무 축소되어 있는 것도 문제이다.

    교육학의 성격을 이론적 학문으로 규정할지 실천적 학문으로 규정할지는 학자의 성향에 따라서 편차가 존재한다. 나는 이론은 이론대로 실천은 실천대로 잘 발전해 가야 한다고 본다. 그리고 이론과 실천이 상호 관련을 맺으면서 선순환하는 연구 생태계가 충분히 성숙되기를 희망한다. 특별히 내가 실천 지향적인 교육학에 관심이 많기 때문에 대학 연구자들이 현장을 주기적으로 방문하고 연구하는 풍토가 조성되었으면 좋겠다고 생각한다. 현장 실천가들도 좀 더 열린 자세로 대학 연구 공동체와 소통하면서 함께 상생하고 발전하는 구조가 만들어져야 한다.

교사 교육 프로그램 개선이 국가적 의제가 되어야 한다.

초·중등교원양성기관의 내실화 없이 공교육의 질적 도약은 불가능하다. 앞에서 이미 언급했듯이 우리나라 교원양성대학 프로그램에는 많은 문제가 존재한다. 초등교원양성기관의 경우는 대학 규모가 영세한 데 더하여 교육과정이 경직돼 있다는 것이 문제이다. 중등교원양성기관의 경우 구조적인 과잉 공급에다가 교직 전문성 함양과 별 상관없이 학문 지향적으로 운영되는 교육과정으로 인해서 교원 양성 프로그램이라고 부르기가 민망할 정도이다.

우리나라는 고등학교 졸업자를 기준으로 가장 우수한 학생들이 교직을 지망하는 드문 나라이다. 그러나 현직 교사들의 교직 효능감은 OECD 국가 중에서도 매우 낮다. 이런 현상이 교원양성대학 프로그램의 부실과 전혀 무관하다고 보기는 어렵다. 공교육이 내실 있게 운영되는 많은 나라들이 거기에 걸맞은 교사 교육 프로그램을 가지고 있다. 이런 프로그램들은 대체로 매우 현장 지향적이며 교사들의 반성적 실천성을 함양하는 데 초점이 맞추어져 있다. 이런 나라들과 비교할 때 우리나라의 교사 교육 프로그램은 한참 뒤처져 있다. 사정이 이러한데도 교사 교육 프로그램 개혁에 대한 사회적 관심은 대단히 낮다. 교원양성교육의 세계적인 추세를 반영한 교사 교육 프로그램의 개혁이 절실하다.

부설학교를 비롯한 연구학교가 정상화되어야 한다.

부설학교부터 우선 이야기해 보자. 교육대학교와 사범대학들은 대부분 부설학교를 보유하고 있다. 그런데 최근 역사를 돌아볼 때 부설학교에서 한국 교육을 선도하는 실험이 발표되고 다른 일반 학교에 전파되는 사례를 찾기는 거의 불가능에 가깝다. 부설학교가 교육 실천을 선도하는 학교가 아니라는 것을 의미한다. 이렇게 부설학교가 지도성을 상실하고 있는 것은 작은 문제가 아니다. 부설학교가 연구 및 실험학교로서의 기능을 거의 하지 못하고 있다는 뜻이기 때문이다.

부설학교의 문제는 부설학교 자체에 그치지 않는다. 교원양성대학 전체의 부실화와 곧바로 연결되는 문제이다. 왜냐하면 부설학교는 대학과의 협력하에 새로운 교육 이론과 실천을 만들어 내는 전초기지이기 때문이다. 대학의 연구자들이 부설학교를 잘 찾지 않고 부설학교도 대학 연구자를 반기지 않는 서로 소원한 관계가 오래 계속되는 동안에 한국 교육계에는 현장 없는 이론과 이론 없는 실천이 지배하는 경향이 뚜렷해졌다. 현재의 교원양성대학과 부설학교의 관계가 지속된다면 우리 현실에 터한 자생적인 교육 실천과 교육학이 성장할 수 있는 토양은 크게 약화될 것이다. 교원양성대학과 부설학교와의 관계는 지금보다 획기적으로 강화될 필요가 있다.

조금 더 시야를 확대하여 교육부나 교육청이 지정하는 연구/실험학교도 적지 않은 문제를 지니고 있다. 이들 학교들이 관리직 승진을 위한 점수 획득이라는 전도된 목적을 중심으로 운영되는 동안에 연구/실험학교의 기능은 거의 증발하고 말았다. 부설학교를 비롯한 연구학교가 제 역할을 못 한다는 것은 한국 교육계의 아킬레스건 중의 하나이다. 이론과 실천의 상호 유기적 발전이 가능하기 위해서는 부설학교를 비롯한 각종 연구학교 운영이 정상화되어야 한다.

위에서 언급한 문제들은 각기 조금씩 다른 성격을 지닌다. 제도적 접근이 필요한 문제가 있는가 하면 인식과 문화의 변화가 필요한 것도 있다. 광범위한 변화가 수반되어야 하는 큰 주제가 있는가 하면 아주 작은 범위의 변화가 필요한 문제 상황도 있다. 그러나 각각의 성격과 포괄 범위의 차이와 상관없이 하나하나가 중요한 의미를 지니는 주제들이라고 나는 생각한다. 예컨대, 부설학교와 연구학교 운영의 변화 같은 문제는 사소해 보이는 주제이다. 그러나 이 주제는 학교의 연구 풍토 변화와 함께 교육 실천이 개인의 시행착오를 넘어서 학교 공동체의 집단적 지혜를 통해서 어떻게 진화하고 성문화될 수 있는지를 성찰하는 것과 연결된다. 결코 작지 않은 함의를 지니는 이슈인 셈이다.

진술한 주제 중에 많은 내용들은 이미 여러 학자들에 의해서 언급되었다. 그런 의미에서 진부하다. 문제가 진부해졌다는 것은 우리 공동체가 이런 문제를 해결할 역량이나 힘을 충분히 지니고 있지 못하다는 것을 증거한다. 그것은 기득권의 저항 때문일 수도 있고, 개혁 논자들의 비현실적인 주장 때문일 수도 있다. 혹은 구조화된 문제의 심각성이 개혁을 실현할 엄두를 못 내게 하는 경우일 수도 있다. 반면에 부설학교 개혁과 같은 작은 의제들은 중요한 문제로 의제화되지도 못했다. 그러나 "교육이냐 사육이냐"[210] 하는 자조적인 평가에 직면하고 있는 한국의 교육 현실을 넘어서기 위해서 우리는 이 모든 관성을 넘어서서 진부화된 개혁 의제들, 그리고 사소하지만 중요한 개혁 의제들을 재정치화하는 데 성공할 수 있어야 한다.

물론, 한국 교육을 변화시키기 위한 주제는 내가 언급한 주제에 한정되지 않을 것이다. 예컨대, 교육청이나 교육부의 변화와 같은 거버넌스의 문제를 다루지 못했다. 이 책에서 다룬 내용을 중심으로 주제를 뽑았기 때문이다. 그리고 언급한 문제들에 대해서 아주 구체적인 해결책도 제시하지 않았다. 내 능력 밖이기도 하거니와 어떤 전문가가 제공하는 해법을 따르는 방식으로 우리 교육의 문제를 해결하는 것이 바람직하다고 보지 않기 때문이다. 설령 똑같은 결론에 도달한다고 하더라도 공론을 형성하고 사회적 합의를 도출해 가는 과정 자체가 생략된다면 소기의 성과를 거두기가 어려울 것이다. 따라서 이런 문제들을 합리적이고 민주적이고 협력적으로 논의해 가는 경험 — 그 경험 자체가 일종의 교육의 과정이라고 할 수 있다 — 을 축적해 가는 것이 필요하다.

이제 결론을 맺고자 한다. 앞에서도 말했듯이 우리 교육은 압축적 근대화의 과정을 거쳐서 오늘에 도달했다. 거기에는 자랑할 만한 점도 분명 있지만 여러 가지 심각한 부작용도 많이 있다. 특히, 극단적인 경쟁으로 인해서 인간 교육의 기반마저 붕괴되고 있는 오늘의 현실은 큰 문제가 아닐 수 없다. 그러나 나는 우리 사회가 종국적으로 이런 문제를 개선해 갈 수 있는 힘이 있다고 믿는다. 그리고 가까운 장래에 우리 교육이 다른 나라가 배우고 모방할 수 있는 매력적인 존재로 탈바꿈될 수 있으리라고 믿는다. 누군가는 헛된 꿈이라고 주장할지도 모른다. 그러나 꿈꾸기를 포기하는 공동체는 새로운 미래를 열어 갈 수 없지 않은가? 한류가 20년 전에는 꿈꿀 수조차 없었던 기적인 것처럼 세계의 많은 사람들이 우리 교육의 매력에 흠뻑 빠져서 우리 교육을 모방하는 미래가 열리는 꿈을 꾼다. 그리고 그 꿈이 우리 모두의 공동의 꿈이었으면 좋겠다.

미주

프롤로그

1 다니엘 튜더 씀, 노정태 옮김(2013), 기적을 이룬 나라 기쁨을 잃은 나라, 파주: 문학동네.

1부

2 우석훈(2014), 내릴 수 없는 배 – 세월호로 드러난 부끄러운 대한민국을 말하다, 서울: 웅진지식하우스.
3 우석훈(2014), 앞의 책, 157~173쪽.
4 문교부(1958), 문교개관, 서울: 대한문교서적, 4~5쪽.
5 [정영훈·이계학·유병열(1999), 홍익인간 이념과 21세기 한국교육 연구, 한국정신문화연구원]의 서론에서 인용.
6 이계학(1999), 홍익인간의 이념과 인간교육, 정영훈·이계학·유병열(1999), 앞의 논문집, 65쪽.
7 [정영훈·이계학·유병열(1999), 앞의 논문집]의 서론에서 인용.
8 다른 나라의 교육 제도를 살펴보는 것은 우리의 교육 이념, 나아가서 우리 교육의 실제를 개선하는 데 많은 상상력을 제공해 준다. 전문가 혹은 학부모의 입장에서 각국의 교육 실제를 소개하는 책들이 이미 시중에 많이 나와 있다. 이런 책들을 꾸준히 읽어 보면 우리 교육의 비정상성을 이해하는 데 많은 도움이 된다. 나아가서 자녀 교육에도 많은 아이디어를 얻을 수 있다. 각국의 교육 제도를 한데 모아서 쉽게 소개한 책으로는 [김종철(2011), 교육인가 사육인가, 서울: 21세기북스]를 추천한다. 이 책의 2부는 핀란드, 미국, 프랑스, 독일, 영국, 일본 교육을 함께 소개하고 있다.
9 정수복 외(2014), 사회를 말하는 사회 – 한국 사회를 읽는 30개 키워드, 서울: 북바이북.
10 장 보드리야르 씀, 이상률 옮김(1992), 소비의 사회 – 그 신화와 구조, 서울: 문예출판사.
11 세르주 라투슈 씀, 정기헌 옮김(2014), 낭비 사회를 넘어서 – 계획적 진부화라는 광기에 관한 보고서, 서울: 민음사.
12 울리히 벡 씀, 홍성태 옮김(1997), 위험사회 – 새로운 근대(성)를 향하여, 서울: 새물결.
13 울리히 벡 씀, 박미애·이진우 옮김(2010), 글로벌 위험사회, 서울: 길.

14 한승동(2014), 위험사회: 새로운 근대로 가는 길, 정수복 외(2014), 앞의 책, 72쪽.
15 강수돌(2013), 팔꿈치 사회 - 경쟁은 어떻게 내면화되는가, 서울: 갈라파고스, 42쪽.
16 김경집(2014), 팔꿈치사회: 적법한 반칙을 깨뜨리자, 정수복 외(2014), 앞의 책, 162쪽.
17 지그문트 바우만 씀, 이일수 옮김(2009), 액체근대, 서울: 강, 187쪽.
18 엄기호(2014), 단속사회 - 쉴 새 없이 접속하고 끊임없이 차단한다, 파주: 창비.
19 박권일(2014), 네트워크사회: 웹은 평등하고 민주적인 유토피아일까, 정수복 외(2014), 앞의 책, 203~204쪽.
20 김현수(2013), 교사 상처 - 고단한 교사들을 위한 치유 심리학, 서울: 에듀니티, 32~35쪽.
21 이범(2012), 우리교육 100문 100답 - 교육평론가 이범, 당신이 가진 모든 의문에 답하다, 파주: 다산북스, 21쪽.
22 마틴 메이어 씀, 조재현 옮김(2011), 외국인 교사가 말하는 한국인의 교육코드, 서울: 글로세움; 이 책은 2009년에 출간된 동 저자의《교육전쟁》이란 책의 개정판이다.
23 마틴 메이어(2011), 앞의 책, 41~42쪽.
24 아만다 리플리 씀, 김희정 옮김(2014), 무엇이 이 나라 학생들을 똑똑하게 만드는가 - 미국을 뒤흔든 세계 교육 강국 탐사 프로젝트, 서울: 부키; 원저의 제목은《The Smartest Kids in the World》(2013)이다.
25 아만다 리플리(2014), 앞의 책, 79~110쪽.
26 KBS 공부하는 인간 제작팀(2013), 공부하는 인간, 고양: 예담.
27 최재천(2011), 大學問國(대학문국)의 꿈과 지식의 統攝(통섭), 신동아 창간 80주년 기념 릴레이 강연 - '한국 지성에게 미래를 묻다'⑤, 신동아, 626호, 268-285, 동아일보사, 274~275쪽.
28 정순우(1999), 한국사회 교육열에 관한 역사·문화적 접근, 교육사회학연구, 제9권 제1호, 1-16, 한국교육사회학회, 1쪽.
29 오욱환(2000), 한국사회의 교육열 - 기원과 심화, 서울: 교육과학사.
30 이종각(2005), 한국의 교육열 세계의 교육열 - 해부와 대책, 서울: 하우.
31 이종각·김주후(2011), 우리 교육의 미래 진짜 교육열로 승부하라, 서울: 태영출판사.
32 정순우(1999), 앞의 논문, 8쪽.
33 [정순우(1999), 앞의 논문, 8~11쪽] 참조.
34 정순우(1999), 앞의 논문, 12쪽.
35 정순우(1999), 앞의 논문, 12~13쪽.
36 예컨대, 이우진(2013)은 [유학, 죄인인가 구원자인가, 한국교육사학, 제35권 제2호, 19-39, 한국교육사학회]라는 논문에서 정순우와 동일한 논리를 전개한다. 즉, 현대의 교육열은 유학의 산물이 아니며 '사회진화론'과 '지식은 권력'이라는 근대적 지식에 대한 인식 체계의 확산을 그 기원으로 삼고 있다는 것이다. 그러나 오욱환이나 이종각은 유교 문화가 현대의 교육열에 어느 정도 영향을 미쳤다는 입장을 취하고 있다.
37 오욱환(2000), 앞의 책, 259쪽.
38 오욱환(2000), 앞의 책, 340쪽.

39 오욱환(2000), 앞의 책, 335~336쪽.
40 오욱환(2000), 앞의 책, 18쪽.
41 오욱환(2000), 앞의 책, 25쪽.
42 오욱환(2000), 앞의 책, 29쪽.
43 이종각(1998), 한국의 교육열에 관한 연구: 개념화를 위한 작업 중심, 한국교육사회학회 제124차 학술대회 발표 자료, 61-87, 한국교육사회학회, 68쪽.
44 이종각·김기수(2003), '교육열' 개념의 비교와 재정의, 교육학연구, 제41권 제3호, 191-214, 한국교육학회, 208쪽.
45 이종각·김기수(2003), 앞의 논문, 208쪽.
46 이종각(1998), 앞의 논문, 70쪽.
47 '가방끈' 길어도 원하는 만큼의 월급을 못 받는다, 헤럴드경제, 2014년 8월 6일.
48 이수광(2007), 교육열과 학부모 유형, 그리고 대안의 상상력, 한국교육인류학회 2007년 추계 학술대회 논문집, 143-174, 한국교육인류학회.
49 이수광(2007), 앞의 논문, 154~170쪽.
50 오욱환(2000), 앞의 책, 404쪽.
51 '타이거 맘'은 호랑이처럼 자녀를 엄격하게 관리하는 엄마라는 뜻이다. 이 단어는 예일 대학교의 에이미 추아^{Amy Chua} 교수의 책 [황소연 옮김(2011), **타이거 마더 - 예일대 교수 에이미 추아의 엘리트 교육법**, 서울: 민음사]에서 유래한 말이다. 그녀는 이 책에서 엄격한 훈육 방식을 통해 자녀를 사회적으로 성공하게 만들 수 있다고 주장한다. 실제로 두 딸을 엄격하게 양육시킨 자신의 경험을 담은 이 책은 출간 후에 자녀 양육 방식에 대한 세계적인 논쟁을 불러일으켰다.
52 엄격한 훈육 방식을 택하는 '타이거 맘' 대신에 권위보다 자율, 억압보다 조력을 내세운 스칸디나비아 교육법을 추구하는 엄마들을 말한다. 주입식 교육을 지양하고 자녀와 정서적 공감대 형성과 자녀의 자율적인 학습을 강조하는 경향이 있다. 김난도 서울대 소비자학과 교수 등이 출간한 [트렌드 코리아 2013, 서울: 미래의 창]에서 처음 제시한 용어로 북유럽적 가치관을 갖고 있는 30대 엄마들을 지칭하는 말이다.
53 손봉호(1995), **고통받는 인간 - 고통 문제에 대한 철학적 성찰**, 서울: 서울대학교출판부.
54 문은희(2011), **엄마가 아이를 아프게 한다 - 아이를 행복하게 하는 좋은 엄마의 필독서**, 고양: 예담.

2부

55 전국교직원노동조합 참교육실천위원회(1999), **학교 붕괴**, 서울: 푸른나무, 240쪽.
56 이혁규(2003), 질적 사례 연구를 통한 교실 붕괴 현상의 이해와 진단, 교육인류학연구, 제6권 제2호, 125-164, 한국교육인류학회, 130쪽.
57 김민(2000), '학교붕괴', 신화인가 현실인가?, 교육인류학연구, 제3권 제2호, 1-29, 한국교육인류학회.

58 우치다 타츠루 씀, 김경옥 옮김(2013), 하류지향, 서울: 민들레, 56쪽.
59 우치다 타츠루(2013), 앞의 책, 71쪽.
60 우치다 타츠루(2013), 앞의 책, 49~52쪽.
61 마이클 샌델 씀, 안기순 옮김(2012), 돈으로 살 수 없는 것들 - 무엇이 가치를 결정하는가, 서울: 와이즈베리.
62 데이비드 A. 수자 씀, 박미경 옮김(2013), 공부하는 우리 아이들, 머릿속의 비밀, 서울: 교육을바꾸는책, 42쪽.
63 데이비드 A. 수자(2013), 앞의 책, 38~48쪽.
64 일례로 오영재는 1992년부터 2007년까지 약 16년 동안 한국에서 질적 연구 방법을 사용하여 초등학교 교사 문화를 연구한 선행 연구 12편을 이차적으로 분석하였다. 한국의 초등학교 교사 문화는 개인주의 및 학년 동일시, 의례화와 보여 주기, 불만 속의 순응, 변화의 비선호 등의 특징을 보인다. 교사들 간의 교육을 위한 상호 협력은 잘 일어나지 않고 수업 공개는 보여 주기식의 행사가 되고 있다([오영재(2010), 한국 초등학교 교사문화의 특성과 교육행정적 함의, 한국교육논단, 제9권 제2호, 111-136, 한국교육포럼] 참조). 중등학교 교사 문화에 대한 연구들도 대부분 교사 문화가 고립적이고 개인적이라고 분석하고 있다([이혜영 외(2001), 중등학교 교사의 생활과 문화, 한국교육개발원 / 김병찬(2003), 중학교 교사들의 교직문화에 대한 질적 사례 연구, 교육행정학연구, 제21권 제1호, 1-28, 한국교육행정학회] 참조).
65 학교 조직이 외부의 관료적-행정적 요구에 대해서는 민감하게 반응하면서 학교 내부의 교수 행위에 대한 교육적 반성과 성찰에는 둔감하게 반응하는 경향이 있다. 이에 대한 자세한 설명은 [조대훈(2004), 교수 행위를 바라보는 세 가지 이론적 모델의 고찰, 시민교육연구, 제36권 제1호, 231-260, 한국사회과교육학회] 가운데 3장 1절 "제도 이론의 관점에서 바라본 교수 행위" 참조.
66 힐베르트 마이어 씀, 손승남·정창호 옮김(2011), 좋은 수업이란 무엇인가?, 서울: 삼우반, 8쪽.
67 Zemelman, S., Daniels, H. & Hyde, A.(2005), *Best practice: Today's standards for teaching and learning in America's schools*(3rd ed.), Portsmouth, NH: Heinemann, pp.7~10.
68 Zemelman, S., Daniels, H. & Hyde, A.(2005), 앞의 책.
69 Zemelman, S., Daniels, H. & Hyde, A.(2005), 앞의 책, p.vi.
70 Zemelman, S., Daniels, H. & Hyde, A.(2005), 앞의 책, p.8.
71 파커 J. 파머 씀, 이종태 옮김(2006), 가르침과 배움의 영성, 서울: IVP, 95~96쪽.
72 Zemelman, S., Daniels, H. & Hyde, A.(2005), 앞의 책, p.12.
73 Zemelman, S., Daniels, H. & Hyde, A.(2005), 앞의 책, pp.10~11.
74 김영천(2009), 교육과정 I - **Curriculum Development**, 서울: 아카데미프레스.
75 Zemelman, S., Daniels, H. & Hyde, A.(2005), 앞의 책, pp.8~9
76 힐베르트 마이어(2011), 앞의 책, 30쪽.
77 힐베르트 마이어(2001), 앞의 책, 195쪽.

78 힐베르트 마이어(2011), 앞의 책, 23~24쪽.
79 힐베르트 마이어(2011), 앞의 책, 192쪽.
80 힐베르트 마이어(2011), 앞의 책, 194쪽.
81 힐베르트 마이어(2011), 앞의 책, 253쪽.
82 힐베르트 마이어(2011), 앞의 책, 255쪽.
83 티나라와 아이스크림www.i-scream.co.kr은 교과용 학습 자료를 제공하는 교사용 콘텐츠 서비스 사이트이다. 2000년대 초반 서비스를 시작한 티나라는 수업에 유용한 멀티미디어 자료를 다양하게 제공하면서 초등 교사들에게 선풍적인 인기를 끌다가 2011년 초, 후발 업체인 아이스크림에 통합되었다. 현재 초등 교사 가운데 99% 가까이 아이스크림에 가입되어 있을 정도로 의존도가 높다.
84 미국에서의 거꾸로교실의 역사는 위키피디아의 "Flipped Classroom"을 참조하라. 그 외에도 구글에서 "Flipped Classroom"을 키워드로 입력하면 거꾸로교실에 대한 여러 사이트를 검색할 수 있다.
85 www.ted.com/talks/salman_khan_let_s_use_video_to_reinvent_education
86 살만 칸 씀, 김희경·김현경 옮김(2013), 나는 공짜로 공부한다 - 우리가 교육에 대해 꿈꿨던 모든 것, 서울: RHK.
87 조나단 버그만·아론 샘즈 씀, 정찬필·임성희 옮김(2015), 거꾸로교실 - 진짜 배움으로 가는 길, 서울: 에듀니티, 17쪽.
88 조나단 버그만·아론 샘즈 씀, 임진혁·이성경·황윤미 옮김(2013), 당신의 수업을 뒤집어라, 성남: 시공사
89 조나단 버그만·아론 샘즈(2015), 앞의 책.
90 [이민경(2014), 거꾸로교실Flipped Classroom의 교실사회학적 의미 분석: 참여 교사들의 경험을 중심으로, 교육사회학연구, 제24권 제2호, 181-207, 한국교육사회학회 / 이민경(2014), 거꾸로교실Flipped Classroom의 효과와 의미에 대한 사례 연구, 한국교육개발원]을 참조하라.
91 원문에는 '거꾸로교실101'이라고 되어 있으나 여기서는 독자들의 이해를 돕기 위해서 '거꾸로교실 기본형'으로 수정하였다. 저자들이 책에서 두 용어를 대체 가능한 것처럼 사용하고 있기 때문이다. 저자들은 '거꾸로교실101 혹은 거꾸로교실 기본형', '거꾸로완전학습', '거꾸로배움'이라는 세 가지 모델을 구분한다. 그리고 이를 진화해 가는 모델로 설명한다. 즉, '거꾸로교실'에는 '거꾸로교실101 혹은 거꾸로교실 기본형'과 '거꾸로완전학습' 모델이 속하며, 교사들은 '거꾸로교실 기본형'에서 출발해서 '거꾸로배움'으로 나아가게 된다는 것이다. 그러나 필자가 보기에 저자들은 각각의 개념에 대한 엄밀한 학문적인 개념화를 제공하고 있지 못하다. 따라서 세 가지 개념들 간의 구분은 다소간 모호성을 띤다.
92 조나단 버그만·아론 샘즈(2015), 앞의 책, 35~36쪽.
93 힐베르트 마이어(2011), 앞의 책.
94 사토 마나부 씀, 손우정 옮김(2003), 배움으로부터 도주하는 아이들, 서울: 북코리아, 35~46쪽.
95 사토 마나부(2003), 앞의 책, 43~44쪽.

96 사토 마나부(2003), 앞의 책, 45~46쪽.
97 이혁규(2003), 앞의 논문.
98 Rorty, R.(1989), *Contingency, irony, and solidarity*, New York: Cambridge University Press, p.5; [브렌트 데이비스Brent Davis 씀, 심임섭 옮김(2014), 구성주의를 넘어선 복잡성 교육과 생태주의 교육의 계보학, 서울: 씨아이알, 123~124쪽]에서 재인용.
99 파커 J. 파머(2006), 앞의 책, 51~54쪽.
100 파커 J. 파머(2006), 앞의 책, 54~55쪽.
101 사토 마나부(2003), 앞의 책, 132~133쪽.
102 [사토 마나부(2003), 앞의 책, 66~68쪽]에서 저자가 주장하는 바를 핵심 내용 중심으로 요약한 것임.
103 김용옥(2014), 도올의 교육입국론, 서울: 통나무, 28~30쪽.
104 김용옥(2014), 앞의 책, 31쪽.
105 김용옥(2014), 앞의 책, 33쪽.
106 김용옥(2014), 앞의 책, 40~41쪽.
107 지그문트 바우만 씀, 홍지수 옮김(2013), 방황하는 개인들의 사회, 서울: 봄아필, 206쪽.
108 지그문트 바우만(2013), 앞의 책, 207쪽; 바우만은 여기서 그레고리 베이트슨Gregory Bateson 의 개념을 원용하여 1차 학습, 2차 학습, 3차 학습을 구분한다. 쉽게 설명해 보자면 1차 학습은 내용을 학습하는 것이다. 2차 학습은 학습하는 방법을 학습하는 것으로 일종의 습관이나 습속을 형성하는 것이라고 할 수 있다. 이에 비해 3차 학습은 오늘날 새롭게 요구되는 것으로 기존의 습관을 떨쳐 낼 수 있는 능력과 관련되어 있다.

3부

109 Goldstein, D.(2014), *The teacher wars - A history of America's most embattled profession*, New York: Doubleday.
110 Goldstein, D.(2014), 앞의 책, pp. 1~32.
111 장청자(1962), 교사와 일반 사회, 교육연구, 제20권, 92-99, 이화여자대학교 사범대학 교육학과, 93쪽.
112 장청자(1962), 앞의 논문, 95쪽.
113 Goldstein, D.(2014), 앞의 책, p.8.
114 [김병구(1985), 교사역할의 변천과정, 한국교원교육연구, 제2권, 15-25, 한국교원교육학회, 16쪽]에서 재인용.
115 Ingersoll, R. M., Alsalam, N., Quinn, P. & Bobbitt, S.(1997), *Teacher professionalization and teacher commitment - A multilevel analysis*, Diane Pub Co.
116 최전자(1965), 초등학교 여교사에 관한 연구: Ⅳ. 여교사의 사회적 지위, 교육연구, 제25권, 63-73, 이화여자대학교 사범대학 교육학과, 63~64쪽.
117 오정란(2003), 전문직에서의 여성소외 현상과 대안 탐색: 교직을 중심으로, *Andragogy*

Today: Interdisciplinary Journal of Adult & Continuing Education, 제6권 제4호, 25-58, 한국성인교육학회.
118 유홍준·정태인·김월화(2010), 한국 교원의 사회·경제적 지위에 대한 교육 관련 주체들의 인식: 현황, 변화 및 결정 요인, 한국교육, 제37권 제1호, 83-111, 한국교육개발원.
119 더 자세한 설명은 [한수웅(2007), 교육의 자주성·전문성·중립성 및 교사의 교육의 자유: 교사의 사상주입교육의 헌법적 문제를 계기로 하여, 저스티스, 제101호, 36-59, 한국법학원]을 참조 바람.
120 막스 베버는 인간 행위의 윤리적 원칙을 크게 '신념윤리'와 '책임윤리'로 구분하였다. 신념윤리는 자신의 동기가 선하면 그 동기로 인한 행동이 야기하게 될 결과에 대해서는 크게 신경을 쓰지 않는 윤리인데 비해, 책임윤리는 선한 동기만으로 행위의 도덕성을 평가해서는 안 되고 자신의 행위가 가져올 결과에 대해서도 책임을 져야 한다는 윤리설이다.
121 최치원(2014), 막스 베버, 마키아벨리 그리고 한비자의 정치개념 해석: 직업정치인 Berufspolitiker, 프린치페Principe, 명주明主를 중심으로, 정치사상연구, 제20권 제1호, 165-196, 한국정치사상학회.
122 교육과학기술부, 30년 교육계 숙원사업, 수석교사제 드디어 법제화, 보도자료, 2011년 6월 29일.
123 박소영·김민조(2012), Kingdon의 다중정책흐름 모형을 활용한 수석교사제 정책 분석, 교육행정학연구, 제30집 제4호, 149-171, 한국교육행정학회 / 이상희·김재웅(2012), 수석교사제 법제화 과정에 나타난 정책갈등분석, 교육정치학연구, 제19집 제3호, 1-22, 한국교육정치학회; 이성희·김제8 (2012)은 수석교사제 도입 과정을 1기에서 5기로 구분하고 있다.
124 송광용(2000), 수석교사제 도입, 타당한가?, 사학, 제91호, 20-28, 대학사립중고등학교장회 / 서상호(2000), 수석교사제는 철회되어야 한다, 인물과 사상, 제29호, 169-176, 인물과사상사.
125 박소영·김민조(2012), 앞의 논문, 166쪽.
126 조석훈(2012), 수석교사의 지위와 임용에 관한 법적 검토, 교육법학연구, 제24권 제1호, 181-203, 대한교육법학회, 186쪽.
127 조석훈(2012), 앞의 논문, 187~188쪽.
128 김지선·박소영(2013), 단위학교 내 수석교사제 운영에서 나타난 갈등 원인의 구조 분석, 한국교원교육연구, 제30권 제4호, 381-406, 한국교원교육학회.
129 이정민·박철희(2014), 수석교사의 학교 내 역할 갈등과 정체성 형성에 관한 연구, 초등교육연구, 제27권 제1호, 131-156, 한국초등교육학회.
130 김이경·김미정(2013), 초·중등 교사들의 교장직 선택 요인 분석, 한국교원교육연구, 제30권 제4호, 215-236, 한국교원교육학회.
131 2012년 한국 직업만족도조사, 한국고용정보원.
132 교장 승진 제도 개선 관련한 여러 논문들이 일원적 승진 구조의 문제점을 지적하고 개선이 필요하다고 언급하고 있다. 일례로, 일원적 승진 구조의 문제점과 개선 방안에 대해서는 [박상완(2004), 교육행정전문직으로서 교장직 정립을 위한 교장임용제도 개혁, 한국교

원교육연구, 제21권 제1호, 223-251, 한국교원교육학회]를 참조할 만하다.
133 나민주·이차영·박상완·김민희·박수정(2009), 교장공모제의 공모교장 직무수행에 대한 효과 분석, 교육행정학연구, 제27권 제3호, 297-320, 한국교육행정학회.
134 정진곤(2006), '이데올로기론'적 관점에서 본 교장임용제 논쟁의 분석, 한국교원교육연구, 제23권 제2호, 209-229, 한국교원교육학회.
135 박상완(2004), 앞의 논문, 245쪽.
136 장덕호 외(2013), 수석교사제 정착을 위한 지원 방안 정책 연구, 경기도교육청 정책용역 과제 보고서. 44쪽.
137 정규영(2003), 일제시대 사범학교의 역사, 청주교육대학교 논문집, 제41집, 29-56, 청주교육대학교, 31쪽.
138 정규영(2003), 앞의 논문, 33~34쪽.
139 정규영(2003), 앞의 논문, 35~37쪽.
140 정규영(2003), 앞의 논문, 41~54쪽.
141 송민영·신지원(2008), 전후 일본의 교원양성 교육과정에 관한 이론적 고찰: '개방제 및 자격증주의' 원칙을 중심으로, 한국일본교육학연구, 55-78, 한국일본교육학회.
142 교육부 교육50년사편찬위원회(1998), 교육 50년사, 교육부, 649쪽; [오태진(2001), 한국교원정책의 전개, 한국교육사학, 제23권 제2호, 81-113, 한국교육사학회, 83쪽]에서 재인용.
143 김영우(1999), 한국초등교육사, 서울: 하우, 414쪽.
144 김영우(1993), 한국 교사교육정책의 역사적 평가, 한국교육학회 교육사연구회(1993), 한국 현대교육의 재평가, 서울: 집문당, 370쪽.
145 박남기(1996), 교대생이 바라본 초등교원양성교육의 문제점과 개선 방향, 초등교육연구, 제10권, 219-264, 한국교육학회초등교육연구원.
146 이유경·김재웅(2006), 초등 교사의 전문성과 교육대학 프로그램의 관계, 열린교육연구, 제14권 제2호, 243-268, 한국열린교육학회.
147 김선유 외(2005), 교육대학교 구조개혁방안(시안), 전국교육대학교총장협의회 교육대학교 발전연구위원회.
148 오태진(2001), 앞의 논문, 84~86쪽.
149 박상완(2000), 사범대학의 교사교육 패러다임 분석: 서울대학교 사례를 중심으로, 교육행정학연구, 제18권 제2호, 275-298, 한국교육행정학회.
150 조경원(2004), 중등교원양성교육의 비판적 검토, 교육과학연구, 제35집 제1호, 1-19, 이화여자대학교 사범대학 교육과학연구소.
151 이광수·김명수·김도기(2012), 핀란드 교원양성과정의 특징과 시사점, 학습자중심교과교육연구, 제12권 제2호, 217-236, 학습자중심교과교육학회.
152 중등교원양성체제의 탈바꿈과 관련하여서는 여러 가지 논의가 전개되고 있는데 나는 장기적으로 서울대학교 조영달 교수가 주장하는 개방·종합형 6년제 모형을 고려해 볼 만하다고 생각한다. 사범대학을 6년제 석사과정으로 바꾸는 것이다. 그는 6년제 대학원 체제를 도입하되 정원의 50%는 1학년에서 선발하고 나머지 50%는 4학년에서 선발하는 방식을

제안한다. 4학년에서 선발하는 경우는 타 영역 또는 사회로부터 충원하여 교원 양성 시스템의 개방성을 부여하는 방안이다. 이 방안은 많은 선진국에서 교원이 되기 위해서 석사 학위가 요구되는 추세를 반영할 뿐 아니라 상급 학년에서 50%를 다른 영역 전공자나 다양한 사회 경력자로 충원함으로써 교직으로 진출하는 인력의 다양성도 확보할 수 있는 장점도 있다고 생각한다. 이에 대한 자세한 내용은 [조영달(2012), 고통의 시대 희망의 교육, 서울: 드림피그, 168~177쪽]을 참고하라.

4부

153 사토 마나부 씀, 손우정 옮김(2006), 수업이 바뀌면 학교가 바뀐다, 서울: 에듀케어.
154 사토 마나부(2003), 앞의 책.
155 사토 마나부 씀, 손우정 옮김(2013), 교사의 도전, 서울: 우리교육.
156 사토 마나부 씀, 손우정 옮김(2012), 학교의 도전, 서울: 우리교육.
157 사토 마나부 씀, 손우정 옮김(2009), 교육개혁을 디자인한다 – 교육의 공공성과 민주주의를 위하여, 서울: 학이시습.
158 손우정(2012), 배움의 공동체 – 손우정 교수가 전하는 희망의 교실 혁명, 서울: 해냄.
159 앞의 글 〈서양 근대 혹은 동아시아형 교육을 넘어서기〉에서 언급했듯 실제로 사토 마나부는 일본을 넘어서서 동아시아 교육의 유사성에 대해서 주목하고 동아시아 교육의 종언에 대해서 역설하고 있다.
160 장곡중학교의 개혁 사례는 [박현숙(2012), 교사는 수업으로 성장한다, 서울: 맘에드림]을 참조하라.
161 활동 이론을 원용하여 혁신학교의 실제를 분석한 논문으로는 [김남수·이혁규(2012), 문화역사활동이론을 통한 1년차 서울형 혁신학교의 수업 혁신 활동의 이해, 열린교육연구, 제20권 제4호, 357-382, 한국열린교육학회]를 참조하라.
162 김태현(2012), 교사, 수업에서 나를 만나다 – 교사의 내면을 세우는 수업 성찰, 서울: 좋은교사.
163 New Teachers Training Program. 기존의 교사 연수 체제를 교사 생애 단계별 맞춤형 연수 체제로 재구조화한 경기도교육청의 교원 역량 강화 프로그램.
164 [이혁규(2013), 수업, 누구나 경험하지만 누구도 잘 모르는, 서울: 교육공동체 벗, 270~286쪽] 참조. 원래는 교사의 자발성이라고 했던 문구를 교원의 자발성이라고 한 것은 혁신적인 교장이나 관리자에 의해서 선도되는 혁신학교도 포함시키기 위해서이다. 그리고 본 글의 문맥을 고려하여 세 가지 특징의 순서도 다소 바꾸어 제시하였다.
165 이혁규(2013), 앞의 책, 291쪽.
166 유경훈(2014), 학교 혁신 과정의 양가성ambivalence: 혁신학교 운영 과정에 관한 문화기술적 사례 연구, 박사학위 논문, 경희대학교 대학원.
167 Rogers, E. M.(2003), *Diffusion of Innovation*(5th), New York: Free Press; [그레고리 번스 씀, 김정미 옮김(2010), 상식파괴자, 서울: 비즈니스맵, 290~294쪽]에서 재인용.

168 김덕근(2006), 한국교원단체총연합회의 이익표출행태 분석, 중등교육연구, 제54권 제2호, 331-358, 경북대학교 중등교육연구소, 331쪽.
169 김혜숙(1998), 교직단체의 정치학, 교육정치학연구, 제5권 제1호, 77-101, 한국교육정치학회, 88~89쪽.
170 서정화·황석근(2001), 교원 단체교섭 제도의 한계와 가능성, 한국교원교육연구, 제18권 제3호, 63-88, 한국교원교육학회, 63~64쪽.
171 전제상(2002), 교육의 발전 과제와 교원단체의 역할: 한국교총 입장을 중심으로, 한국교원교육연구, 제19권 제2호, 81-107, 한국교원교육학회, 90쪽.
172 김혜숙(1998), 앞의 논문, 91쪽.
173 김덕근(2006), 앞의 논문, 340~341쪽.
174 김덕근(2006), 앞의 논문, 355쪽.
175 김혜숙(1998), 앞의 논문, 90쪽.
176 서정화·황석근(2001), 앞의 논문, 67쪽.
177 김혜숙(1998), 앞의 논문, 94쪽.
178 서정화·황석근(2001), 앞의 논문, 76쪽.
179 서정화·황석근(2001), 앞의 논문, 77쪽.
180 전제상(2005), 교원단체 이원화 정책의 변천과정과 개선방향, 한국교원교육연구, 제22권 제3호, 143~164, 한국교원교육학회, 149쪽.
181 전제상(2005), 앞의 논문, 156~157쪽.
182 김덕근(2006), 앞의 논문, 344~347쪽.
183 고동우(1998), 인터뷰 / 전국교직원노동조합 김귀식 위원장 - "교총은 전교조의 동반자", 월간 사회평론 길, 제98권 제3호, 44-47, 사회평론, 46쪽.
184 김덕근(2006), 앞의 논문, 335쪽.
185 윤지형(2009), 교사를 위한 변명 - 전교조, 그 스무 해의 비망록, 서울: 우리교육, 256쪽.
186 남정욱(2012), 꼰빠이, 전교조 - 이제는 우리가 헤어져야 할 시간, 다시는 만나지 말아요, 서울: 북앤피플.
187 조전혁·홍진표(2006), 전교조 없는 세상에 살고 싶다, 서울: 기파랑.
188 김동렬(2004), 전교조에 告함 - 우리 아이들을 볼모로 잡지 마라, 서울: 뿌리.
189 김구현(2014), 전교조 이렇게 살았다, 서울: KLTU.
190 서희식·김구현(2010), 전교조에게 빼앗긴 학창시절 - 학생이 본 전교조, 서울: KLTU.
191 조전혁·홍진표(2006), 앞의 책, 72~73쪽.
192 조전혁·홍진표(2006), 앞의 책, 6쪽.
193 조전혁·홍진표(2006), 앞의 책, 26~58쪽.
194 신중섭(2005), 전교조의 이념과 운동 비판, 서울: 자유기업원, 54~55쪽.
195 신중섭(2005), 앞의 책, 99쪽.
196 신중섭(2005), 앞의 책, 14~15쪽.
197 [권재원(2009), 위기의 전교조와 그 희망의 싹: 내부로부터의 도전, 특집: 전교조 20년의

역사, 그리고 평가, 진보평론, 제39권, 10-30, 진보평론]을 가능한 한 그대로 요약하여 제시하려고 노력하였다. 그러나 문장의 연결을 위해서 조금 더한 부분도 있다. 권재원의 글에서 어떤 부분을 강조하는가도 필자의 판단에 따랐다. 이로 인해서 원래의 글의 의도가 왜곡되지 않기를 희망한다.
198 이광석(2008), 전교조 운동의 방향을 다시 생각한다, 노동사회, 제136권, 23-31, 한국노동사회연구소, 26쪽.
199 도종환(2007), 학생들을 위한 전교조로 다시 태어나길, 실천문학, 제86권, 346-351, 실천문학사, 351쪽.
200 홍세화(2013), 전교조는 차별과 배제로부터 자유로운가, 오늘의 교육, 17호, 68-77, 교육공동체 벗, 71쪽.
201 홍세화(2013), 앞의 글, 70~71쪽.
202 김용옥(2014), 도올의 교육입국론, 서울: 통나무, 62~64쪽; 물론 김용옥은 서울대학교 학부 폐지, 대학을 서열화하는 일체의 평가 제도 폐지 등 중·고등학교 교육보다 큰 차원의 제도 개혁의 필요성을 인정한다. 그러나 이 인용문에서 보듯이, 그리고 "대학 입시가 과연 절대적인 장벽일까"라는 소절 제목에서 보듯이 중·고등학교 교육의 정상화가 대학 교육을 역으로 변화시킬 가능성도 충분히 인정하고 있다. 그 점에서 현장 중심의 참교육 운동은 생각보다 더 중요한 의미를 지닌다고 나는 생각한다.
203 김용옥(2014), 앞의 책, 109쪽.
204 이광석(2008), 앞의 글, 25쪽.
205 핀란드의 교육 개혁과 관련하여서는 다양한 책이 나와 있다. 이 중 [에르끼 아호 외 씀, 김선희 옮김(2010), 에르끼 아호의 핀란드 교육개혁 보고서 - 우리 교육의 희망과 대안을 찾아서, 서울: 한울림]이 핀란드 교육을 전반적으로 이해하는 데 참고할 만하다.
206 [조너선 하이트 씀, 왕수민 옮김(2014), 바른 마음 - 나의 옳음과 그들의 옳음은 왜 다른가, 서울: 웅진지식하우스]의 제2부를 주로 참조하라.
207 홍윤기(2002), 민주적 공론장에서의 담론적 실천으로서 '진보-보수-관계'의 작동과 그 한국적 상황 - '진보-보수-담론'의 성립 조건에서 본 한국 정치문화의 부실성, 사회와철학, 제4권, 15-50, 사회와철학연구회, 16~17쪽.
208 김인영(2014), 한국에서의 보수-진보의 개념과 한계, 그리고 미래, 송호근 외(2014), 좌·우파에서 보수와 진보로 - 보수·진보의 개념과 역사적 전개, 서울: 푸른역사, 208쪽.
209 송호근(2014), 한국 정치는 왜 이념투쟁으로 얼룩지는가 - 민주주의의 위축과 시민정치, 송호근 외(2014), 앞의 책, 55쪽.

에필로그

210 김종철(2011), 교육인가, 사육인가, 서울: 21세기북스; 이 책의 제목은 우리 교육에 대해서 많은 생각을 하게 만든다.

감사의 글

　이 책을 한참 집필하고 있던 2014년 10월경부터 나는 원인 모를 통증으로 고생을 시작했다. 인생 오십 줄을 넘어 처음 경험한 몸의 이상으로 나는 적잖이 육체적, 심리적 고통을 당했다. 병의 원인을 찾는 데만 6개월 이상이 걸렸고 최종적으로 자율신경계의 시스템 이상으로 발생하는 질병이라는 진단을 받았다. 수술을 해야 하는 것도 아니고 일정 기간 약 먹고 스트레스 관리를 하면 낫는 병이다. 더 심각한 병으로 고통을 당하는 사람에 비하면 아무것도 아닌 셈이다.
　그러나 원인 모를 통증 속에서 지내는 동안 나는 엄청난 공포를 체험했다. 한 인간의 나약함을 절실히 체감케 하는 기간이었다. 한 개인의 입장에서 보면 병으로 인한 고통은 삶의 기반을 흔드는 실존적 위기가 아닌가? 그래서 고통은 자신을 돌아보는 성찰의 계기를 제공한다. 나 또한 마찬가지였다. 평범한 일상을 살아간다는 것이 얼마나 큰 축복인가를 배웠다. 동시에 한 개체의 삶이 얼마나 많은 이들의 도움 속에서 유지되는가도 깊이 자각할 수 있었다. 감수성 있는 마음으로 보면 생존 자체가 감사로 가득 차 있는 우주 속을 유영하는 일이다. 그중 몇 가지 감사만 이 짧은 글에서 표하고자 한다.

우선 생명을 치료하는 모든 의료진에게 감사한다. 때로 고통은 죽음보다도 견디기 어렵다. 그럴 때 의사의 정확한 진단과 치료는 사람을 살게도 하고 죽게도 한다. 이 숭고한 일에 종사하는 이들, 히포크라테스의 선서를 따라 순수한 마음으로 생명을 치료하는 모든 분께 감사하지 않을 수 없다. 특히, 내 병의 치료 방향과 관련하여 적절한 조언을 아끼지 않은 고등학교 후배, 동제한의원의 윤준서 원장께 고마움을 전한다.

배우고 가르치는 일을 일생의 직업으로 가진 것에 무엇보다 감사한다. 대학 입시 원서를 쓰는 날 아버지의 갑작스런 제안으로 대입 원서의 2지망을 사범대로 바꾼 것이 내가 교직에 있게 된 직접적인 계기이다. 딴 재주가 별로 없었던 자식의 적성을 정확히 읽어 내셨던 것일까? 지금은 고인이 되신 아버님 생각이 많이 난다. 평생을 가족과 나라에 대한 걱정으로 사셨던 아버님이 그립다.

내가 학자로 성장하는 동안에 수많은 분들의 가르침을 받았다. 그 인연을 어찌 여기에 다 표현하겠는가? 특히 학부 지도 교수님이셨던 손봉호 선생님과 박사과정 지도 교수님이셨던 조영달 선생님께 너무 많은 은혜를 입었다. 손봉호 선생님을 통해서 나는 학문적으로, 논리적으로 사고하는 것을 배웠다. 그리고 학자가 어떤 책무를 감당해야 하는지도 배웠다. 사회 참여와 더불어 평생 장애인과 사회적 약자에 대한 사랑을 실천해 오신 선생님을 반쯤이라도 따라서 살 수 있다면 좋겠다. 조영달 선생님은 내가 박사과정 수료 후 길을 잃었을 때 교육 현장에 대한 내 문제의식을 학문적 글로 승화시킬 수 있도록 이끌어 주셨다. 교육 현장에 대한 관심과 그것을 생생하게 연구하는 방법을 조영달 선생님으로부터 배웠다. 더욱이 교직 생활 30년 가깝도록 변변한 제자 하나 키워 내지 못하는 나에게 조영달 선생님은 때로는 엄하게 때로는 따뜻하게 제자들을 키우고 성장시키는 스승상을 끊임없이 보여 주신다.

내가 조우한 수많은 학문 공동체에도 많은 빚을 졌다. 시민 사회와 시민 교육에 대한 문제의식을 계속 벼리도록 채찍질해 준 한국사회과교육학회의 많은 선배와 동료들, 질적 연구자로서 인간의 일상과 문화에 대한 소중한 감수성을 갖게 해 준 한국교육인류학회의 많은 선배와 동료들, 꽉 막힌 교육의 출구에 대한 영감을 제공해 주는 한국열린교육학회의 많은 선배와 동료들에게 감사드린다. 좋은 학문 공동체와의 만남을 통해 자극을 받지 않았다면 나는 학자로서 조금도 성장하지 못했을 것이다.

나는 10년이 넘는 기간 동안 중·고등학교 교사를 했다. 내가 처음 교사가 되었던 1987년 당시는 전교조 결성 등 교육 민주화의 열기로 뜨거웠던 때이다. 처음 발령받은 학교에서 이런저런 사정으로 약관의 나이에 평교사협의회 회장을 했던 기억이 생생하다. 그리고 전교조 결성 시기 해직 문제를 두고 몇 주를 고민했던 젊은 날의 기억도 생생하다. 내가 못 한 희생이기 때문에 직장을 버려두고 교육민주화운동에 헌신했던 많은 교사들이 여전히 고맙고 감사하다. 그리고 그런 기억들은 내가 현장 지향적 연구자로 수업과 학교 혁신의 화두를 붙들고 있게 하는 힘이기도 하다.

수업과 학교 혁신에 대한 연구를 하면서 가슴 뜨거운 현장의 많은 실천가들을 만나는 행운을 누릴 수 있었다. 그들은 언제나 새로운 수업, 학교, 교육에 대한 영감을 제공해 주는 도반이자 스승들이다. 좋은교사모임의 정병오 선생님, 수업코칭연구소의 김태현 선생님, 협동학습연구회의 김현섭 선생님, 교컴의 함영기 선생님, 참여와 소통모임의 이범희 선생님, 스쿨디자인21의 서길원 선생님, 성미산학교 박복선 선생님, 그리고 새로운 학부모 운동을 힘차게 전개해 가는 사교육걱정없는세상의 송인수, 윤지희 선생님은 한국 교육의 밝은 미래를 열어 가는 소중한 존재들이다. 직접적 연구 관심사인 수업 비평에 대한 지속적 연구와 실천을 하는 다온의 윤양수 선생님과 동료들, 경기도중등수업비평연구회의 윤갑희 교장 선생님과 회원들도 나의 연구와 실천과 관련하여 좋은 파트너십을 맺어 온 소중한 인연들이다.

　그리고 내 삶의 보금자리인 청주교대의 모든 동료들께 감사한다. 이들은 함께 산 가족처럼 미운 정 고운 정이 다 든 존재들이다. 때로는 울고 웃었던 이들과의 20년 가까운 인연과 그에 대한 고마움을 일일이 적기에는 지면이 모자란다. 그리고 청주교대 교육연구원이 한국연구재단 중점연구소로 선정되어 수업과 학교 혁신에 대한 9년의 장기 연구를 수행하는 중에 고락을 같이한 전임연구원들도 이 책의 집필에 많은 영감을 제공해 주었다.

　열심히 활동했다고 자부하긴 어렵지만 시민운동도 내 삶의 한 축이다. 지역의 작은 모순이라도 놓치지 않으려고 열악한 조건 속에서도 힘쓰는 충북참여연대의 많은 식구들의 분투와 노고에도 격려의 마음을 전하고 싶다. 근대 교육을 넘어서고 후쿠시마 이후를 고민하면서 새로운 삶과 교육운동을 치열히 모색해 가는 교육공동체 벗의 식구들에게도 깊은 연대감을 느낀다. 아울러 최근 인연을 맺게 된 거꾸로교실과 관련하여 남다른 직관과 추진력으로 맹활약하고 있는 정찬필 피디님과 미래교실네트워크의 모든 선생님과도 깊은 우정을 계속 나누고 싶다.

이 책의 대부분은 미국 산타바바라에 머무는 동안에 썼다. 때문에 그곳에도 감사를 표해야 할 인연들이 적잖이 생겨났다. 캘리포니아 주립대학 산타바바라UCSB의 주디스 그린Judith Green 교수님과 티나 슬론Tine Sloan 교수님께 감사드린다. 그 대학에 머무는 동안 많은 도움을 받았다. 또한 캘리포니아 전체에서도 우수하다고 평가받고 있는 교사 교육 프로그램을 참여 관찰할 수 있었던 것은 내게 큰 행운이었다. 더불어 예비 교사들을 열정적으로 지도하던 슈퍼바이저들로부터 많은 것을 배우고 영감도 얻었다. 그중에서도 슈퍼바이저의 여러 활동에 대해 친절하게 소개해 주고 여러 가지 의미 있는 조언도 아끼지 않으신 데니스 나이만Dennis Naiman 선생님께 특별히 감사드린다. 그리고 잠시 머물다 가는 나그네들을 따뜻이 보살펴 준 산타바바라 한인장로교회의 많은 분들께도 고마운 마음을 전한다. 특히 왕복 9시간이 넘는 거리를 마다하지 않고 때마다 와서 우리 가족을 챙겨 준 동서와 처형, 그리고 올 때마다 한 보따리의 웃음을 제공해 준 귀여운 조카 지아, 지인과의 즐거운 시간도 잊을 수가 없다.

영화 〈국제시장〉처럼 한국의 가족들은 굴곡 많은 현대사 속에서 나름의 힘든 가족사를 지니고 있을 것이다. 무릎 수술과 눈의 안압으로 인해 고생하는 중에도 항상 내 걱정을 하시는 어머님, 미국에서 사는 두 형들 가족, 사랑하는 동생 정화, 정민이 가족도 내가 올곧게 삶을 살도록 마음의 지지를 보내 주시는 든든한 버팀목들이다. 세 자녀들을 도맡아서 기르고 계신 장모님께는 뭐라고 감사해야 할지 모르겠다. 결혼 생활 20년 희로애락 인생길을 한결같이 동행해 준 소중한 아내 민희, 공동체와 사회 문제를 고민할 만큼 부쩍 자란 준학, 소리 없이 자기 할 일을 다 하는 예쁜 딸 준서, 못 하는 것이 별로 없는 재간둥이 막내 준경이에게 한없이 사랑한다는 말을 전한다.

이 책이 나오기까지 수고한 이들에게도 고마움을 전한다. 먼저, 각주에 나오는 수많은 연구자들의 연구로부터 도움을 받았다. 내 책은 이들의 진정성 어린 연구와 실천에 크게 은혜를 입어 집필되었다. 그리고 책이 출간될 때까지 국회도서관을 오가며 긱주 하니하나까지 원전을 꼼꼼히 살피며 확인하여 책의 흠결을 잡아 준 이진주 기자의 노고에 특별히 감사하지 않을 수 없다. 바쁜 유학 생활 중에도 글의 초안을 꼼꼼히 읽고 많은 조언을 해 준 박사과정 후배 박선운 선생도 이 책의 완성도를 높이는 데 큰 도움을 주었다.

마지막으로 내 젊은 날의 방황 속에서도 언제나 힘이 되어 주시고 세밀한 음성으로 여기까지 인도해 주신 생명과 운명과 우주를 주관하시는 하나님께 감사와 찬송을 드린다.

교육공동체 벗

교육공동체 벗은 협동조합을 모델로 하는 작은 지식공동체입니다.
협동조합은 공통의 목적을 가진 사람들이 모여서 만든
권력과 자본으로부터 독립된 경제조직입니다.
교육공동체 벗의 모든 사업은 조합원들이 내는 출자금과 조합비로 운영됩니다.
수익을 목적으로 하지 않기에 이윤을 좇기보다
조합원들의 삶과 성장에 필요한 일들과
교육운동에 보탬이 될 수 있는 사업들을 먼저 생각합니다.
정론직필의 교육전문지, 시류에 휩쓸리지 않는 정직한 책들,
함께 배우고 나누며 성장하는 배움 공간 등
우리 교육 현실에 필요한 것들을 우리 힘으로 만들고 함께 나누고 있습니다.

조합원 참여 안내

출자금(1구좌 일반 : 2만 원, 터잡기 : 50만 원)을 낸 후 조합비(월 1.5만 원 이상)를 약정해 주시면 됩니다. 조합원으로 참여하시면 교육공동체 벗에서 내는 격월간 교육전문지 《오늘의 교육》과 짝수 달 발행하는 조합 회지 〈벗마을 이야기〉를 받아 보실 수 있습니다. 출자금은 종잣돈으로 가입할 때 한 번만 내시면 됩니다. 조합을 탈퇴하거나 조합 해산 시 정관에 따라 반환합니다. 터잡기 조합원은 벗의 터전을 함께 다지는 데 의미와 보람을 두며 권리와 의무에서 일반 조합원과 차이는 없습니다. 아래 홈페이지나 카페에서 조합 가입 신청서를 내려받아 작성하신 후 메일이나 팩스로 보내 주세요.

홈페이지 communebut.com
카페 cafe.daum.net/communebut
이메일 communebut@hanmail.net
전화 02-332-0712, 070-8250-0712
팩스 0505-115-0712

교육공동체 벗을 만드는 사람들

※하파타 순

후쿠시마 미노리, 황호연, 황지연, 황정하, 황정일, 황정인, 황정원, 황정욱, 황이경, 황은복, 황윤호성, 황순임, 황봉희, 황미숙, 황기철, 황규선, 황귀남, 황고운, 홍유지, 홍용덕, 홍순성, 홍세화, 홍성은, 홍성구, 홍석근, 홍미영, 현univ, 현미열, 허효인, 허은실, 허성균, 허보영, 허기영, 허광영, 함점순, 함영기, 한학범, 한지희, 한지혜, 한정혜, 한은옥, 한영옥, 한영선, 한승모, 한소영, 한성찬, 한상업, 한봉순, 한민혁, 한만중, 한날, 한경희, 하정호, 하인호, 하승우, 하승수, 하순배, 하광봉, 탁동철, 최희성, 최현수, 최현미a, 최현미b, 최탁, 최창기, 최진규, 최주연, 최종민, 최정윤, 최정아, 최은희, 최은정, 최은아, 최은순, 최은숙a, 최은숙b, 최은미, 최은경, 최윤미, 최원혜, 최영식, 최영락, 최연희, 최연정, 최애영, 최애리, 최승훈, 최승복, 최슬빈, 최선영a, 최선영b, 최선경, 최봉선, 최보람, 최병우, 최미영, 최미선, 최미나, 최미정, 최문정, 최류미, 최대현, 최기호, 최광용, 최광석, 최경미, 최경련, 채효정, 채종민, 채옥엽, 차종숙, 차용훈, 진현, 진주형, 진용응, 진영효, 진영준, 진수영, 진낭, 지정순, 지윤경, 지수연, 주윤아, 주순영, 주수원, 조희정, 조형식, 조향미, 조해수, 조하늘, 조진희, 조지연, 조준혁, 조주원, 조정희, 조윤현, 조윤섭, 조원배, 조용진, 故조영희(명예조합원), 조영현, 조영옥, 조영실, 조영란, 조여은, 조수진, 조성희, 조성연, 조성실, 조성대, 조선주, 조석현, 조석영, 조상회, 조문경, 조두형, 조경애, 조경아, 조경삼, 제남모, 정회영, 정희선, 정흥유, 정혜령, 정현주a, 정현주b, 정현수, 정혜레나, 정춘수, 정철성, 정진영a, 정진영b, 정진규, 정종민, 정재학, 정이든, 정은희, 정은주, 정은균, 정유진a, 정유진b, 정유숙, 정유섭, 정원석, 정용주, 정예슬, 정영현, 정영수, 정애순, 정수연, 정부교, 정보라a, 정보라b, 정미옥, 정미숙, 정미라, 정명옥, 정명영, 정득년, 정남주, 정광호, 정광필, 정광일, 정관모, 정경진, 정경원, 전혜원b, 전혜원a, 전유미, 전보선, 전병기, 전민기, 전미영, 전란희, 장효경, 장흥월, 장현주, 장진우, 장종성, 장인하, 장인수, 장은하, 장은미, 장윤영, 장원영, 장시준, 장슬기, 장선영, 장선아, 장상욱, 장병훈, 장병학, 장도현, 장근영, 장군, 장경훈, 임혜정, 임향신, 임한철, 임지영, 임중혁, 임종길, 임정은, 임전수, 임수진, 임성준, 임성빈, 임성무, 임선영, 임상진, 임명택, 임동헌, 임덕연, 임금록, 이희옥, 이희연, 이효진, 이화현, 이효진, 이혜정, 이혜숙, 이혜린, 이향빈, 이현주, 이현종, 이현, 이혁규, 이향숙, 이한진, 이태영a, 이태영b, 이태구, 이층근, 이촉록, 이창진, 이진혜, 이진주, 이진숙, 이지혜, 이지현, 이지향, 이지영, 이지연, 이중석, 이준구, 이주희, 이주탁, 이주영, 이종찬, 이종은, 이정희a, 이정희b, 이정희c, 이정윤, 이재형, 이재익, 이재득, 이인사, 이용화, 이은희a, 이은희b, 이은진, 이은주a, 이은주b, 이은영, 이은숙, 이은진, 이은경, 이윤정, 이윤영, 이윤승, 이윤호, 이윤미, 이우진, 이월녀, 이원주, 이원님, 이운서, 이우진, 이용환, 이용석a, 이용석b, 이용기, 이영화, 이영혜, 이영주, 이영아, 이연진, 이연주, 이연숙, 이연수, 이애영, 이승헌, 이승태, 이승연, 이승아, 이슬기a, 이슬기b, 이순임, 이수정a, 이수정b, 이수미, 이소영, 이성원, 이성우, 이성숙, 이성수, 이성구, 이설희, 이선표, 이선영, 이선애a, 이선애b, 이선미, 이상훈, 이상민, 이상영, 이상미, 이상영, 이범희, 이범회, 이민재, 이민아, 이민수, 이미옥, 이미연, 이미숙a, 이미숙b, 이미라, 이미, 이문영, 이명환, 이명행, 이매남, 이동철, 이동준, 이동갑, 이도종, 이덕주, 이남숙, 이난영, 이나경, 이기규, 이근회, 이근철, 이근영, 이균호, 이교열, 이광연, 이관형, 이계삼, 이경은, 이경애, 이경언, 이경아, 이경림, 이건진, 이건민, 이갑순, 윤홍은, 윤큰별, 윤지형, 윤종원, 윤우암, 윤영훈, 윤영백, 윤여강, 윤석, 윤상혁, 윤병일, 윤규식, 유효성, 유재율, 유은아, 유영길, 유성희, 유상상, 위양자, 원지영, 원영희, 원은제, 원유정, 우영, 우영재, 우승인, 우수경, 우성조, 오혜원, 오중근, 오정오, 오은정, 오은경, 오유진, 오승훈, 오수민, 오세희, 오세연, 오세라, 오상철, 오민식, 오명환, 오동석, 오경숙, 염정신, 여희영, 여태전, 엄창호, 엄지선, 엄재훈, 엄영숙, 엄기호, 엄귀영, 양회전, 양해준, 양지선, 양은주, 양은숙, 양은신, 양영희, 양애정, 양선화, 양선형, 양서영, 양상진, 양동기, 안효비, 故안혜영(명예소합원), 안찬원, 인지현, 안도현, 안도현, 안도철, 안가철, 아깻선, 안정진, 안재성, 안용덕, 안윤수, 안은억, 안선영, 안경화, 심청일, 심신오보, 심승학, 심수환, 심동우, 심경일, 신풍식, 신혜선, 신혜정, 신종일, 신창모, 신중희, 신분성, 신은숙, 신은경, 신유준, 신영숙, 신소희, 신미옥, 신귀애, 신관식, 송화원, 송호영, 송혜란, 송현주, 송진아, 송정은, 송인혜, 송용석, 송승훈, 송명숙, 송근호, 손호만, 손현아, 손진근, 손은경, 손소영, 손미경, 손미노, 손기정, 성혁신, 성정난, 성용해, 성열관, 성나래, 설운주, 설원민, 서미라, 석경순, 서혜진, 서정오, 서인선, 서은지, 서유수, 서우철, 서예원, 서승일, 서명숙, 서금자, 서경홀, 서강선, 성규태, 복헌수, 복준수, 변현숙, 백현희, 백인식, 백영호, 백승범, 백기열, 배희철, 배희숙, 배주영, 배정현, 배일훈, 배이상현, 배예진, 배아영, 배성호, 배기표, 배경내, 방등일, 반영진, 박회영, 박효남, 박효수, 박연숙, 박형진, 박형철, 박현희, 박효내, 박효수, 박연숙, 박형진, 박형철, 박현희, 박호내, 박은배, 박철호, 박진도, 박진수, 박진교, 박지희, 박지호, 박지민, 박지원, 박중하, 박정아, 박정미, 박은하, 박은정, 박은수, 박은경a, 박은경b, 박유희, 박용빈, 박옥주, 박옥균, 박영실, 박영미, 박영림, 박신자, 박승철, 박숙현, 박수진a, 박수진b, 박수연, 박소현, 박소영, 박세영, 박성현, 박성진, 박성규, 박선혜, 박선영, 박복순, 박미희, 박명진, 박명숙, 박동혁, 박도정, 박덕수, 박대태, 박노해, 박나님, 박고영준, 박계도, 박경화, 박영진, 박경주, 박경숙, 박건형, 박건진, 민형기, 민관석, 민병성, 민박경희, 민핀희, 민회영, 故민경희(명예조합원), 문지훈, 문성, 문용식, 문영주, 문순장, 문순옥, 문수현, 문수영, 문수경, 문세이, 문성철, 문봉석, 문미정, 문경회, 모은정, 모영화, 명수민, 마승회, 림보, 류형우, 류장모, 류지남, 류정희, 류재향, 류원정, 류우종, 류영애, 류명숙, 류경원, 도정철, 도방주, 데와 타카유키, 노영필, 노상경, 노미경a, 노미경b, 노경미, 남효숙, 남주형, 남정인, 남윤호, 남예르, 남미자, 나동훈, 김희정, 김희숙, 김훈태, 김흔정, 김훈희, 김홍자, 김홍이, 김혜림, 김형영, 김형렬, 김형근, 김현진, 김현주, 김현조, 김현정, 김현영, 김현실, 김현경, 김헌, 김현택, 김필임, 김태정, 김춘성, 김천영, 김창진, 김찬영, 김진회, 김진숙, 김진명, 김진, 김지호, 김지연a, 김지연b, 김지미, 김지광, 김중미, 김준희, 김준연, 김주영, 김주림, 김주기, 김종현, 김종숙, 김종숙, 김종수, 김종인, 김종영, 김정화, 김정식, 김정성, 김정기, 김정란, 김정수, 김장훈, 김장환, 김장룡, 김인순, 김이슨, 김이상, 김이민정, 김은희, 김은희, 김은주, 김은영a, 김은영b, 김은수, 김은정, 김은남, 김은경, 김윤주a, 김윤주b, 김윤정, 김윤자, 김윤우, 김우영, 김우, 김윤흡, 김용양, 김용섭, 김용만, 김용란, 김용기, 김한한, 김영화, 김영진a, 김영진c, 김영주a, 김영주b, 김영주c, 김영자, 김연일, 김시내, 김신애, 김수현, 김수진a, 김수진b, 김수진c, 김수진a, 김수진b, 김수경, 김소희, 김소영, 김세호, 김성진, 김성중, 김성애, 김성숙, 김성보, 김설아, 김선희, 김선수, 김선산, 김선미, 김선경, 김석준, 김석규, 김상희, 김상정, 김상열, 김상수, 김상기, 김봉석, 김보현, 김병희, 김병훈, 김병주, 김병섭, 김병기, 김범주, 김방년, 김민희, 김민수a, 김민수b, 김민곤, 김민결, 김미향a, 김미향b, 김미런, 김미진, 김미숙, 김미나세, 김남섭, 김묘천, 김명회, 김명섭, 김목성, 김덕회, 김대성, 김대대성, 김다영, 김나혜, 김기용, 김기오, 김기언, 김규항, 김규태, 김규리, 김광민, 김광명, 김교종호, 김경호, 김경영, 김경숙, 김경숙b, 김가영, 김가연, 기형훈, 기세라, 기선인, 금현진, 금현옥, 금명은, 권희중, 권혜영, 권현영, 권태윤, 권재우, 권자영, 국찬석, 구희숙, 구자혜, 구자숙, 구원회, 구수연, 구본회, 구미숙, 쟁이눈, 광흠, 곽혜영, 곽현주, 곽진경, 곽노련, 곽노경, 공현, 공은미, 공영아, 고순식, 고진선, 고은정, 고은미, 고윤정화, 고영주, 고병현, 고병연, 고민경, 강현주, 강현지, 강현이, 강하나, 강태식, 강진영, 강준미, 강인성, 강이진, 강은정, 강영일, 강영구, 강열, 강순원, 강수미, 강수돌, 강성규, 강석도, 강서형, 강병호, 강곤, 강경모

※ 2018년 11월 29일 기준 944명

* 이 책의 본문은 재생 용지를 사용해서 만들었습니다.
* 자원 재활용을 위해 표지 코팅을 하지 않았습니다.